Das Buch

Dawn ist jung, attraktiv und unabhängig. Doch als Freiberuflerin arbeitet sie oft zu Hause und hat schon lange keine neuen Männer mehr kennengelernt. Was tun, um wieder in die große Welt des Datings einzusteigen? Dawn entschließt sich, die vielfältigen Möglichkeiten des Internets zu nutzen … Und es funktioniert! In ihrem Tagebuch erzählt sie von ihren Erfahrungen beim Daten im Internet, von den ersten Anbandelungs-E-Mails bis zu aufregenden Treffen. Denn wenn das klassische Dinner & Drinks endet, beginnt oft die heiße und ungezügelte Liebesnacht, und Dawn spart nicht mit intimsten Details …

Die Autorin

Dawn Porter ist ausgebildete Schauspielerin und absolvierte die Sir Paul McCartney Drama School in Liverpool. Sie hat für zahlreiche Radio- und Fernsehproduktionsfirmen gearbeitet.

Dawn Porter

INTERNET-LOVER

Mein erotisches Tagebuch

Roman

Aus dem Englischen von
Antje Nissen

Ullstein

Besuchen Sie uns im Internet:
www.ullstein-taschenbuch.de

Umwelthinweis:
Dieses Buch wurde auf chlor- und säurefreiem Papier gedruckt.

Deutsche Erstausgabe im Ullstein Taschenbuch
1. Auflage Januar 2007

Titel der englischen Originalausgabe: *Diaries of an Internet Lover*
(Virgin Books, London)
Umschlaggestaltung: Büro Hamburg
Umschlagabbildung: © Andreas Heumann/Getty Images
Gesetzt aus der Eurostile und Janson
Satz: LVD GmbH, Berlin
Druck und Bindearbeiten: Ebner & Spiegel, Ulm
Printed in Germany
ISBN-13: 978–3-548-26496-7
ISBN-10: 3-548-26496-4

Für Jane, Charlotte, Louise, Tara und Lilu –
meine Mädels

Wir amüsieren uns prächtig und ich habe euch
fest in mein Herz geschlossen.

INHALT

EINLOGGEN

»Warum sollte ein gutaussehendes Mädchen wie du ausgerechnet auf der Internetseite einer Kontaktbörse herumsurfen?« So lautete die Frage meines Herrn Papa, als ich ihm von meinem Vorhaben erzählte. Natürlich verstand ich seine Reaktion. Die Partnersuche über das Internet hat schließlich keinen besonders guten Ruf, in vielen Fällen wahrscheinlich sogar zu Recht – insbesondere, wenn man sich auf der Site tummelt, die ich zu nutzen beabsichtigte.

Ich würde diese Adresse nicht als klassische Partnervermittlung bezeichnen, ist sie doch eher bekannt für eine spezielle Art von Intimkontakten, die dort geknüpft werden können. Ein Bereich heißt »Flüchtige Abenteuer« und wurde speziell für Leute eingerichtet, die sich gelegentlich mit völlig unbekannten Menschen treffen möchten. Und bei diesen Treffen handelt es sich keineswegs um gemütliche Gespräche bei einem Stück Kuchen und einer Tasse Kaffee. Es geht um diskreten und arrangierten Sex, mit dem keinerlei Verpflichtungen einhergehen.

Kontaktanzeigen wie: »Meine Frau ist über das Wochenende weggefahren, komm vorbei und ich besorge es dir zwei Stunden ordentlich anal«, sind hier keine Seltenheit. Aber bevor ihr das Buch jetzt entsetzt zuklappt, weil ihr denkt, dass meine Geschichte nichts als schmutziges Gewäsch über die ausschweifende Suche nach einem obszönen One-Night-Stand ist, lest bitte weiter. Und nennt mich ruhig altmodisch, aber ich würde, was das angeht, lieber zu Hause auf dem Sofa sitzen und mir Zigaretten auf dem Handrücken ausdrücken, ehrlich.

Auf dieser speziellen Internetseite gibt es noch einen weiteren Bereich, und zwar für Frauen, die auf der Suche nach einem Mann sind. Dort geht es viel gemäßigter zu, weswegen ich auch diesen Bereich ausgewählt habe, um meine Anzeigen zu platzieren. Obwohl ich nicht offen nach einem sexuellen Abenteuer Ausschau hielt, fand ich es ungeheuer interessant, dass eine subtile Andeutung mindestens genauso Erfolg versprechend war wie ein unverhohlen ausgesprochenes Verlangen.

Mein weitläufiger Freundeskreis hat mir zwar stets eine gute Auswahl an möglichen Liebhabern beschert, doch hier bot sich mir ein sicherer Weg, meine Leidenschaft für saftige Erotik auszuleben und Männer kennenzulernen, die völlig von meinem restlichen Leben ausgeschlossen waren. Ich arbeite mittlerweile seit drei Jahren von zu Hause aus, daher sind die Chancen gering, den – sagen wir – einflussreichen Manager eines internationalen Konzerns zu treffen, der mir schlichtweg den Boden unter den Füßen wegreißt, oder einem extrem gut aussehenden Franzosen zu begegnen, der mit lustvoller Besessenheit auf Oralsex steht.

Doch mit ein wenig Wortspielerei und ein paar Mal Klicken der Computermaus wurden alle diese Fantasien Wirklichkeit. Ich habe eine Reihe von faszinierenden Männern kennengelernt, die mir allesamt während der letzten sechs Monate ein Leben beschert haben, wie es aufregender nicht hätte sein können.

Bevor ich fortfahre, möchte ich euch an dieser Stelle ein bisschen mehr von mir erzählen. Ich bin sechsundzwanzig und wohne mit meiner siamesischen Katze Lilu im Londoner Stadtteil Marylebone. Ich sollte der lieben Ordnung wegen hinzufügen, dass ich mit diesem Tagebuch bereits im Januar 2005 begann, als ich noch mit sieben Typen in einem umgebauten Lagerschuppen in Hackney hauste. Lilu gehörte damals selbstverständlich schon dazu, denn sie ist mein kostbarster Besitz. Ich habe eine Zeit lang fürs Fernsehen und danach bei einer PR-Agentur gearbeitet, doch als ich kurz vor Weihnachten meinen Job verlor, wusste ich, dass ich mich künftig nur noch dem Schreiben widmen wollte. Statt nach einer weiteren Festanstellung Ausschau zu halten, entschied ich, meine Zeit mit Formulieren zu verbringen, und spielte mit der Idee, meine Internet-Abenteuer in Tagebüchern festzuhalten. Als mich eine Freundin im letzten Sommer dazu überredete, es wirklich zu probieren, war ich bald schon von den unterschiedlichen Herausforderungen überrascht, die mir dieser Weg des Kontaktknüpfens bot. Daher schien mir der nächste Schritt nur logisch zu sein, nämlich meine Erlebnisse mit der Öffentlichkeit zu teilen und ihr die Augen für diese Art von gesellschaftlichem Erwachen zu öffnen. Mein erotisches Tagebuch war geboren.

Ich bin in Schottland zur Welt gekommen, habe meine Kindheit in Guernsey verbracht und lebe nun seit drei Jahren in London. Ich liebe diese Stadt und habe täglich das Gefühl, etwas Neues zu entdecken. Es macht mich glücklich, in der tollsten Metropole der Welt zu leben, wenn man einmal New York außer Acht lässt, das ich ebenfalls großartig finde, doch dazu komme ich später, wenn ich euch davon berichte, wie einer meiner Kavaliere so reizend war, mich dorthin mitzunehmen. Ansonsten gehe ich sehr gern aus, esse gern (und viel), trinke gern (und viel), schreibe, rede, mache häufig Spaziergänge und – habe meine Verabredungen. Oh, und natürlich liebe ich Sex. Nein, es macht mir nicht das Geringste aus, dies zuzugeben. Ich liebe Sex, für alles, was er bedeutet. Sex macht Spaß, zaubert ein Lächeln auf mein Gesicht und ich könnte den ganzen Tag damit verbringen, jeden Tag, um genau zu sein, gern auch zweimal täglich, mal mit kleinen Glöckchen am Röckchen oder einem Kunstpenis um die Hüften (haha, ich scherze, das ist nun wirklich nicht mein Ding!).

Als ich in besagtem Januar mit meinen Tagebüchern begann, hatte ich zwar irgendwo im Hinterkopf die Absicht, sie einem Verlag zur Veröffentlichung anzubieten, doch ich war nicht davon überzeugt, dass es tatsächlich klappen könnte. Ich glaubte vielmehr, dass sie so lange verborgen unter meiner Matratze stecken blieben, bis ich starb und meine Kinder sie entdecken und damit zu Millionären werden würden, während ich zu Lebzeiten keinen einzigen Cent daran verdient hatte.

Doch dann kam der 7. März 2005 und ich war zu einer Dinnerparty eingeladen. Als mich mein reizender Tischnachbar fragte, was ich beruflich täte, ließ ich nicht meine übliche Schimpftirade über den Jobverlust und die finanzielle Nöte vom Stapel, sondern erzählte ihm von meinen Online-Dates und den Aufzeichnungen, die ich darüber begonnen hatte. Er fand dies faszinierend, und wie sich herausstellte, handelte es sich um niemand Geringeres als Adrian Sington, Vorstandsvorsitzender bei Virgin Books. Er bat mich, ihm die wenigen Seiten zu schicken, die ich bis dahin verfasst hatte, und am Mittag darauf verhandelten wir bereits über meinen Vertrag. Ich konnte mein Glück kaum fassen, hier musste das Schicksal seine Hand im Spiel gehabt haben.

Was mir besonders gefiel, war die Zeitspanne, die mir der Buchvertrag gewährte. Ich hatte sage und schreibe sechs Monate Zeit bekommen, so viel wie möglich aus meinen Internet-Abenteuern herauszuholen –, und glaubt mir, das habe ich voll und ganz ausgekostet.

Meine Kontakte über das Internet haben übrigens nichts damit zu tun, dass ich auf irgendeine Art pervers oder abgedreht bin. Ich treffe mich nicht mit seltsamen Typen in dunklen öffentlichen Toiletten und lasse mich von ihnen betatschen, während ich sie mit einem Ledergurt züchtige. Es handelt sich um ganz normale Verabredungen mit Männern. Man geht etwas trinken, isst zu Abend und überlegt sich, was die Nacht noch bringen könnte, sollten beide Parteien daran interessiert sein. Nur die Anbahnung ist etwas ungewöhnlicher als im echten Leben ohne PC. Also dürfen sich alle, die mein Buch gerade in der Hand halten, entspannt zurücklehnen. Ja, es gibt Horrorgeschichten, das möchte ich nicht abstreiten. Aber das Ganze ist eine sichere Sache, wenn man sich vernünftig verhält und seinen Grips einschaltet. Was ich getan habe ... meistens jedenfalls.

Wenn ich mich mit Männern traf, die ich online kennengelernt hatte, musste ich von der ersten E-Mail an das Gefühl gehabt haben, dass uns etwas miteinander verband. Gemeinsame Interessen, ähnlicher Humor oder sogar ein unausgesprochener sexueller Reiz, dem es gelungen war, zwischen den Zeilen hervorzutreten. Letzteres ist mir ein paar Mal passiert, das schönste Erlebnis hatte ich mit dem schlauen Wolf, meinem zweiten Date. Es war völlig klar, dass wir uns gegenseitig in einer aufgegeilten Stimmung erwischt hatten, und unser Gespräch wurde daraufhin immer anzüglicher. Mann, das war ein echter Kick – und mein Arbeitstag ist wie im Nu vergangen.

Normalerweise chattet man ein paar Tage hin und her, und wenn man sich dann zum ersten Mal trifft, kennt man sich bereits recht gut, und die Unterhaltung fließt einfach weiter. Die einzige Frage, die dann noch brennend interessiert, lautet: Werden wir aneinander Gefallen finden?

Ich kann euch verraten, dass es durchaus ein paar Treffen gegeben hat, bei denen ich nicht die geringste Lust auf mein Gegenüber verspürte. Dann wiederum gab es etliche, wo das Gegenteil der Fall war, und sie endeten geradezu unverschämt köstlich. Man trifft sich wie heimliche Verbündete, hat das Gefühl, etwas Unanständiges zu tun, als sei man Mitglied einer Untergrundorganisation, und das alles gibt dem Ganzen einen erotischen Touch, was nicht selten in einer leidenschaftlichen Begegnung endet.

Natürlich ist auch sonst eine Menge Aufregung im Spiel. Erst tauscht man E-Mails mit einem komplett Unbekannten aus, dann verabredet man sich mit diesem Mann – und alles geschieht auf der Basis von ein paar verführerischen Worten! Jede Verabredung hat mein Adrenalin ordentlich in Wallung gebracht und das war deutlich besser als die Kneipentouren von früher, wo ich viel Dekolleté zeigte, mir einen Typen ausguckte, ein paar Stunden herumknutschte und dann mit zu ihm ging. Ich habe genug davon, am nächsten Morgen benommen aufzuwachen, die verschmierten Make-up-Reste noch im Gesicht, und mich an wenig mehr als die Farbe des Kopfkissenbezugs erinnern zu können. Aber damit ist ja nun Schluss.

»Es handelt sich um eine Art Gesellschaftsstudie, Papa«, erwiderte ich und reichte ihm ein Taschentuch, damit er sich den Schweiß von der Stirn wischen konnte. Und das war es in der Tat. Tagtäglich offenbaren wir uns unseren Mitmenschen und können nie ganz sicher sein, wie wir auf andere wirken. Als ich mit dem Online-Dating begann, habe ich mir geschworen, stets aufrichtig zu sein und mir in jeder Situation treu zu bleiben. Daher fand ich es umso faszinierender, als ich feststellte, wie unterschiedlich ich auf verschiedene Männer reagierte. Bei manchen war ich ganz die Dame, während andere in mir das schamlose Luder weckten, das sich nicht schnell genug seiner Unterwäsche entledigen konnte. Nun, beide Seiten gehören eben zu mir.

Hey, was kann ich schon dafür, dass jemand bestimmte Reaktionen in mir auslöst, und ja, ich neige in der Tat dazu, impulsiv zu handeln. Bei jener Internet-Erotikagentur habe ich folgende Anzeige hinterlegt:

> *Junge, attraktive Frau, die mit beiden Beinen im Berufsleben steht, wünscht sich, dass der Boden unter ihren Füßen bebt. Gönn mir das beste Date meines Lebens und lass uns herausfinden, wohin es uns führt …*

Diesen Text habe ich ein paar Mal variiert, um eine größere Auswahl an verschiedenen Männern für mich zu interessieren. Außerdem habe ich auf Gesuche geantwortet, wenn sie mir interessant genug erschienen. Der Rest ist ein Kinderspiel. Ich habe mir überlegt, wer mir gefallen könnte, die entsprechende Kontaktanzeige freischalten lassen und gewartet, welche Beute sich in meinem Netz verfing. Das Grandiose an dieser Vorgehensweise ist, dass ich jederzeit selbst entscheiden konnte, wem ich antworten wollte. Meine Anonymität war hundertprozentig gesichert, also wusste niemand auch nur das Geringste von mir. Ich selbst hatte die Kontrolle darüber, wie viel Information ich von mir preisgab, da diese Website im Gegensatz zu anderen auf Steckbrief-Formulare verzichtete. Wenn mir das E-Mail-Geplänkel zu viel wurde oder ich mich gar bedroht fühlte, konnte ich jederzeit sofort aussteigen.

Ihr könnt euch bestimmt denken, dass nicht jede Antwort bezaubernd war. Ich habe eine Vielzahl von Schwanzfotos bekommen – mal harte Erektionen, dann wieder schlaffe Penisse, alle vom stolzen Besitzer entblößt. Habe die Beschreibungen ihres Könnens und zahlreiche Gefühlsergüsse von Geschiedenen über mich ergehen lassen, bis ich zum Chatten mit Männern kam, die mich so weit interessierten, dass ein Treffen nicht ausgeschlossen war. Klar, nicht jeder entpuppte sich als der, den ich mir vorgestellt hatte. Ich erinnere mich noch genau an einen Mann, dessen Erscheinung so weit von dem Foto abwich, das er mir geschickt hatte, dass es mir gleich für mehrere Stunden die Sprache verschlug. Und ich kann euch versichern, dass mir das nicht häufig passiert. Andere Typen wiederum – beispielsweise der Gentleman – haben mir auf unerwartete Weise das Herz gestohlen oder zählen mittlerweile, wie Plato, zu meinen engsten Freunden. Sie haben mein Leben auf wunderbare Weise bereichert und schon allein deswegen hat sich das Experiment für mich gelohnt.

Ich werde euch später noch mehr über den Gentleman erzählen, aber vorab sei gesagt, dass ich mich niemals auf der Suche nach Liebe ins Internet begeben habe. Ich bin gern Single und Lilu gibt mir genau das Maß an Bindung, das zu ertragen ich imstande bin. Mir ging es beim Online-Dating niemals um etwas anderes als eine Menge Spaß, Abenteuer und heiße Liebhaber, die ihren scharfen Auftritt in meinem Leben haben durften, doch niemals zum Mittelpunkt meiner Gefühle werden sollten. Ich wollte nichts an meinem Leben ändern, doch wenn dich plötzlich etwas anspringt und dir in den Hintern beißt, dann muss man diese Wunde doch irgendwie versorgen, oder?

Ich habe keine besonderen Vorlieben, was Männer angeht, und stehe nicht auf einen bestimmten »Typ«. Ich finde es lächerlich, wenn manche Frauen behaupten, sie könnten nie etwas mit einem Blonden anfangen oder dass eine behaarte Männerbrust völlig »out« sei. Das widerspricht doch der berühmten Chemie, die einfach stimmen muss. Ich bin mit großen, kleinen, fetten, dünnen, behaarten, glatzköpfigen, pickeligen und milchgesichtigen Männern ausgegangen. Natürlich weiß ich, welche davon mir gefallen haben, aber ich würde die anderen deswegen nicht gleich von der Bettkante stoßen. Doch während ich das schreibe, fällt mir ein, dass ich große Männer bevorzuge. Das liegt daran, dass ich gern Stilettos trage, ohne mich gleich wie eine Straßenlaterne fühlen zu müssen.

Auf wen ich allerdings gut verzichten kann, sind Männer in ihren späten Zwanzigern, das weiß ich aus Erfahrung. Sie haben ihre Studentenzeit und das Ausgehen »mit den Jungs« noch nicht lange genug hinter sich gelassen und stellen sich daher reichlich plump an, wenn sie mit einer Frau ausgehen. Natürlich sind nicht alle so, sorry für diese grobe Verallgemeinerung. Aber immerhin habe ich einmal mit sieben jungen Männern zusammengelebt, und trotz meiner Erfahrung mit ihnen als Freunde und Liebhaber bleibt es bei einem klaren NEIN!

Übrigens sind recht viele Leute in meinem Freundeskreis um die zwanzig, und nicht zuletzt deswegen habe ich meine Schwingen ausgebreitet und dieses Experiment begonnen, weil ich verschiedene Altersstufen kennenlernen wollte. Verschiedene Berufe, Nationalitäten, alles, was mich aus meiner gewohnten Umgebung entführt, einschließlich Sex …

Zugegeben, auf andere Frauen bin ich schon immer neugierig gewesen. Und ich war erstaunt, dass nicht wenige auf meine Anzeigen geantwortet haben, obwohl ich eindeutig nach Männern Ausschau hielt. Das brachte mich zum Nachdenken und ich kam zu dem Schluss, dass sich hier die diskrete Gelegenheit bot, auf verführerische Weise das Experiment zu erweitern. Also platzierte ich im Bereich »Frau sucht Frau« meiner bevorzugten Internetseite eine einfache Anzeige:

26, w, intelligent, hetero, aber neugierig, hat Lust auf neue Wege. Wenn es dich gibt, die auch ausprobieren will, dann melde dich.

Ich bin von Antworten regelrecht überschwemmt worden. Wie es scheint, gibt es Hunderte von Frauen mit verborgenen Sehnsüchten, die sie gern ausleben möchten. Kurioserweise gab es auch hier zahlreiche Freaks, die sich mir mit Fotos ihrer entblößten Genitalien anboten. Scharenweise geile Hausfrauen warfen regelrecht mit Schnappschüssen um sich, die sie beim Baden zeigten, ihre Hinterteile, Titten und – wie sollte es auch anders sein – mit weit gespreizten Beinen. Aber trotz der vielen geöffneten Schenkel sah ich schließlich Licht am Ende des Tunnels und traf eine äußerst begehrenswerte Dame, mit der ich einen wunderbaren Abend hatte …

Außerdem bekam ich Antwort von einer jungen Frau namens Gillian, die mich einlud, einen Abend mit ihr und ihrem Freund zu verbringen, um »Spaß« zu haben. Erst habe ich ihre E-Mail nur überflogen und wollte schon die nächste anklicken, als mich ein Impuls zurückhielt. Während der folgenden sechs Monate entwickelte sich eine so wunderbare Freundschaft, dass ich sie schließlich tatsächlich besucht habe. Und ja, als ich auszog, um dieses Buch zu schreiben, hätte ich niemals gedacht, dass mir meine Abenteuerlust diese befreienden Höhepunkte schenken würde.

Es wäre unmöglich, jede Person, mit der ich mich jemals online unterhalten habe, hier aufzunehmen oder gar jedes Date aufzuführen, das ich hatte. Die folgenden Kapitel sind daher den Verabredungen gewidmet, die mich am meisten berührt oder beeindruckt haben. Diese Reise war amüsant und sexy, ein wahres Abenteuer der Lust begleitet von Herzschmerz, Abscheu und Gefahren, die mir eine Menge darüber verraten haben, wer ich bin und mit wem ich diese verrückte Welt teile.

Ich hoffe, dass sie euch gefallen werden, mir ist es auf jeden Fall so ergangen, aber überzeugt euch einfach selbst …

Anzeige A

Junge, attraktive Frau, die mit beiden Beinen im Berufsleben steht, wünscht sich, dass der Boden unter ihren Füßen bebt. Gönn mir das beste Date meines Lebens und lass uns herausfinden, wohin es uns führt …

Anzeige B

Ob ich gleich mit dir Sex haben möchte, weiß ich nicht. Woher auch, wenn ich dich noch nicht getroffen habe? Ich möchte in romantische Restaurants ausgeführt werden – mit gutem Wein und lukullischen Genüssen. Behandle mich wie eine Dame, dann werde ich mich entscheiden. Ich liebe es, nach allen Regeln der Kunst ausgeführt zu werden, aber niemand beherrscht sie richtig …

Ich verdiene mein eigenes Geld, keine Sorge. Alles, was ich mir wünsche, ist ein filmreifes Rendezvous à la Hollywood, bei dem ich vom Charme eines Mannes völlig verzaubert werde … ist das zu viel verlangt? Ich bin eine interessante, witzige und attraktive Frau. Und ich möchte jemanden treffen, der interessant und auf der Suche nach einem kleinen Abenteuer ist.

Zugegeben, mir schwebt ein Managertyp im Anzug vor, dessen Freiheit grenzenlos ist. Ich möchte einfach ein bisschen Spaß haben … irgendwelche Angebote?

Anzeige C

Hi.

Ich bin 27 Jahre alt, sehr attraktiv und berufstätig. Januar ist ein so trüber Monat, findest du nicht auch? Ich habe ein erfülltes Privatleben, träume aber von einem ausgelassenen Abend mit einem völlig

Unbekannten. Wenn ich ehrlich bin, wünsche ich mir, dass mir einmal jemand jeden Wunsch von den Lippen abliest und mich auf Händen trägt … Wir brauchen dieses Gefühl doch alle ab und zu und es ist das Einzige, was mir in meinem Leben fehlt. Wer möchte mich total verzaubern und mir zeigen, dass er mit einer Frau umzugehen weiß?

Anzeige D

Bist du:

männlich,
zwischen 27 und 35,
erfolgreich,
witzig,
nicht beziehungsunfähig,
einfach zu beschäftigt oder nicht abgebrüht genug,
um jemanden in einer Bar aufzureißen,
charmant,
elegant,
sexy, aber nicht aufdringlich,
erfahren,
vorzugsweise nicht geschieden,
selbstsicher,
ein Freund schöner Frauen,
gern unter Leuten,
einem Flirt nicht abgeneigt?
usw., usw.?

Dann melde dich …
Ich bin Ende 20, liebenswert, aufrichtig, intelligent und voller Verlangen, jemanden zu treffen, der mir zeigt, wie aufregend das Leben sein kann.
Wo steckst du?

Erzähle mir, was du unter einem perfekten ersten Rendezvous verstehst, und ich werde da sein!

Anzeige E

Der Frau, die eigentlich alles hat, was sie braucht, fehlt etwas … irgendwelche rettenden Einfälle?

FREITAG, 7. JANUAR

Monsieur Cunni
Bon Appétit!

Anzeige A

07.01.2005, 13:23 Uhr
Von: Monsieur Cunni
An: Dawn
Betreff: Bonjour

Hi,
mein Name ist **** und ich bin ein 31 Jahre alter Franzose. Ich würde Sie sehr gern zum Essen ausführen, da ich ein paar sehr gute Restaurants kenne und auch von gutem Wein einiges verstehe. Welche Speisen genießen Sie am liebsten? Oder ziehen Sie eine kulinarische Überraschung vor?
Hatten Sie jemals einen französischen Liebhaber? Falls nicht, dann wird es höchste Zeit. Ich habe das ganze Wochenende Zeit und hoffe, von Ihnen zu hören.
Mein Foto habe ich angefügt, x.

07.01.2005, 13:39 Uhr
Von: Dawn
An: Monsieur Cunni
Betreff: Bonjour

Sie sind ein gutaussehender Mann … gefällt mir sehr! Sie sehen aus, als würden Sie selbst sehr auf sich achten … Ich mag Ihr zuversichtliches Auftreten – wirklich sexy! Welches Essen ich bevorzuge? Französisches natürlich.

Wenn Knoblauch neben seinen Zehen mit einem männlichen Geschlechtsteil ausgestattet wäre, würde ich ihn heiraten ... Wohin werden Sie mich ausführen?

07.01.2005, 15:49 Uhr
Von: Monsieur Cunni
An: Dawn
Betreff: Bonjour

Ich kenne ein sympathisches Restaurant, das Eire Brother heißt. Sehr netter Laden mit mediterraner Küche und gutem Wein, und, was das Beste ist, man wird uns am Freitagabend unterbringen können.
Wo sollen wir uns treffen?
Senden Sie mir auch ein Foto von Ihnen?

07.01.2005, 16:58 Uhr
Von: Dawn
An: Monsieur Cunni
Betreff: Bonjour

Erste Frage ... was genau meinen Sie mit »uns unterbringen können«? Hört sich vielversprechend an.
Foto anbei, x.

07.01.2005, 17:08 Uhr
Von: Monsieur Cunni
An: Dawn
Betreff: Bonjour

Ich meinte, dass dort am Freitagabend nicht alle Tische reserviert sind.
Très mignonne! (Sie sehen allerliebst aus!)
Soll ich für uns reservieren?

07.01.2005, 17:14 Uhr
Von: Dawn
An: Monsieur Cunni
Betreff: Bonjour

JA, x.
Ich kann Sie gegen acht Uhr treffen ... ist das okay?

07.01.2005, 17:48 Uhr
Von: Monsieur Cunni
An: Dawn
Betreff: Bonjour

Acht Uhr ist wunderbar. Kennen Sie das Electric Showrooms? Eine Bar in der Nähe vom Hoxton Square.

07.01.2005, 17:50 Uhr
Von: Dawn
An: Monsieur Cunni
Betreff: Bonjour

Electric Showrooms? Kenne ich sehr gut sogar ... sehen wir uns also dort um acht!
PS: Wie groß sind Sie? Muss ich wissen, denn danach richtet sich die Höhe meiner Absätze ...

07.01.2005, 17:57 Uhr
Von: Monsieur Cunni
An: Dawn
Betreff: Bonjour

1,80 Meter, das müssen Sie jetzt in die britische Maßeinheit umrechnen!

Das Date

Einhundertachtzig Zentimeter? Nach Adam Riese machte das in unserer Maßeinheit fünfzehn Fuß … aber fragen Sie mich nicht – ich habe es bis heute nicht geschafft, meine mittlere Reife in Mathe abzulegen. Möglicherweise hatte ich mich also verrechnet. Daher beschloss ich, dass ein Meter achtzig sechs Fuß entsprechen musste. Da ich fünf Fuß und zehn Inches groß bin, zog ich, wie ich es vorhatte, meine Stilettos mit den fast sieben Zentimeter hohen Absätzen an.

Ich mochte seine keck formulierten E-Mails, seine Art, geradeheraus und erwartungsfroh zu formulieren, und fand sein Foto sehr niedlich. Mit seinen großen, tiefbraunen Augen blickte er geradewegs in die Kamera und ich stellte mir sofort vor, wie er auch mir auf diese Weise in die Augen schauen würde.

An diesem Abend war ich besonders spitz und hatte ernsthafte Absichten; meine Fantasie ging schon mit mir durch, noch bevor ich ihn überhaupt getroffen hatte.

»Sie brauchen keine Größe«, sagte er zur Begrüßung. Ich war mir nicht ganz sicher, was er meinte, aber seine tänzelnden Fußbewegungen verdeutlichten, dass er damit meine Absätze meinte. Wir waren beide ungefähr gleich groß, was mich irgendwie beruhigte. Ich mag nicht unbedingt größer sein.

Er sah ganz genau so aus wie auf seinem Foto. Sonnengebräunte, makellose Haut, kurzes, dunkles Haar, ein freches Lächeln, das ein paar Grübchen zum Vorschein brachte, und ein riesiger Zinken – du lieber Himmel, und was für einer! –, der auf eine ganz merkwürdige Weise sehr gut in sein Gesicht passte.

»Was darf isch Ihnen zu trinken bestellen?«, fragte er, bevor er sich in Richtung Bar bewegte.

Ich bat um einen Jack Daniels mit Cola light. Da ich hinsichtlich der Sprachbarriere einige Sorgen hatte, sagte ich das Wort »light« ungefähr dreimal. Und er verstand es richtig. Genauso, wie auch ihr es richtig verstehen würdet, wenn euch jemand etwas wiederholt entgegenbrüllte. Er war zwar Franzose, aber nicht schwer von Begriff; das sollte ich bald verstehen lernen.

Unser Gespräch begann sehr ungezwungen, er trank von seinem Bier, ich nuckelte an meinem Strohhalm. Wir flirteten nicht gleich besonders drauflos, sondern sprachen über den Job, Frankreich und unser Privatleben ... das Übliche eben. Er wirkte ziemlich kapriziös, wie er mir gegenübersaß mit angezogenen Schultern, verschränkten Armen, übereinandergeschlagenen Beinen und einer hervorstehenden Unterlippe. So, als würde er ständig sagen wollen: »Das ist mir völlisch egal.« Und er machte diese Bewegung, die Franzosen immer machen: Sie strecken beide Hände nach oben, als wollten sie pantomimisch eine Waage darstellen, legen ihren Kopf leicht in den Nacken und ziehen die Augenbrauen hoch. Es gefiel mir, es war sexy, und er tat all dies mit einem andauernden Grinsen, das unbestritten sagte: »Isch will dir dein Höschen abstreifen und mit meinen Eiffelturm deine englische Rose zum Erblühen bringen.«

Wir tranken aus und liefen ein paar Straßen weiter zum Restaurant. Er wies mir den Weg, indem er mit den Händen in Richtung des vorbeirauschenden Verkehrs winkte und dabei nicht besonders viel sprach. Ich versuchte, Konversation zu machen, aber er konzentrierte sich auf die Straße, und so gab ich mir keine weitere Mühe.

Das Restaurant war ziemlich leer, er hatte also recht mit seiner Einschätzung. Ich machte einen Witz über meine Fehlinterpretation seiner E-Mail, da ich geglaubt hatte, er hätte vorgeschlagen, dass ein Essen am Freitagabend viel unterhaltsamer sei, wenn man es in einem der Séparées des Restaurants einnähme. Aber er erklärte mir, dass ich ihn da völlig falsch verstanden hätte. Wir warfen einen Blick in die Speisekarte. Er kümmerte sich um die Weinbestellung und ich ließ ihn über unsere Vorspeise entscheiden – spanischer Schinken, den wir uns teilten und den er ein bisschen zu ausgiebig kommentierte. Ich meine, der Schinken war köstlich, aber man kann darüber eben nur in Grenzen philosophieren … ganz egal, wie teuer er ist.

Der Kellner brachte ein Gericht, das aus zwei appetitlich aussehenden Würsten bestand, die ich am liebsten sofort verschlungen hätte. Er starrte sie an, kostete sie aber nicht.

»Das sind Innereien vom Schwein im Blutpresssack«, ließ er andächtig verlauten, als ich gerade den zweiten Bissen zum Mund führte. Vor meinem inneren Auge sah ich sofort eine blutende Muttersau und hätte den Bissen fast projektilartig durch den Raum gespuckt.

»Verzeihen Sie, aber isch muss schon wieder auf die Toilette, zum vierten Mal … das ist wegen des Bieres.«

Mit diesen Worten schlenderte er zu den Toiletten.

Er hätte mir wirklich nicht sagen müssen, dass er bereits dreimal auf dem Topf gewesen war, ich hätte es nämlich selbst gar nicht bemerkt. Seit wir uns getroffen hatten, war er erst einmal gegangen. Aber Hauptsache gut informiert, dachte ich bei mir.

Während er weg war, nutzte ich die Zeit, um zu überlegen. Ich war nicht mehr in einer ganz so lüsternen Stimmung wie vorher. Ich denke, das lag an der bislang gemäßigten Gangart des Abends. Wir hatten bisher weder viel miteinander gelacht noch in erheblichem Maße miteinander geflirtet, und deshalb hatte sich mein sexuelles Verlangen etwas gelegt. Als er jedoch von der Toilette zurückkam, änderte sich unsere Konversation schlagartig, als er mit folgendem Kommentar herausplatzte: »Isch ’asse die Art, wie die Briten FOTZEN!«

Ich verschluckte mich an meinem Rioja.

»Äh, mhh … äh … wie bitte?«

»Die Art, wie sie FOTZEN! Isch stand am Pissoir, ein Brite links, einer rechts. Der Linke ließ den längsten FOTZ, den isch jemals ge'ört habe, und keiner der beiden reagierte. Als sei dies die normalste Sache der Welt. Isch sage Ihnen, das war der längste FOTZ, den isch jemals ge'ört habe.«

Da ich ziemlich unsicher war, wie ich auf eine derartige Entrüstung gegenüber den Flatulenzen meiner Landsmänner reagieren sollte, tat ich das, was jede normale und etwas beschämte Britin in meiner Situation getan hätte – ich brüllte lauthals los vor Lachen. Er brauchte ein paar Sekunden, doch schließlich schloss er sich an. Während wir auf den Resten unseres edlen Schinkens herumkauten, kicherten wir immer wieder ausgiebig und prusteten gelegentlich los.

Er war äußerst aufmerksam, schenkte mir Wein nach, erhob sich, wenn ich aufstand, sah mich an, wenn ich mit ihm sprach, und lachte über meine Witze (was wahrscheinlich das Wichtigste war). Je weiter der Abend voranschritt, desto mehr verfiel ich ihm. Seine reizende Art, ein Wesenszug, der mich bei Männern in der Regel irritiert, war so natürlich und liebenswert. Er gehörte nicht zu der Sorte Männer, die etwas Nettes tun, weil sie denken, dass es von ihnen erwartet wird; er tat nette Dinge, weil es einfach sein Bedürfnis war, und das war sehr angenehm. Dabei wirkte er nicht aufdringlich, obwohl er sehr zuvorkommend war. Er sagte oft: »Sie sind so 'übsch« und »Isch kann gar nischt auf'ören, in Ihre Augen zu blicken.« Der Himmel weiß, wie es geschah, aber das zeigte seine Wirkung bei mir. Es war nicht schwierig, den Nachtisch auszuschlagen, um eine andere Lokalität aufzusuchen, wo wir eine etwas lockerere Gangart einschlagen konnten.

Nach dem Abendessen gingen wir rüber ins Catch auf der Kingsland Road. Der Laden war total überfüllt und am Ende der Bar stand eine Bekannte von mir. Ich tat alles, damit sie mich nicht bemerkte, weil ich auf keinen Fall wollte, dass sie zu uns herüberkam. Nicht etwa, weil er oder die Art, wie wir uns getroffen hatten, mir peinlich gewesen wäre, sondern einzig aus dem Grund, weil ich mich auf Leben und Tod nicht an seinen vermaledeiten Namen erinnern konnte. Den gesamten Abend über hatte ich mir schon das Hirn zermartert, aber mich deswegen nicht verrückt gemacht, weil ich bislang auch ohne diese Information auskam. Ich wusste, dass ich einfach in meinen E-Mails nachsehen konnte, wenn ich ihn nach dem heutigen Abend noch einmal wiedersehen wollte, aber es wäre einfach eine Katastrophe, wenn ich ihn hier jemandem vorstellen müsste.

Sie sah mich und warf mir ein Lächeln zu. Dann gestikulierte sie mir zu, dass sie gleich zu uns herüberkommen würde. Ich wurde panisch und tat deswegen das Erstbeste, das mir in den Sinn kam, um sie davon abzubringen. Als er mich fragte, was ich gern trinken würde, beugte ich mich zu ihm und küsste ihn. Zunächst erwiderte er meinen Kuss etwas zögernd; er war ganz offensichtlich völlig verdutzt, als ich mich auf seine Lippen stürzte wie ein hungriges Tier. Aber nach wenigen Sekunden schon hatte ich meine Bekannte total vergessen und war so beschäftigt mit einem – wie ich es zu meiner Freude beschreiben kann – der wohl sinnlichsten Küsse meines Lebens, dass mein Hirn sich nur noch auf eine Sache konzentrieren konnte. Ihn.

Wir küssten uns eine halbe Ewigkeit; es müssen mindestens fünf Minuten gewesen sein – eine beträchtlich lange Zeit, was Zungenakrobatik in der Öffentlichkeit anbetrifft. Ich konnte einfach nicht aufhören. Als er schließlich mit beiden Händen mein Gesicht berührte und meine Wangen mit seinen Daumen streichelte, war ich kurz davor, den Verstand zu verlieren. Ich brauchte annähernd dreißig Sekunden, um wieder im Hier und Jetzt zu landen und meine Augen zu öffnen. Als ich das tat, schaute er mich direkt an.

»Und was möschtest du jetzt trinken?«, fragte er mich mit einem trägen, ungemein sinnlichen Grinsen.

Langsam schüttelte ich den Kopf.

Er wusste ganz genau, was ich meinte, nahm meine Hand und zog mich aus der Bar.

Auf dem Weg in seine nahe gelegene Wohnung sprachen wir kein Wort miteinander. Nachdem er seine Haustür aufgeschlossen hatte, fielen wir bereits auf dem Treppenabsatz übereinander her und küssten uns, diesmal leidenschaftlicher und fordernder. Ich hätte ihn an Ort und Stelle am liebsten aufgefressen, aber er hatte etwas anderes im Sinn.

»Komm«, sagte er und winkte mich nach oben.

»Das tue ich gern«, murmelte ich.

Zwei Treppenabsätze später konnte ich kaum noch an mich halten vor Verlangen. Als er seinen Schlüssel ins Schloss steckte, stand ich hinter ihm, küsste ihn auf den Nacken und fasste ihm zwischen die Beine. Es sah ganz danach aus, als ob auch er mein Verlangen erwiderte.

Seine Wohnung hatte eine durchgehende Wohnfläche mit einer kleinen Küchenecke und einer geöffneten Tür, die ins Badezimmer führte. Auf der anderen Seite des Raums stand ein Futon-Doppelbett. Es war mit roter Bettwäsche bezogen und eine Reihe von Kissen lag darauf. Es sah sehr einladend aus und ich war ganz verzückt, als er mit mir ohne Umwege darauf zusteuerte. Von draußen schien genügend Licht durch die Fenster, sodass wir beide uns sehr genau sehen konnten. Dennoch fiel es weich auf uns und zeichnete unsere Umrisse so schmeichelhaft nach, dass es eine unglaublich erotische Stimmung schuf.

Wir legten uns hin und küssten uns erneut. Automatisch versuchte ich, mich auf ihn zu setzen, aber er hielt mich zurück und legte mich auf den Rücken. Dann kniete er zwischen meinen Beinen nieder und öffnete meine Jeans, wobei er gelegentlich mein Oberteil nach oben zog, um meinen Bauch zu küssen.

Er streifte mir die Jeans ab, ließ jedoch meinen Slip unberührt. Ich wollte ihn mir ausziehen, doch er hielt mich davon ab und schüttelte nur den Kopf.

Er streckte sich zum unteren Bettende aus, bis er nun flach vor mir lag. Dann griff er unter meine Beine und hielt meine Hüfte umfasst. Sein Gesicht war noch immer zwischen meinen Beinen.

Er sah zu mir auf. Ich hatte meinen Kopf bequem auf einen Berg von Kissen gelegt und konnte ihn von dort aus perfekt betrachten. Obwohl die Stellung unserer Körper ganz genau verriet, was gleich passieren würde, ließ mich die Tatsache, dass er mein Höschen nicht abgestreift hatte, im Ungewissen, was mich fast zur Raserei brachte.

Für einen langen Augenblick bewegte er sich nicht. Fast blind vor Verlangen, schob ich meinen Schoß mit einer leichten Bewegung immer wieder zu ihm hin, doch jedes Mal, wenn ich mich ihm näherte, zog er seinen Kopf weg. Mir wurde klar, dass das, was nun folgen würde, allein seinem Kommando unterlag, und so schloss ich die Augen.

Schließlich – es fühlte sich an, wie eine Ewigkeit – küsste er mich. Der Stoff meines feuchten Slips fühlte sich kalt an, als er auf meine Haut gepresst wurde. Er küsste mich einige Male heftig, und je härter und fordernder seine Küsse wurden, desto stärker spürte ich die Hitze seines Mundes.

In unkontrollierbaren Stößen drängte ich meine Hüfte ihm entgegen und er ließ mir die Freiheit, mich so zu bewegen. Dann zog er seinen rechten Arm unter meinem Bein hervor und hob den Kopf an, während er meinen Slip zur Seite zog. Meine Hände lagen auf meinem Gesicht, unbewegt und in gespannter Erwartung dessen, was nun geschehen würde.

Mit einem Finger fuhr er mir zwischen die Beine. In langsamen Kreisen umspielte er geschickt meine empfindlichste Stelle, bevor er mit dem Finger in mich glitt. Ich sank tiefer in die Kissen.

Mit einem langen Zungenschlag leckte er mich ausgiebig, umschloss mich dann mit seinen Lippen und zog schließlich den Arm zurück unter mein Bein, damit er mich besser festhalten und ich mich nicht mehr bewegen konnte. Nur einige Sekunden später kam ich. Noch immer saugte er mit seinen Lippen fest an mir, während ich mich ihm ekstatisch entgegendrängte, obwohl ich mich kaum bewegen konnte.

Welche Glückseligkeit.

»Verstehst du jetzt, warum du unbedingt einen französischen Lieb'aber brauchtest?«

Ich kicherte.

»Ja, jetzt weiß ich ganz genau, was Qualität aus Frankreich bedeutet.«

Ich versuchte, meine Kräfte zu sammeln, um ihn ebenfalls zu verwöhnen, aber als ich ihn sanft zu mir zog und ihn küsste, sagte er: »Der Abend 'eute ge'ört nur dir. Das war mir Freude genug.«

Das konnte nicht sein!

Ich versuchte es noch mal.

»Nein, ernsthaft, das war für misch genauso sexy wie für disch. Isch bin 'appy!«

Er legte sich zurück, leckte sich die Finger ab und ließ seine Hände anschließend auf seinen Bauch sinken. Ich setzte mich auf und griff nach meiner Jeans. Eigentlich hatte ich nicht geplant, über Nacht zu bleiben, aber nun dachte ich mir, würde es nicht so einfach sein zu gehen.

Ich zog mein Höschen aus. Es war durch und durch feucht und ich wollte mir keine Erkältung holen – draußen war es eiskalt. Ich zog meine Jeans an, stopfte mein Höschen in meine Tasche, küsste ihn zum Abschied und schwebte in vollkommener Glückseligkeit nach Hause.

Bravo!

SONNTAG, 9. JANUAR

Der schlaue Wolf
Er fraß wie ein sehr schlauer Wolf ...

Anzeige C

07.01.2005, 09:01 Uhr
Von: Der schlaue Wolf
An: Dawn
Betreff: Deine 80987979898 Antwort?

Hi,
habe gerade wenig zu tun und deine Anzeige gesehen. Sie gefiel mir ... mein Foto ist anbei.
Sollen wir den Stein ins Rollen bringen?

07.01.2005, 11:59 Uhr
Von: Dawn
An: Der schlaue Wolf
Betreff: Deine 80987979898 Antwort?

Der Stein rollt und rollt und rollt bereits ...
Erzähl mir mehr von dir, x.

07.01.2005, 12:05 Uhr
Von: Der schlaue Wolf
An: Dawn
Betreff: Deine 80987979898 Antwort?

Ich arbeite in der Innenstadt, lebe in Richmond. Bin für eine Webdesign-Agentur tätig und habe ein freies Wochenende vor mir. Wie steht es mit dir ... erzähl mir alles ...?

07. 01. 2005, 12:12 Uhr
Von: Dawn
An: Der schlaue Wolf
Betreff: Deine 80987979898 Antwort?

Bin 25 Jahre alt, aber das ist in einigen Wochen hinfällig, möchte überirdisch erfolgreich sein, die ganze Zeit ausgehen und jede Menge Spaß haben, neue Leute treffen, mich mit Sachen befassen, die mein Leben interessant machen ... du weißt schon ... das Übliche!
Vielleicht schaffen wir es ja auf ein Mittagessen irgendwann dieses Wochenende?
Also ... warum treibst du dich hier herum? Was oder wen suchst du? Sei ehrlich, warum auch nicht ... schon mal jemanden getroffen?? Glück gehabt? Berichte mir von deinen Erlebnissen ...

07. 01. 2005, 12:28 Uhr
Von: Der schlaue Wolf
An: Dawn
Betreff: Deine 80987979898 Antwort?

Sehr nettes Foto, meine Liebe!
Warum ich hier bin? Nun, ich treibe mich hier ab und zu rum und denke: »Okay, hier sind nur Vollidioten/Freaks unterwegs.« Dann fällt mir ein, dass ich selbst ein totaler Freak sein muss, weil ich mich hier herumtreibe, aber ich bin davon überzeugt, dass ich einer der netten bin, ganz im Gegensatz zu den Freaks, die Waffen und Gewehre sammeln.
Was ich suche? Keine Ahnung. Essen, Wein, jemandem zum Knutschen, jemandem zum Armdrücken ... eigentlich egal.

Und ich habe eine abgefahrene bzw. ungezogene Seite, die sich ab und zu meldet ...

Habe vor einiger Zeit eine Frau getroffen, das war ganz cool. Sie war sehr nett und wir hatten Spaß zusammen. Telefonieren hin und wieder miteinander.
Wie steht's mit dir?

Übrigens: Du siehst sehr hübsch auf dem Foto aus.

07. 01. 2005, 12:34 Uhr
Von: Dawn
An: Der schlaue Wolf
Betreff: Deine 80987979898 Antwort?

Warum ich hier bin? Weil ich dachte, das würde Spaß machen ... wo sonst bekommt man die Chance, fremde Leute zu treffen und das ganz unabhängig vom Alltag ... Sonst trifft man immer nur Freunde von Freunden ... bla, bla, bla ... Ich mag es, neue Leute zu treffen, die mir neue Geschichten erzählen können etc.
Bin in Guernsey aufgewachsen, ein echtes Inselkind eben – und finde es echt klasse, wenn Leute total unabhängig zueinander stehen – im Internet geht das ... wer zum Teufel bist du eigentlich?? Keine Ahnung, wen kümmert's schon, los, lass uns treffen, uns betrinken und einen Wettkampf im Armdrücken ausfechten (das ist übrigens eine großartige Idee, aber lässt du mich dabei bitte gewinnen? Bin eine so schlechte Verliererin!).
Es ist schon komisch. Ich sitze hier und schreibe einem völlig Fremden, und dabei denke ich immer noch, dass du total durchgeknallt sein musst, mir auf meine Anzeige zu antworten ... das ergibt überhaupt keinen Sinn ... entschuldige!
Du wirst mir beim Mittagessen einfach das Gegenteil beweisen müssen!
Wie sieht's morgen bei dir aus?

07. 01. 2005, 12:52 Uhr
Von: Der schlaue Wolf
An: Dawn
Betreff: Deine 80987979898 Antwort?

Gut sieht's bei mir aus.
Meine Arme sind so schwach wie die eines Kindes, das sollte dir gefallen. Du müsstest auf jeden Fall gewinnen.
Also: Wo wohnst du?

07. 01. 2005, 13:26 Uhr
Von: Dawn
An: Der schlaue Wolf
Betreff: Deine 80987979898 Antwort?

Im Moment lebe ich in Hackney.
Wann? Wo??

07. 01. 2005, 13:31 Uhr
Von: Der schlaue Wolf
An: Dawn
Betreff: Deine 80987979898 Antwort?

Nun, wie wäre es mit Sonntag? 13:00 Uhr, Richmond.
Oh, das ist alles sehr aufregend ... ob wir wohl knutschen dürfen?

07. 01. 2005, 13:34 Uhr
Von: Dawn
An: Der schlaue Wolf
Betreff: Deine 80987979898 Antwort?

Prima!
Ja, können wir ... warum auch nicht! (Du sprachst doch von Luftküsschen ... oder?)

07. 01. 2005, 13:39 Uhr
Von: Der schlaue Wolf
An: Dawn
Betreff: Deine 80987979898 Antwort?

Nimm die Bahn nach Richmond, dort werde ich dich treffen. Wir können uns Luftküsschen zuwerfen und zu mir gehen ... und von dort aus starten ... z. B. in den Park, ins Pub, dann ins Bett, dann nach Jamaika und dann direkt zum Standesamt, danach auf den Mond ... tut mir leid, mir ist langweilig.
Die Nummer meiner Funkhupe lautet *********
So, und jetzt verrate mir noch ein Geheimnis, etwas Schmutziges. Wenn du es tust, mache ich es auch.

07. 01. 2005, 14:42 Uhr
Von: Dawn
An: Der schlaue Wolf
Betreff: Deine 80987979898 Antwort?

Ein schmutziges Geheimnis ... jetzt schon? Na gut.
Vor nicht allzu langer Zeit hatte ich Sex mit jemandem aus meinem engsten Freundeskreis. Es geschah auf einer Toilette in Soho ... SIE hat seither nicht wieder mit mir gesprochen!

07. 01. 2005, 14:44 Uhr
Von: Der schlaue Wolf
An: Dawn
Betreff: Deine 80987979898 Antwort?

Also gut, ich hatte mal einen Dreier mit zwei Mädels auf einer Weihnachtsfeier ... Und jetzt denke ich mindestens 8908908-mal am Tag daran zurück ... fast ... Alkohol und andere Drogen konnten keine Abhilfe schaffen ...

Du bist wirklich ein ganz ungezogenes Mädchen!

07.01.2005, 14:51 Uhr
Von: Dawn
An: Der schlaue Wolf
Betreff: Deine 80987979898 Antwort?

Ja, das bin ich ... wir sehen uns am Sonntag, x.

Das Date

An diesem Morgen schlief ich bis 11 Uhr und alles fühlte sich etwas merkwürdig an, als ich aus meinen wilden Träumen erwachte. Eine kleine Stimme in meinem Kopf sagte mir, dass ich das Date mit dem schlauen Wolf vielleicht doch lieber absagen und mich stattdessen mit ihm treffen sollte, wenn ich wieder klar denken konnte. Aber nach unserem scherzhaften E-Mail-Wechsel hatte ich das gute Gefühl, dass er mindestens genauso übergeschnappt war wie ich. Also machte ich mich in meinem benommenen Zustand schließlich mit einer Stunde Verspätung auf den Weg nach Richmond.

Als ich an der Station ankam, rief ich ihn an, um ihm zu sagen, dass ich da war. Das Telefonat war knapp – ich bin hier, wann kommst du? Können wir etwas essen gehen? Ich bin ausgehungert, also bis gleich dann. Seine tiefe, leicht arrogante Stimme hatte einen sexy Unterton, was ihn wagemutig erschienen ließ.

Ich fühlte mich nach wie vor komisch, als hätte ich zu lange geschlafen und als wäre mein Gehirn noch immer nicht zu sich gekommen, obwohl meine Augen und mein Körper schon Stellung bezogen hatten – belämmert ist wohl der beste Ausdruck für meinen Zustand. Ich fühlte mich also äußerst belämmert und das extreme Hungergefühl, das sich in meinem Magen breitmachte, tat sein Übriges zu meiner Benommenheit. Ich war total neben der Spur, wartete auf meine Verabredung und war bereit, alles zu verschlingen, was man vor mich hinstellen würde.

Mein Mut sank, als mir ein sehr kleiner Typ auf die Schulter tippte, der gut und gern der Mann auf dem Foto sein könnte. Er sah fürchterlich aus, denn er trug ein schwarzes T-Shirt, das er mit einer schwarzen Lederweste kombiniert hatte, und dazu das engste, schwarze, ausgewaschene Paar Jeans, das ich jemals gesehen habe. Für ein paar Sekunden schauten wir uns in die Augen und ich überlegte mir währenddessen, ob ich nicht vorgeben sollte, eine Ausländerin zu sein oder einfach hier an der Ecke herumzuhängen. Aber dankbarerweise blieb mir ein solcher Auftritt erspart, denn der kleine, bemitleidenswerte Mann fragte mich sehr nett, ob ich wüsste, wo der nächste Geldautomat stünde. Erleichtert zeigte ich in die Richtung, von der ich glaubte, dass sie richtig sein könnte, und während er davonflitzte, sah ich ihm nach und fragte mich, wie um alles in der Welt er in diesen engen Jeans seine Beine bewegte.

»Ich würde nicht mal einen Arm in diese Jeans bekommen«, sagte eine Stimme neben mir. »Du musst Dawn sein, oder?«

Er war größer als ich, fabelhaft! Er trug etwas längeres, leicht unfrisiertes, dunkelbraunes Haar, hatte ein rundes Gesicht und den dazu passenden Körper – aber er wirkte dabei niedlich, nicht dicklich. Er hatte genau das freche Grinsen, das ich erwartet hatte, und er gefiel mir gleich von Anfang an. Was den ersten Eindruck betraf, war ich also ziemlich zufrieden.

Ich berichtete ihm von meiner Benommenheit und er erzählte mir, dass er gerade erst seine Wohnung verlassen hatte und dabei über drei Partyleichen steigen musste, die noch immer in den Nachwehen des wohl ausgesprochen wilden Vorabends lagen. Während wir also zu einem Pub unten am Fluss schlenderten, warfen wir uns im Pingpong-Stil sehr witzige Kommentare zu und genossen die Leichtigkeit, die nur völlig Fremde miteinander erleben können. Jeder von uns war beruhigt, dass der andere genauso viel Mist erzählte wie man selbst.

Sobald wir den Laden betreten hatten, gaben wir auch schon unsere Bestellungen auf; wir brauchten keinen Blick in die Speisekarte werfen, denn unsere Wahl fiel auf: »Zwei Grillhähnchen bitte und könnten wir sie möglichst schneller als schnell bekommen?«

Nach einem großen Glas Rotwein und einer lang ersehnten Marlboro Light war ich innerhalb von Millisekunden nicht mehr am Überschnappen, sondern völlig betrunken. Auch mein Gegenüber spürte nach ziemlich kurzer Zeit die Auswirkungen seines Biers und somit wurde unsere Unterhaltung – wie eigentlich schon von Anfang an – allmählich immer absurder.

Die Zeit verging, alle anderen Gäste um uns herum bekamen ihr Essen, aber von unseren Tellern fehlte jede Spur. Unser Gespräch hatte sich dahin entwickelt, dass wir uns vorstellten, was geschehen würde, wenn wir Tränen aus Wachs weinen würden, wir stritten darüber, ob Spitzmäuse tatsächlich unter der Erde lebten, und diskutierten, was passieren würde, wenn der Riesenaffe Bigfoot schwul wäre und Stilettos tragen wollte. Aber egal, wie belanglos unser albernes Geplapper war, wir konzentrierten uns gleichzeitig auf die Bedienung, die ganz offensichtlich unsere Bestellung vergessen hatte. Als wir sie danach fragten, mussten wir leider feststellen, dass dem wirklich so war, und nachdem sie uns den Rücken zugedreht hatte, begannen wir sofort eine beherzte Diskussion darüber, wie sehr wir das Wort Fotze schätzen würden, und beschlossen, dass sie aller Wahrscheinlichkeit nach eine war.

»Wenn mein Essen kommt, werde ich es innerhalb von wenigen Sekunden hinunterschlingen«, sagte ich und trommelte dabei mit den Fingern auf die Tischplatte.

»Ja, auch ich werde meines verschlingen, wie ein ganz schlauer Wolf es tun würde«, antwortete er.

»Ein schlauer Wolf? Das ist doch lächerlich.«

»Das mag schon sein, aber ich werde es trotzdem so machen.«

Unser sinnentleertes Gespräch erreichte extreme Ausprägungen und unser Date schien immer mehr einem freien Nachmittag von Insassen einer psychiatrischen Anstalt zu gleichen als einer gelungenen romantischen Begegnung.

Aber siehe da, als unser Essen schließlich kam und uns von der eben noch als Fotze bezeichneten Kellnerin serviert wurde, die für uns nun zu den beliebtesten Menschen der Erde zählte, suchten unsere Gehirne wieder Realitätskontakt, und wir begannen tatsächlich, ein intelligentes Gespräch miteinander zu führen.

Er entpuppte sich als ein authentischer, sehr liebenswürdiger, reizender, anschmiegsamer und dabei Zwerchfell erschütternd komischer Typ, dessen Gesellschaft ich in vollen Zügen genoss. Es war egal, ob wir uns über unsere bewegte Vergangenheit oder behaarte Bikinizonen austauschten – ein Thema, das irgendwie plötzlich im Raum stand, unter anderem …

Er stellte mir Fragen wie: »Was ist dein Lieblingswort?« Ich sagte irgendwas Tuntiges wie »disturbiert« und er offenbarte mir, dass er seit Kurzem eine Schwäche für das Wort »Sockel« entwickelt hätte.

Dieser Zufall brachte mich aus der Fassung, weil das Wort »Sockel« auch für mich eine ganz wesentliche Bedeutung hat. (Eines Tages fand ich mich nämlich masturbierend auf einem solchen vor der Anglikanischen Kirche in Liverpool wieder, während ich unter schwerem Einfluss von LSD stand. Die Gemeinde hörte an diesem Sonntag mehr als nur die Worte der Predigt, das kann ich euch sagen ...)

Da die Erinnerung an diesen absolut erotischen Moment gerade wieder auftauchte, bewirkte seine Erwähnung des Wortes eine ganz bestimmte Reaktion zwischen meinen Beinen. Das änderte den Lauf des Abends für mich. Ganz plötzlich ging es mir nicht mehr darum, zu lachen und witzige Sprüche zu klopfen, denn nun wollte ich tatsächlich mit ihm schlafen.

Drei Flaschen Rotwein und einen Berg Grillhähnchen später kündigte er an, dass er nun nach Hause gehen müsste, um »seinen Hund zu füttern«. Nun, ich verfüge über eine ziemlich gute Menschenkenntnis, aber da gibt es immer noch diese Gruselgeschichten, die man von überfallenen Frauen hört. Bekenntnisse à la: »Er schien so nett zu sein« oder »Ich dachte, dass er mich wirklich mögen würde« schwirrten mir durch den Kopf. Nichtsdestotrotz begleitete ich ihn. Auf dem Weg zu ihm besorgten wir noch zwei Flaschen Rotwein, damit wir nicht auf unsere Drinks verzichten mussten, bevor wir später in den Pub zurückkehrten.

Bei ihm zu Hause leckte ein hyperaktiver Spaniel so lange über meine Wange, bis sie aussah wie eine Schüssel Spaghetti. Der schlaue Wolf reagierte darauf leicht hysterisch und holte eine Tüte gefrorener Erbsen, die er gegen meine Wange drückte, bis sich mein Kopf bald völlig taub anfühlte. Er gab zu bedenken, dass ich ja einen Bandwurm haben könnte, und bot mir an, ein Stück rohes Fleisch so lange vor meiner Analgegend herumbaumeln zu lassen, bis das den Wurm hervorlocken würde. Ich nannte diese Methode ein Po-Fondue und wir lachten uns halb kaputt darüber ... echt schreikomisch!

Der schlaue Wolf saß später auf der Couch und rollte uns einen Joint, während ich meine Blicke durch sein Wohnzimmer schweifen ließ und dabei nicht umhin kam, ein Foto zu entdecken, das ihn mit einer sehr attraktiven Frau zeigte.

»Deine Schwester?«, fragte ich.

»Nein, meine Freundin.«

Seine Freundin? Ein Kloß in der Größe einer Kartoffel formte sich in meinem Hals – tatsächlich hätte es wirklich eine Kartoffel sein können, schließlich hatte ich mein Abendessen sehr schnell zu mir genommen ... Ein kurzzeitiger Anfall schlechten Gewissens beutelte mich, aber dann begriff ich, dass dies ja nicht mein Problem war, öffnete eine weitere Flasche Rotwein und sprach einen Toast auf seine Fähigkeit aus, sich seine Unabhängigkeit zu bewahren.

Nach rund einer Stunde hatte ich wieder Lust auszugehen. Mehrere Male hatte er vorgeschlagen, gemeinsam eine DVD zu schauen, aber ich lehnte seinen Vorschlag ab: »Warum, zum Teufel, soll ich mich mit einem Kerl treffen, dann zwei Stunden schweigend neben ihm hocken und ihn dabei kein bisschen kennenlernen?«

Ich wusste ganz genau, warum er sich eine DVD mit mir ansehen wollte, dreister Mistkerl! Aber ich war mir ziemlich sicher, dass wir weder schummrige Beleuchtung noch einen Film nötig hatten, um einander näherzukommen. Ich wollte ausgehen und deshalb rafften wir uns schließlich auf und gingen in seine Stammkneipe, um noch mehr Alkohol in uns hineinzuschütten.

Im Lokal nahm meine sexuelle Begierde allmählich zu. Ihr habt hier vielleicht schon ein klassisches Ablaufschema entdeckt: Wenn man Dawn ordentlich betrunken macht, wird sie tierisch scharf! Ja, das stimmt in den meisten Fällen, aber ich bin überraschenderweise sehr wählerisch, mit wem ich ins Bett steige. Bislang wollte es der Zufall, dass ich bei beiden Verabredungen Männer traf, die mir gefielen. Ich meine, darum geht es beim Dating doch schließlich, oder? Man geht miteinander aus, und wenn man sich mag, dann entwickelt sich die Sache in eine eindeutige Richtung, sei es, dass man sich küsst, oder eben mehr, also fühle ich mich überhaupt nicht schlecht; ich tue nur, was ihr auch tut, wenn ihr eine Verabredung habt … haha, hört ihr, wie ich mich selbst davon zu überzeugen versuche, dass ich ein unschuldiges Mädchen bin …?

Nach einigen Versuchen, eine ernsthafte Unterhaltung zu führen, die unter anderem Themen wie den Koran, das Elterndasein, Adoption, den Tsunami und George Bushs Probleme mit der englischen Sprache beinhalteten, gelang es mir schließlich, die Konversation auf mein Lieblingsthema zu bringen, in diesem Falle unsere gemeinsame Vorliebe für das Masturbieren. Vom ersten Moment an, seit ich ihn getroffen hatte, wusste ich, dass er ein starkes sexuelles Verlangen hatte, und da seine Freundin selten da war, stellte ich mir vor, dass er höchstwahrscheinlich die meiste Zeit damit zubrachte, sich mit sich selbst zu beschäftigen. Ich hatte recht und unser Gespräch war herrlich facettenreich – um nur eine Andeutung zu machen …

Ich freute mich, derartig intime Details mit dem schlauen Wolf zu teilen, und es war überdies der unverhohlene Versuch, die Schwingungen zwischen uns anzuheizen. Als ich mich schließlich zu ihm beugte, um ihn zu küssen, und er sich abwandte und erklärte: »Das hier ist mein Stammlokal«, war ich zweifellos enttäuscht. Aber ich lehnte mich zurück, genoss meinen Drink und war erfreut über die Aussicht, den Laden zu verlassen und an einem weniger auffälligen Ort im großen Stil herumzuknutschen.

Da wir nur wenige Minuten von der St.-Margaret-Station entfernt waren, eilten wir hinauf auf den Bahnsteig und fanden eine kleine Nische, die uns Schutz vor dem Regen gewährte. Einige Minuten lang küssten wir uns leidenschaftlich. Dann drückte ich seinen Kopf langsam herunter, lehnte mich rücklings an die Wand, legte mein rechtes Bein auf seine linke Schulter und ließ ihn diesen fantastischen Tag mit einem fantastischen Höhepunkt beenden.

Nur Sekunden, nachdem ich mich auf den Heimweg gemacht hatte, schickte er mir eine SMS.

Nachricht von: Der schlaue Wolf
Ich will wirklich mehr von dir.
Steig in ein Taxi und komm zu mir, SOFORT!

Nachricht von: Dawn
Du bist doch wirklich unverschämt!
Danke für das perfekte Ende eines perfekten Tages,
aber ... ich muss zurück. Meine Schwester hat sich
ausgesperrt.
So eine Schande!
Bis dann, x.

Nachricht von: Der schlaue Wolf
Ich kann nicht aufhören, mir einen runterzuholen.
Danke! X

Das Paar: Eins

Anzeige C

11. 01. 2005, 14:35 Uhr
Von: Gillian
An: Dawn
Betreff: Hallo

Hi,
ich habe dich online entdeckt und mir gefiel deine Anzeige. Ich bin nicht sicher, ob du überhaupt Interesse hättest? Mein Freund und ich würden uns sehr freuen, wenn du mit uns eine lustvolle Nacht verbringen würdest. Wir haben das selbst noch nicht oft gemacht und bisher nur einmal einen Abend mit einer Freundin von uns verbracht. Das hat uns solche Lust bereitet, dass wir es gern noch einmal erleben würden. Ich bin 26 Jahre alt, 1,65 Meter, schlank, aber kurvig und habe rotes Haar. Gavin ist 33 Jahre alt, 1,89 Meter, schlank und gut trainiert. Ich habe ein paar Fotos von uns beigefügt, damit du sehen kannst, ob wir dir gefallen. Wenn du noch anschaulichere Bilder haben möchtest, dann können wir dir welche schicken. Wir würden dich für eine Nacht in einem Hotel in London unterbringen. Augenblicklich versuchen wir, etwas in einem 4-Sterne-Hotel in der Nähe der Docklands für kommenden Dienstag, den 18. Januar, zu arrangieren. Wenn dir das nicht passt, können wir auch einen anderen Termin wählen.

Wir haben beide ein sehr starkes sexuelles Verlangen und lieben es, Experimente zu machen. Wir können auch Sex-Spielzeug zu unserem Treffen mitbringen und ich habe ein paar Outfits, die Gavin immer sehr scharf machen!!!
Es törnt uns auch an, uns zu fesseln und uns die Augen zu

verbinden, weil das die Sache umso spannender macht.
Wir sind beide sehr natürlich und würden uns wirklich sehr freuen, wenn es mit uns dreien klappte.
Bitte maile uns ein paar Fotos von dir, damit wir sehen können, ob du unser Typ bist.
Ich freue mich auf deine baldige Antwort.

Gillian
x

DIENSTAG, 11. JANUAR

Action Man
Heißt hier jemand Action Man?

Anzeige D

07. 01. 2005, 10:15 Uhr
Von: Action Man
An: Dawn
Betreff: Ein Gentleman aus der City

Hallo,
ich arbeite in der Londoner City, aber nicht in einer Bank, sondern ich besitze einen Verlag. Ich bin 35 Jahre alt, liebe guten Wein, gute Gesellschaft, gute Unterhaltung, gepflegten Umgang miteinander, Sport, ins Kino zu gehen, sich zu amüsieren, und es wäre mir eine ausgesprochene Freude, wenn du vielleicht schon in den nächsten Tagen meine Einladung zum Mittagessen in einem wunderschönen Restaurant annähmst.
Vielleicht sollten wir uns für ein erstes Kennenlernen an einem hübschen Ort treffen, um zusammen zu essen, uns zu unterhalten und ein Glas Wein zu trinken. So würde sich herausstellen, ob wir uns miteinander wohl fühlen.
Ich mag lebhafte Konversation, Humor, eine offene Geisteshaltung und Menschen, die natürlich sind. Ich glaube, das sind auch meine Stärken. Dazu gehört außerdem Großzügigkeit. Ich freue mich auf deine Antwort und darauf, dir vielleicht deinen Traum zu erfüllen.
Mit den besten Grüßen
PS: Ich habe mein Foto angehängt – der Fußballer bin ich.

07.01.2005, 11:56 Uhr
Von: Dawn
An: Action Man
Betreff: Ein Gentleman aus der City

Gut gebrüllt, Action Man! Wie könnte ich die Einladung eines so sportlichen Herren wie dir ausschlagen ...?
Ein gemeinsames Mittagessen klingt verlockend, ich muss allerdings erst nachsehen, wie es bei mir in der kommenden Woche aussieht ... sollte es mittags terminlich schwierig werden, könntest du dir vorstellen, dich mit mir nach der Arbeit zu treffen?

07.01.2005, 12:43 Uhr
Von: Action Man
An: Dawn
Betreff: Ein Gentleman aus der City

Liebe Dawn,
jetzt hast du mein Foto und wie sieht es mit deinem aus? Ich denke, es wäre schöner, wenn wir uns erst zum Mittagessen verabreden würden, weil man sich auf diese Weise leichter kennenlernen kann, ohne dass daran weitere Verpflichtungen geknüpft sind. Aber danach gern, jederzeit.
Du bist die Lady, also entscheide darüber, wann wir uns treffen. Meine Einladung gilt auch für spätere Zeitpunkte.

07.01.2005, 13:35 Uhr
Von: Dawn
An: Action Man
Betreff: Ein Gentleman aus der City

Ich kann deine Intention im Hinblick auf das Mittagessen

gut nachvollziehen ... gute Idee. Was sagt dein Kalender am kommenden Montag?
Mein Foto ist anbei, x.

07. 01. 2005, 14:55 Uhr
Von: Action Man
An: Dawn
Betreff: Ein Gentleman aus der City

Am Montag habe ich Zeit.
Welche Uhrzeit würde dir passen und wie exklusiv darf das Restaurant sein? Welche kulinarische Richtung würde dir am meisten zusagen?
Hinreißendes Foto. Ich habe hier im Büro eine Kollegin, die dir wie aus dem Gesicht geschnitten ist, und ich fiel fast vom Stuhl, als ich den Anhang öffnete. Man sagt ja immer, dass die Medienwelt klein ist, aber das wäre doch nun wirklich ein fast schon beängstigender Zufall.
Nun gut, zurück zu dir ...
Ich schiele immer wieder hinüber zu meiner Kollegin, um zu sehen, ob sie gerade eine E-Mail erhält, und finde, dass das wirklich eine hübsche Verflechtung ist ... zum Schlapplachen. Dennoch hoffe ich nicht, dass du das bist.

07. 01. 2005, 15:05 Uhr
Von: Dawn
An: Action Man
Betreff: Ein Gentleman aus der City

Nein. Ich sitze gerade in meiner Wohnung in Hackney, gleich um die Ecke der Mare Street, also in unmittelbarer Nähe zur Innenstadt, und es sieht ganz so aus, als könnten wir uns am Montag treffen ... wie schön!

Haha, stell dir vor, ich wäre tatsächlich deine Kollegin ... wie peinlich das für dich wäre.
Welches Essen ich mag? Am liebsten Sushi, x.

07. 01. 2005, 15:45 Uhr
Von: Action Man
An: Dawn
Betreff: Ein Gentleman aus der City

Nein, nein, sie hat ihre Tastatur nicht angerührt und hier kommt nun deine Antwort. Das wäre dann also geklärt ...
Es wäre mir gar nicht peinlich gewesen, wahrscheinlich hätte es mir eher geschmeichelt, aber höchstwahrscheinlich hätte ich einen echten Lachkrampf bekommen.
Also gut, es gäbe da zwei Restaurants, die infrage kämen: ein ziemlich kleines, aber feines Sushi-Restaurant im Great Eastern Hotel oder ein größeres Restaurant mit panasiatischer Küche in den Great Eastern Dining Rooms.
Beide liegen auf der Liverpool Street und sind damit für dich sehr bequem zu erreichen. Gib mir einfach Bescheid, in welches du gehen magst, und ich buche für 13:00 Uhr einen Tisch auf meinen Namen Jonathon Baits.
Ich werde einen dunkelblauen Nadelstreifenanzug und ein rosafarbenes Hemd tragen.

07. 01. 2005, 15:42 Uhr
Von: Dawn
An: Action Man
Betreff: Ein Gentleman aus der City

Um 13:00 Uhr im Great Eastern Hotel – das ist wunderbar.
Bis dahin, Action Man.
PS: Ich liebe es, wenn Männer Rosa tragen, x.

10. 01. 2005, 11:45 Uhr
Von: Action Man
An: Dawn
Betreff: Ein Gentleman aus der City

http://www.streetmap.co.uk/newmap.srf?x=533190&y=-182445&z=0&sv=EC2A+3QR&st=2&pc=EC2A+3QR&mapp=newmap.srf&searchp=newsearch.srf
Ich wollte dir zur Sicherheit noch den Stadtplanausschnitt senden – 54/56 Great Eastern Street. Ich dachte nämlich zunächst, das Restaurant läge direkt an der Liverpool Street, aber es liegt noch ein wenig weiter in Richtung Old Street. Bis später.

10. 01. 2005, 11:49 Uhr
Von: Dawn
An: Action Man
Betreff: Ein Gentleman aus der City

Ja, nur keine Sorge, ich weiß, wo das Restaurant ist ... bin dort schon oft gewesen, xx.

10. 01. 2005, 12:15 Uhr
Von: Action Man
An: Dawn
Betreff: Ein Gentleman aus der City

Na, prima. Mache mich in 15 Minuten auf den Weg, um dich in Empfang zu nehmen.

Das Date

Es war Montagmorgen und ich wäre am liebsten gestorben. Ich hatte wahrscheinlich mit einem der schlimmsten – wenn nicht sogar dem allerschlimmsten – Kater zu kämpfen, unter dem ich jemals zu leiden hatte. Der gestrige Abend mit dem schlauen Wolf war abenteuerlich gewesen, aber irgendetwas sagte mir, dass meine Verabredung mit Action Man es definitiv wert wäre, aufzustehen. Das Foto, das er mir von sich gemailt hatte – man sah, wie er darauf in einem ziemlich niedlichen Fußball-Trikot einen Ball kickte –, hatte etwas in mir zum Schwingen gebracht. Also trottete ich, ungeachtet der Tatsache, dass die bloße Vorstellung von rohem Fisch mich im Moment in meine Cowboystiefel hätte kotzen lassen, zu meinem Date.

Ich kam fünf Minuten vor eins dort an und sah erstaunlich annehmbar aus, wenn man das innere Schlachtfeld, das in mir tobte, berücksichtigte. Ich betrat das Miyabi, ein Sushi-Restaurant, das unterhalb des Great Eastern Hotels an der Liverpool Street liegt. Es ist sehr klein, aber das Essen hier ist absolut köstlich. Inzwischen hatte sich mein Grauen vor rohem Fisch verflüchtigt und ich war urplötzlich wahnsinnig hungrig.

»Ich habe eine Verabredung mit Jonathon Baits. Ein Tisch für zwei Personen um dreizehn Uhr«, informierte ich den sehr beschäftigt wirkenden Empfangschef. Er nahm sich Zeit, um seine Gästeliste zu studieren, und wandte sich mir dann wieder zu, um mir mitzuteilen, dass niemand mit diesem Namen eine Reservierung aufgegeben hätte.

»Dürfte ich mal?«, fragte ich und blickte über seine Schulter auf das Klemmbrett in der sicheren Erwartung, dort Baits' Namen stehen zu sehen. Aber nein, er hatte recht, der Name stand nicht drauf.

Ich warf einen verstohlenen Blick um die Ecke, sah jedoch keinen Mann im rosafarbenen Hemd, der dort allein saß. Also ging ich zurück, überlegte, was ich als Nächstes tun sollte, und wollte wieder gehen.

»Probieren Sie es doch im Fish Market nebenan. Es gibt im Great Eastern nämlich vier Restaurants.«

Ah, dachte ich, puh, ich bin im falschen Restaurant gelandet. Ich verabschiedete mich vom Empfangschef und all dem köstlichen Essen und ging um die Ecke ins Fish Market.

»Hallo. Ich habe hier eine Verabredung mit Jonathon Baits, ein Tisch für zwei Personen um dreizehn Uhr«, sagte ich zu einer der jungen Damen an der Rezeption. Sie blickte auf ihre Liste und antwortete mir, dass ihr auf diesen Namen keine Reservierung vorläge.

Ich drehte mich um, um zu gehen.

»Warten Sie, vielleicht ist er ja in einem unserer anderen Restaurants. Im Hotelgebäude gibt es noch das Aurora und das Terminus.«

Aha, dann musste er also in einem dieser beiden sein. Was für ein Hin und Her! Ich hob meine Hand zum Abschied und ging durch den Regen zum Haupteingang des Hotels.

Das Terminus war völlig überfüllt. Das muss es sein, dachte ich. Sofort stürzten sich ein paar allzu eifrige Bedienungen auf mich, die ganz versessen darauf waren, mir schnellstmöglich einen Tisch anzubieten. Ich tat meinen üblichen Spruch und sagte, dass ich mit einem Mann verabredet sei, der Jonathon Baits heißt. Sie überprüften ihre Gästelisten und einmal mehr erhielt ich die Antwort: »Ich habe hier keine Reservierung von Jonathon Baits, verzeihen Sie bitte.«

Ich ging nach nebenan ins Aurora und dachte mir gleich, dass ich hier nicht richtig sein konnte. Es ist ein sehr nobles Restaurant, bereits als ich es betrat, wusste ich, dass dies nicht der richtige Ort sein konnte. Ein freundlicher Kellner kam zu mir und fragte mich, ob ich eine Reservierung hätte. Ach, was sollte es schon, ich konnte ihn genauso gut fragen, entschied ich.

»Ja, ich habe eine Reservierung auf den Namen Jonathon Baits. Ein Tisch für zwei um dreizehn Uhr?«

Er überprüfte seine Liste und auch er entließ mich mit einem negativen Bescheid.

»Warten Sie bitte«, rief er, als ich wieder gehen wollte, »lassen Sie mich schnell einen Blick in unser Reservierungssystem werfen. Dort kann ich überprüfen, ob auf diesen Namen heute im Hotel irgendwo eine Reservierung eingetragen ist.«

Großartig, so würde ich ihn endlich finden. Ich war so hungrig und sah inzwischen bestimmt schon verzweifelt aus.

»Haben Sie seine Handynummer?«, fragte er, während er durch die Listen auf seinem Computer scrollte.

»Nein, wir haben nur diesen Termin vereinbart. Das ist sehr unprofessionell von mir, aber ich war den gesamten Morgen außerhalb meines Büros unterwegs und damit nicht erreichbar. Und meinen Kalender habe ich zu Hause liegen lassen, deshalb habe ich seine Nummer nicht bei mir.« Ich laberte weiter und wünschte mir, dass ich einfach die Wahrheit sagen könnte: »Nein, um ehrlich zu sein, habe ich seine Handynummer nicht. Er ist nur eine Bekanntschaft aus dem Internet. Dahinter könnte jeder x-beliebige Kerl stecken ... wirklich, ich habe keine Ahnung ... ist er irgendwo auf Ihrer Liste?«

»Nein, es tut mir leid, ich kann ihn nicht finden. Pete, ich möchte dieser Dame eben behilflich sein, ich bin in fünf Minuten zurück.« Und so huschte er mit mir aus der Bar, die Treppe hinauf, in den Aufzug und zurück in das Sushi-Restaurant, wo wir einen kurzen Plausch mit meinem Freund, dem Empfangschef hielten, der uns erneut versicherte, dass hier keine allein wartenden Männer in rosafarbenen Hemden wären.

Danach gingen wir zurück ins Fish Market, wo mir dieselbe junge Dame von eben entgegenkam, um mir mitzuteilen, dass Mister Ian Baits soeben angekommen wäre und nun an seinem Tisch Platz genommen hätte.

»Ich denke, das könnte er sein«, sagte ich und folgte ihr, meinen eifrigen Kellner noch immer im Schlepptau.

»Das ist Mister Baits«, sagte sie, als sie mir ein riesiges Ungetüm von einem grauhaarigen Kerl vorstellte, der allein an seinem Tisch am Fenster saß.

Ich war enttäuscht. Das Foto von Action Man könnte zwar aus früheren Zeiten stammen, aber vielleicht hatte er mich auch einfach nur angelogen. Er schaute mich verwirrt an, als ich Anstalten machte, mich zu setzen. Doch zum Glück wurde ich davon abgehalten, als ein ähnlich grotesk aussehender Mann an den Tisch kam, der sich als Ian Baits' tatsächlicher Tischgast herausstellte.

Meine beiden Begleiter und ich entschuldigten uns vielmals für die Verwechslung und eilten zurück zum Empfang. Wir waren alle etwas peinlich berührt von diesem Ereignis, doch dafür umso entschlossener, Jonathon Baits ausfindig zu machen.

»Bestimmt werde ich deswegen gefeuert«, sagte ich, um sicherzugehen, dass hier niemand dachte, ich sei von einem Typen versetzt worden, den ich noch nie zuvor getroffen hatte. Langsam begann ich mich etwas veralbert zu fühlen.

»Machen Sie sich keine Sorgen, wir gehen einfach alle Restaurants noch einmal ab«, schlug mein kleiner, eifriger Kellner vor.

Also zogen wir wieder los, die Treppe hinauf, in den Aufzug, die Treppe hinunter und durch alle vier fabelhaften Restaurants, die meiner Vorstellung nach absolut köstliches Essen servierten. Aber nein, von Action Man weit und breit keine Spur. Kein rosafarbenes Hemd in Sichtweite. Er hatte mich versetzt.

»Ich hoffe, Sie werden nicht gefeuert«, sagte mein kleiner Freund, als ich zum Ausgang ging und in den Regen hinaustrat. Wir winkten uns bekümmert zu und ich machte mich auf den Heimweg.

Ich lief am Miyabi vorbei und warf einen schnellen Blick durch das Fenster in der klitzekleinen Hoffnung, ihn dort sitzen zu sehen, während er nach Luft rang, weil er sich verspätet hatte. Aber nein, ich sah nur voll besetzte Tische und Pärchen, die frisches Sashimi verschlangen, aber dort saß niemand allein, der darauf wartete, dass die Frau seiner Träume durch die Tür kam.

Also hieß die Parole: zurück zur Bushaltestelle. Da stand ich nun, frierend, zitternd, ausgehungert und entmutigt. Meine einzige Begleitung bestand aus meinem enttäuschten Gesichtsausdruck und einem Penner, der darauf bestand, mir den komplizierten Weg mit dem Bus zur Station Angel zu erklären. Ich gab ihm dafür eine Pfundnote, weil ich seine Einsamkeit aus eigener Erfahrung gut nachvollziehen konnte, und stieg so ausgehungert in den Bus, dass ich mich hätte übergeben können.

Ich hatte mir große Dinge von dieser Verabredung versprochen, aber da hatte ich mich wohl getäuscht. Um es mit den Worten des schlauen Wolfs zu sagen, war der Action Man in diesem ganz speziellen Moment eine absolut riesengroße Fo …

10. 01. 2005, 14:58 Uhr
Von: Action Man
An: Dawn
Betreff: Ein Gentleman aus der City

Weißt du was? An Tagen wie heute wäre ich am liebsten eine Ente! Ich bin nass bis auf die Haut …
Nun, ich kam um zehn vor eins im Restaurant an, setzte mich an den Tisch, trank ein bisschen Wasser und wartete eine Weile. Dann rückte der große Zeiger auf die Zwölf. Alles noch im Lot. Um zehn nach dachte ich, dass du dich vielleicht um damenhafte zehn Minuten verspäten würdest. Als es dann zwanzig nach war, sagte mir die Kellnerin: »Vielleicht ist Ihr Gast ins Great Eastern Hotel

gegangen?« Ich versicherte ihr, dass mein Gast ganz genau wüsste, wo wir beiden uns verabredet hatten. Um halb zwei schien die Sache dann endgültig schiefgelaufen zu sein. Mir wurde bewusst, dass wir unsere Handynummern nicht ausgetauscht hatten und dass Petrus da draußen sein Bestes tat, um der biblischen Flut Konkurrenz zu machen, und so beschloss ich weitere zehn Minuten später, zu zahlen und zu gehen. Nach einem längeren Spaziergang zum Great Eastern Hotel war dort zwar jede Menge los, aber ich fand dich trotzdem nicht. Einmal kam ich an einer jungen Frau in einem karierten Mantel vorbei, die mich ein bisschen an dein Foto erinnerte, aber sie war nicht so groß wie du. Und weil es nicht meine Gewohnheit ist, völlig fremde Frauen auf der Straße anzusprechen, auch dann nicht, wenn wir vorher Augenkontakt hatten, ging ich weiter.
Nun bin ich also klitschnass zurück an meinem Schreibtisch und frage mich, ob ein Federkleid mich hätte retten können und ob du es dir in letzter Minute wohl doch noch anders überlegt hast.

10.01.2005, 15:05 Uhr
Von: Dawn
An: Action Man
Betreff: Ein Gentleman aus der City

Ich war da und freute mich so darauf, dich kennenzulernen, aber deine Bedienung hatte leider recht ... ich war im Great Eastern Hotel – denn letzte Woche, als du mich fragtest, wohin wir gehen sollten, sagte ich, dass das Great Eastern Hotel wunderbar wäre. Also behielt ich nur diese Adresse im Kopf, weil ich eben das Sushi-Restaurant dort kenne. Die Sache ist die: Als du mir die Straßenkarte mailtest, warf ich nicht einmal einen Blick

darauf, weil ich ja genau wusste, wo das Great Eastern Hotel liegt ... Ich hatte eine Reihe höchst obskurer Begegnungen, während ich mindestens sechsmal durch alle Sushi-Restaurants lief. Dafür habe ich unter den Angestellten absolut reizende neue Freunde gefunden und die Runde schließlich damit abgeschlossen, neben einem fettleibigen, alten Kerl Platz zu nehmen, dessen Name Ian Baits ist ...
Ich verließ das Hotel und fühlte mich von dir getäuscht; verkühlt und nass und außerdem wahnsinnig hungrig.
Ich weiß auch nicht, was wir jetzt tun sollen ... Ich fühle mich schrecklich und es wäre so schön, wenn wir uns eingestehen könnten, dass wir beide kleine Fehler gemacht haben, und das Ganze noch einmal versuchen? Wir sind beide durchnässt ... enttäuscht ... und ein bisschen schockiert.
Und wenn ich ehrlich sein darf, fühle ich mich absolut am Boden zerstört und komplett für das Desaster verantwortlich ... Warum heißen bloß beide Restaurants gleich? Diese blöden, blöden, blöden Fischläden!!!
Ich wünschte mir jetzt ebenfalls, ich sei eine Ente, und wenn es nur aus dem Grund sei, dass ich dann davonwatscheln könnte und doof genug dafür wäre, nicht so doof zu sein! Aber wer wäre schon gern eine Ente ... man würde ja mir nichts, dir nichts erschossen werden!

10. 01. 2005, 15:15 Uhr
Von: Action Man
An: Dawn
Betreff: Ein Gentleman aus der City

Als ich wieder ging, fühlte ich mich nicht von dir getäuscht. Die Dinge sind, wie sie sind. Ich denke, ich nehme das Leben von Natur aus sehr gelassen.

Aber ich entschuldige mich vielmals bei dir, dass du mehrere Male durch die diversen Restaurants gehen musstest.
Ich denke, für unsere nächste Verabredung sollten wir uns ein Restaurant aussuchen, das keine Verwechslungsmöglichkeit bietet. Ich bin diese Woche zwar sehr beschäftigt, aber wir könnten uns am Dienstag treffen?
Ich habe mich so darauf gefreut, dich zu treffen, und dann fiel alles sprichwörtlich ins Wasser. Was erhoffst du dir von alledem? Ich denke, ein Treffen gibt mir die Antwort ...
Ich hoffe, dass du langsam wieder schön trocknest.
Verzeih mir bitte das Missverständnis.
Und wie soll ich jetzt trocken werden?

10. 01. 2005, 15:24 Uhr
Von: Dawn
An: Action Man
Betreff: Ein Gentleman aus der City

Ich bin mittlerweile schon wieder trocken ... Ich habe mein Gesicht an meiner kleinen Katze Lilu getrocknet, die mir immer beisteht, wenn ich meine Flügel hängen lasse (verzeih mir das Wortspiel, quak, quak!).
Ich schlage vor, dass du es dir unter dem Handtrockner auf der Herrentoilette hübsch bequem machst; ist zwar nicht so komfortabel, dafür aber schnell und effektiv ...
Was ich mir von der ganzen Sache erhoffe? Ich suche nach nichts und niemandem, der mein Leben verändert, ich möchte es eine Zeit lang einfach nur ein bisschen bunter gestalten ... und du?

10. 01. 2005, 15:53 Uhr
Von: Action Man
An: Dawn
Betreff: Ein Gentleman aus der City

Ja, mir gefällt die aufregende Komponente an der Sache auch sehr gut, aber ich werde mir das sicher nicht zur Angewohnheit werden lassen.
Also gut, wie sieht es morgen bei dir aus? Wie wäre es mit dem Argyle Pub in der Argyle Street, Ecke Oxford Street? Wenn wir uns da treffen, könnten wir anschließend ins Mash zum Mittagessen gehen.
Sagen wir wieder 13:00 Uhr?

10. 01. 2005, 16:38 Uhr
Von: Dawn
An: Action Man
Betreff: Ein Gentleman aus der City

Perfekt – dann sehen wir uns im Argyle morgen um 13:00 Uhr ... versprochen, xxxx.
Reserviere uns einen Tisch im Mash unter deinem Namen ... nicht unter Ian Baits ... er ist widerlich!
Bis morgen dann, Action Man, ich freue mich schon sehr darauf, xxxx.

Das Date

Ich betrat das Argyle und ging direkt auf die Bar zu. Er saß links von mir in einer gemütlichen, kleinen Nische. Ich war mir nicht ganz sicher, ob er es wirklich war, denn er sah ein bisschen älter aus, als ich erwartet hatte. Er hatte kurzes, graues Haar, was mich überraschte, weil er gesagt hatte, dass er 35 Jahre alt war. Bekommt man tatsächlich schon in diesem Alter graue Haare? Ach, du Schande! Offensichtlich hatte er mich erkannt, da er in diesem Moment aufstand.

»Hallo Dawn«, begrüßte er mich. Es war keine Verwechslung möglich, vor mir stand Action Man.

Unser Gespräch ließ sich etwas langsam an, bevor ich meinen ersten Jack Daniels mit Cola light getrunken hatte, doch dann plapperte ich wie wild drauflos und wollte alles über ihn wissen. Er war tatsächlich der zuvorkommende und reizende Mann, den ich mir vorgestellt hatte. Um das zu erkennen, musste ich nicht wirklich tief graben.

»Ich freue mich so, dass wir uns nun endlich gegenübersitzen. Es tat mir so leid, dass wir uns gestern verpasst haben«, sagte er.

»Mir auch, und ich danke dir dafür, dass du noch so reizend zu mir warst, nachdem ich dir den Tag ruiniert und dich sprichwörtlich im Regen haben stehen lassen.«

»Du hast meinen Tag überhaupt nicht ruiniert. Ich hatte großen Spaß an deinen E-Mails. Umso spannender ist es jetzt, dich zu treffen.«

Wieder hegte ich für dieses Date die größten Hoffnungen. Ein Teil von mir hatte sich auf dem Weg zum Pub besorgt gefragt, ob diese Begegnung meinen Internet-Abenteuern ein Ende setzen würde und ich mich Hals über Kopf in Action Man verlieben könnte. Seine E-Mails verrieten, dass er ein reifer, sehr bodenständiger und dabei fürsorglicher Mann war. Ich hoffte, dass sich seine humorvolle Seite noch stärker zeigen würde, wenn wir uns gegenübersaßen, aber ich war mir ziemlich sicher, dass ich ihm das Jawort geben würde. Nach dem Desaster unserer ersten Verabredung war ich leicht hysterisch geworden, aber seine E-Mails waren so besonnen und verständnisvoll, dass sich meine Panik nach kurzer Zeit legte. Ich mag es, wenn mich andere in den Zustand völliger Manie versetzen können; das treibt mir die Flausen aus dem Kopf und gibt mir neue Orientierung.

Er war sehr hellhäutig, doch auf seinen Wangen zeigte sich eine Rötung. Dort, wo das Blut unter der Haut zirkulierte, waren unregelmäßige, rötlich-lilafarbene Flecken. An seinen Nasenflügeln verliefen rote Äderchen und seine Wimpern waren gerade und ohne Schwung. Er war kein besonders schöner Mann, aber irgendwie war er sehr nett anzusehen.

Wir tauschten uns eine Weile über Internet-Kontaktbörsen und die Risiken aus, aber er war nicht der Typ Mann, der sich vor etwas fürchtete. Er gab offen zu, dass er es überhaupt nicht peinlich fand, andere Menschen über das Internet kennenzulernen, und da ich bislang echte Erfolge zu verbuchen hatte, stimmte ich ihm aus vollem Herzen zu.

Ein wenig erstaunte mich, dass er überhaupt keine Anstalten machte, mit mir zu flirten. Er sah mich zwar fast liebevoll an, aber er flirtete nicht wirklich mit mir. Wenn ich das sage, dann meine ich, dass er mir nicht ein einziges Mal spitzbübisch zulächelte, nicht gestikulierte, keine provokativen Fragen stellte, mir nicht andeutungsvoll zuzwinkerte oder beiläufig mein Bein berührte. Er war ziemlich verhalten und seine Augen waren zwar freundlich, doch zugleich auch unergründlich. Ich hätte nicht sagen können, ob er völlig entspannt oder vollkommen nervös war. Als ich ihm mit einem Streichholz Feuer gab, bemerkte ich, wie seine Hände zitterten, und kannte die Antwort.

Er war also nicht der Tausendsassa, den ich erwartet hatte, aber unsere Konversation war sehr angenehm, und auf eine bestimmte Weise hatte er eine beruhigende Ausstrahlung auf mich. Als er mich kurz darauf ins Mash zum Mittagessen einlud, nahm ich mit Freude an.

Im Restaurant bestellten wir kleine Vorspeisen und den Hauptgang. Ich entschied mich für einen Salat mit Flusskrebsen vorweg und einen großen gemischten Salat als Hauptspeise. Er bestand darauf, dass ich doch etwas Aufregenderes als Salat essen sollte, aber da ich am Abend ein zweites Date hatte, von dem ich sicher war, dass es etwas ungezügelter verlaufen würde, beschloss ich, dabei zu bleiben. Ich rechtfertigte meine gesunde Wahl, indem ich ihn anlog und behauptete, ich versuche, nach all den kulinarischen Weihnachtsexzessen wieder in Form zu kommen. Das verstand er natürlich.

Er bestellte eine Flasche Wein, von der wir gemeinsam nur ein Glas tranken. Ich betone das absichtlich, denn nach diesem einen Glas trank er fortan nur noch Wasser und überließ mir den Rest der Flasche. Aufgrund der Tatsache, dass es erst Mittag war und ich nur eine Hand voll Grünzeug gegessen hatte, zeigten die dreieinhalb Gläser Wein, die ich dann zu mir nahm, einen ziemlich dramatischen Effekt. Obwohl unsere Unterhaltung – es ging meist um Zeitschriften oder Fußball – interessant und unangestrengt verlief, frustrierte mich das Ausbleiben jeglicher Flirtversuche zunehmend und ich wollte sehen, ob es mir gelingen würde, meinen Action Man zu entsprechender »Action« zu bewegen.

Ich war betrunken, aber völlig darüber im Klaren, dass ich ihm nicht auf plumpe Weise zu nahe kommen durfte. Also beschloss ich, ihn nicht mit verbalen Angeboten zu verschrecken, sondern einen etwas subtileren Ansatz zu verfolgen. Ich begann, mit meiner Gabel die übrig gebliebenen Erbsen einzeln von meinem Teller aufzupicken, dann ließ ich sie lasziv auf meine Zunge rollen und hielt dabei gelegentlich eine einzelne Erbse zwischen meinen Zähnen fest. Ich versuchte mein Bestes. Aber obwohl ich meine geschminkten, von der Salatsoße feuchten Lippen schürzte und mit meiner Gabel praktisch Oralverkehr hatte, zeigte das keine Wirkung. Er rückte nicht einmal näher oder zollte meinen Annäherungsversuchen auch nur die geringste Anerkennung. Dafür vertrat er seine klaren Ansichten über die Trennung von Jennifer und Brad und die Gefahren einer Ehe zwischen

Hollywood-Stars. Nicht, dass ihr mich jetzt falsch versteht, das ist ja auch wirklich interessant, doch ich hätte es in dieser Situation eher vorgezogen, am Knie gestreichelt zu werden oder mit ihm kleine, schmutzige Geheimnisse auszutauschen.

Weil ich befürchtete, ihn mit meiner Erbsenvorführung zu sehr einzuschüchtern, legte ich mein Besteck auf dem Teller ab und stieg wieder ins Gespräch ein, in dem wir uns detailgetreu über die aktuelle Ausgabe des *Heat*-Magazins austauschten. Er kannte sich wirklich hervorragend aus, dennoch muss ich gestehen, dass ich derartige Gespräche lieber mit meinen Mädels führe. Männer, die Klatschmagazine lesen, haben stets etwas leicht Tuntiges an sich.

Mein Date mit Action Man dauerte rund zwei Stunden und ich habe es wirklich genossen, auch wenn er nicht der selbstsichere Frauenheld war, den ich erwartet hatte. Er war ein erfolgreicher Geschäftsmann und spielte in seiner Freizeit aktiv Fußball. Er war exzellent gekleidet, aufrichtig und aufmerksam, aber für meinen Geschmack war er zu alt. Nicht an Lebensjahren, sondern was seinen Lebensstil betraf. Ich hatte den Eindruck, dass ein Abend im Kino mehr nach seinem Geschmack war als ein Abend in einem Strip-Lokal, was wiederum mir mehr zusagen würde.

Wir baten um die Rechnung, zahlten und gingen nach draußen. An der Ecke zur Oxford Street hauchten wir uns zum Abschied Küsschen auf die Wange und ich wusste, dass ich ihn nicht mehr wiedersehen würde. Es hatte nicht gefunkt zwischen uns; er war für meine Bedürfnisse etwas zu gesetzt und ich glaube, dass ich ihn ein wenig eingeschüchtert habe. Es war nicht unangenehm, als wir uns verabschiedeten, aber wir wussten beide, dass es keinen Sinn haben würde, die Sache weiterzuverfolgen.

Was mich anbetrifft, fehlte mir der Flirt. Ich liebe es, zu flirten, und auch, wenn ich Zurückhaltung bei Männern sehr schätze, möchte ich zumindest, dass sie es wenigstens ein bisschen darauf ankommen lassen. Traurig – und betrunken – ging ich nach Hause. Ich hätte einfach nicht gedacht, dass ich mich von diesem Mann so ohne weiteres verabschieden könnte. Aber leider hat es nicht sollen sein.

Das Paar: Zwei

11. 01. 2005, 00:47 Uhr
Von: Dawn
An: Gillian
Betreff: Hallo

Ich muss wirklich sagen, du hast meinen Appetit ein wenig angeregt. Aber ihr müsst bitte noch ein bisschen Geduld mit mir haben, bis ich euch ein paar Termine sagen kann; die nächste Woche passt mir leider überhaupt nicht, aber ich wäre sehr gern dabei.
So ein Abenteuer habe ich zwar eigentlich nicht gesucht, aber es klingt sehr interessant!
Ich melde mich wieder.
Anbei mein Foto, ich hoffe, es gefällt euch, x.

12. 01. 2005, 00:12 Uhr
Von: Gillian
An: Dawn
Betreff: Hallo

Hi Dawn,
dein Foto gefällt mir sehr gut! Und ich freue mich absolut darauf, eine (mindestens!) gemeinsame Nacht für uns zu arrangieren. Ich bin mir sicher, dass du einen Termin findest, der für uns alle machbar ist.
Ich freue mich, wenn du dich wieder meldest.
Gillian
xx

12. 01. 2005, 1:49 Uhr
Von: Dawn
An: Gillian
Betreff: Hallo

Hier sind noch ein paar Fotos ... wenn auch keine Nacktbilder, tut mir leid.
Übrigens siehst du absolut umwerfend aus ... es könnte sein, dass ich mich dir ausführlicher widmen möchte ... wenn nicht sogar ausschließlich dir ... wäre das okay? Wir werden bald einen gemeinsamen Zeitpunkt finden, das klingt alles sehr aufregend – mich törnen sinnliche Beleuchtung und heiße Musik an ... kannst du dich darum kümmern?

DIENSTAG, 11. JANUAR

Der Kobold
Von Dildos, Liebeskugeln und einem
Nesseltierchen ohne Darmausgang

Anzeige D

07. 01. 2005, 10:05 Uhr
Von: Der Kobold
An: Dawn
Betreff: Hi

Ich würde dich sehr gern ausführen, gutes Essen, guter Wein … mit allem Drum und Dran!

07. 01. 2005, 11:30 Uhr
Von: Dawn
An: Der Kobold
Betreff: Hi

Das ist genau das, was mir vorschwebt … aber erzähl mir doch ein bisschen mehr von dir … Warum ein so großzügiges Angebot?
Verheiratet?
Gelangweilt?
Reich?
Wo wohnst du?
Wohin willst du mich ausführen?
Und was oder wen genau suchst du eigentlich? Sei ehrlich, du hast nichts zu verlieren …
Deine Einladung klingt sehr verlockend, x.

07. 01. 2005, 14:00 Uhr
Von: Der Kobold
An: Dawn
Betreff: Hi

Hallo,
also, so großzügig bin ich dann auch wieder nicht – schließlich machen wir beiden keinen Wochenendausflug nach Paris ... aber wenn ich so darüber nachdenke, sind es nur drei Stunden bis Waterloo ...
Nein, ich bin nicht verheiratet – aber gelangweilt, absolut gelangweilt.
Januar ist ein so trüber Monat, findest du nicht?
Reich? – Na ja, weder reich noch arm, mir geht es ganz gut.
So viele Fragen, Dawn ... ich würde gern mal sehen, wie das Restaurant Gordon Ramsey so ist ... also sollten wir uns vielleicht im Café Boxwood treffen.
Was oder wen ich suche? – Spaß und Abenteuer, denke ich. Und du?
Wann schickst du mir dein Foto?

07. 01. 2005, 14:34 Uhr
Von: Dawn
An: Der Kobold
Betreff: Hi

Anbei das gute Stück ... jetzt bist du dran!

07. 01. 2005, 16:39 Uhr
Von: Der Kobold
An: Dawn
Betreff: Hi

Aber hallo, das ist ja ein echter Hammer;-)
Ach, Mist – das wirst du mir jetzt nicht glauben – und ich

könnte dich verstehen –, aber ich komme im Moment nicht an meine Fotos ran, weil unser Server gerade nicht läuft. Ich könnte vielleicht ein Foto mit meinem Handy machen ... tut mir echt leid.

07. 01. 2005, 16:41 Uhr
Von: Dawn
An: Der Kobold
Betreff: Hi

Wie alt bist du?
Ach, komm schon, von wegen, der Server läuft gerade nicht, ich glaube dir kein Wort! Mach schon ... her mit dem Foto!!

07. 01. 2005, 16:45 Uhr
Von: Der Kobold
An: Dawn
Betreff: Hi

Ich bin gestern 32 geworden – ab jetzt schwer auf dem Weg ins Grab – das kann ich dir sagen.
Ich habe schnell ein Foto von mir mit meinem Handy gemacht und ich sehe darauf wie ein absoluter Volltrottel aus! Ein bisschen dunkel und klein – ich meine das Bild, nicht mich.
Wie dem auch sei, hier kommt es.

07. 01. 2005, 17:11 Uhr
Von: Dawn
An: Der Kobold
Betreff: Hi

Du siehst witzig aus – wie groß bist du?
Ich bin 1,78 Meter, Konfektionsgröße 40, Schuhgröße 41,

alles recht gut proportioniert, es gibt also nicht viel zu meckern, mal abgesehen von einem von Weihnachten etwas zu verwöhnten Bäuchlein, aber auch das habe ich bald wieder unter Kontrolle.

07. 01. 2005, 17:14 Uhr
Von: Der Kobold
An: Dawn
Betreff: Hi

O ja, mit mir kannst du echt eine Menge Spaß erleben. Du bist sehr offen. Ich bin genauso groß wie du – Glück gehabt. Ich bin früher mal ins Sportstudio gegangen – habe mich ein bisschen körperlich betätigt. Alle Gliedmaßen sind unversehrt und ebenfalls gut proportioniert, so wie du es ausgedrückt hast.
Hey, Schuhgröße 41 – meine Lieblingsgröße.
Ich komme aus Irland, aber lebe nun schon seit einigen Jahren hier in London – es müssen jetzt etwa acht Jahre sein.
Wie wäre es, wenn wir in der Charlotte Street zu Abend essen – da gibt es ein paar echt nette Läden.

07. 01. 2005, 17:23 Uhr
Von: Dawn
An: Der Kobold
Betreff: Hi

Abendessen in der Charlotte Street klingt wunderbar – ich mag die Ecke so gern …
Wann hättest du denn Zeit, gäbe es einen Abend in der kommenden Woche?

07. 01. 2005, 17:27 Uhr
Von: Der Kobold
An: Dawn
Betreff: Hi

Ja, die Charlotte Street ist echt cool. Lass uns doch am Dienstag treffen, x.
Freue mich schon drauf. Also, wo wohnst du – und was hat dich nach London verschlagen?

07. 01. 2005, 17:47 Uhr
Von: Dawn
An: Der Kobold
Betreff: Hi

Ich lebe im Osten der Stadt. Was mich hierher verschlagen hat?? Die Lichter der City und der Traum, dass mein Name eines Tages irgendwo prangen wird. Muss jetzt los ... lass uns doch um 19:00 Uhr im Marquis treffen, das ist am Ende der Charlotte Street ...
Dir ein wunderschönes Wochenende, x.

07. 01. 2005, 17:48 Uhr
Von: Der Kobold
An: Dawn
Betreff: Hi

Dir auch, Dawn – das gefiel mir gut – die Lichter der City ...
Bis dann also (total aufregend, oder?).

Das Date

Ich hatte absolut keine Vorstellung davon, was ich zu erwarten hatte. Auf seinem Foto sah er ziemlich klein aus, hatte winzige Augen und eine große Nase. Er hatte etwas Ulkiges an sich, und deshalb hatte ich mich auch entschieden, mit ihm auszugehen. Bei Männern habe ich ziemlich hohe Ansprüche, aber mit dem Aussehen hat es weniger zu tun. Vielmehr sollten sie eine gute Lebenseinstellung haben und humorvoll müssen sie unbedingt sein. Und dabei sollten sie dennoch anspruchsvoll und klug sein, ich möchte schließlich meinen Abend nicht mit einem Trottel verbringen. Seine E-Mails waren flott formuliert und er schien sehr auf Zack zu sein. Und der Geschwindigkeit nach zu urteilen, mit der er mir SMSe schickte, während ich auf dem Weg zum Pub war, besaß er ein Übermaß an Energie. Das Mindeste, was ich also erwartete, war, dass ich in den kommenden Stunden eine Menge mit ihm scherzen und lachen würde.

Als ich den Rathbone Place erreichte, lag das Marquis genau vor mir, und es gab keinen Zweifel, dass der Typ, der dort in einem dreiviertellangen, dunkelgrauen Mantel draußen vor der Tür saß, meine Verabredung für diesen Abend war. Er posierte in einer äußert unkomfortablen, aber sehr männlichen Haltung und tat so, als würde er Zeitung lesen. Ich konnte erkennen, dass er das nur vorgab, denn er hielt den Kopf zwar gesenkt, doch seine Augen sahen auf und blickten auf der Suche nach mir aufgeregt hin und her.

Als ich mich zu ihm an den Tisch setzte, sprang er sofort auf und bombardierte mich mit einer Reihe von Fragen, wie »Möchtest du lieber drinnen sitzen?«, »Möchtest du näher an der Gaslampe sitzen?«, »Himmel, geht es dir gut?«, »Ist dir zu kalt, möchtest du es wärmer haben?« Ich beantwortete keine einzige davon, und das nicht etwa, weil ich unhöflich war, sondern weil er mir schlichtweg keine Zeit ließ, auch nur eine Antwort darauf zu geben. Das ging ungefähr ganze vier Minuten so, bis ich mich zu ihm beugte und in meinem ruhigsten Tonfall zu ihm sagte: »Mir geht es bestens, aber wenn es dir nichts ausmacht, könntest du mir einen Jack Daniels mit Cola light holen.« Daraufhin atmete er einmal tief ein, stemmte seine Hände in die Hüften, nickte mir zu und schoss nach drinnen, was mir eine kurze Verschnaufpause von seinem ersten Auftritt verschaffte.

Wie ich erwartet hatte, war er innerhalb von Nanosekunden zurück, allerdings nur mit einem Drink in der Hand.

»Möchtest du nichts trinken?«, fragte ich leicht irritiert.

»Ach, Scheibenkleister, das habe ich total vergessen, warte, bleib sitzen, ich sause schnell noch mal rein und hole mir auch was.«

Hier saß ich also und war glücklich darüber, dass mir weitere zwei Minuten vergönnt waren, in denen ich schweigend und mit einem Gesichtsausdruck größter Verwirrung dasitzen konnte, bevor mein hyperaktiver Kobold wieder herausgeschossen kam und sich zu mir setzte.

Unsere Unterhaltung kam nicht ein einziges Mal ins Stocken. O nein, nicht mit diesem Mann. Das Thema, mit dem er beschloss, das Eis zwischen uns zu brechen und in den gemeinsamen Abend einzutauchen, war einfach große Klasse: Es ging um die phänomenalen Cniadaria, Nesseltiere, die keinen Darmausgang besitzen. Ja, ganz genau, das war unser Thema. Das Erste, worüber wir uns bei unserem Date austauschten, war die Frage, wie in aller Welt diese Lebewesen ohne Darmausgang es fertigbringen, eingelagerte Toxine aus ihren Körpern auszuscheiden. Ich nahm an, dass sie dies über ihre Transpiration bewerkstelligen, der Kobold hingegen war der Überzeugung, dass diese Nesseltierchen einfach nichts ausschieden und deswegen auch nur sehr kurz zu leben hatten. Ich weiß immer noch nicht, was nun stimmt, aber ich bin mir sicher, dass der Kobold es mich sofort wissen lässt, sobald er es herausgefunden hat.

Es machte mir nichts aus, dass er total nervös war, und er war mir wirklich sehr sympathisch. Ständig war er in Bewegung. Wenn ich etwas sagte, turnte er herum wie einer dieser Kastenteufel, die förmlich herausexplodieren, wenn man den Deckel der Kiste öffnet. Er schien die letzte Million Jahre in so einer Kiste verbracht zu haben. Ich hatte einige Mühe, keine Miene zu verziehen, weil seine nervöse Energie zu mir herüberschwappte und ich das Ganze eher witzig als unangenehm fand. Um mir einen Vorwand für mein ständiges Gelächter zu verschaffen, riss ich einen Witz nach dem anderen. So gab ich zum Beispiel eine Imitation des irischen Akzents zum Besten, die eigentlich echt mies ist, mich aber jedes Mal zum Lachen bringt. Er hat nicht gelacht – warum auch immer …

Wir tranken aus und ich schlug vor, einen zweiten Drink zu bestellen. Er schien sich langsam zu entspannen und ich befürchtete, dass er seine Ruhe wieder verlieren würde, sobald wir das Etablissement wechselten. Also sprang er wieder auf, um einen zweiten Jack Daniels mit Cola für mich und ein Lager-Bier für sich zu holen.

»Auf welche Uni bist du gegangen?«, fragte ich ihn, als er genau in diesem Moment sein Bier über sich kippte.

Als er wieder loshuschte, um sich von drinnen eine Rolle Küchentücher zu holen, hätte ich mich prima aus dem Staub machen können. Aber, weil es sich so gehörte, blieb ich, und als er zurückkam, berichtete er mir, dass er in Liverpool studiert hatte. Das traf sich gut, denn auch ich hatte dort studiert und unsere gemeinsame Vergangenheit gab unserem Gespräch eine Weile ausreichend Futter – allerdings nur für eine kurze Zeit …

Ich hätte mir wirklich gründlicher überlegen sollen, ob ich ihm von meinen Kumpels erzählte, die früher Fußball-Hooligans gewesen waren und mir versprochen hatten, jeden »zu Brei zu schlagen«, der mich jemals verletzen sollte. Das war einfach zu viel für sein kleines, nervöses Herzchen und schon bald zuckte er wieder mit dem Kopf und verdrehte unkontrolliert die Augen, wie er es zu Beginn unseres Dates getan hatte. Ich versuchte, die Situation ein wenig aufzulockern, indem ich ihm meinen Liverpooler Dialekt vormachte, der im Übrigen absolut einzigartig ist, bis er mich schließlich bat, doch damit aufzuhören … also, ich hätte wirklich mit allem gerechnet, aber niemals damit. Von dieser Zurückweisung leicht irritiert, schlug ich vor, dass wir uns nun zum Essen begeben sollten, wobei ich einfach nicht widerstehen konnte, diesen Wunsch ebenfalls im Liverpooler Dialekt vorzutragen.

Weil ich davon ausging, dass er eine Reservierung für uns vorgenommen hatte, fragte ich ihn, wohin wir nun gehen würden. Sein Gesichtsausdruck verriet mir jedoch unmissverständlich, dass er nirgends für uns reserviert hatte. Ich wollte wirklich nicht anmaßend sein, aber in Anbetracht der Tatsache, dass er in unseren E-Mails das Restaurant Gordon Ramsey erwähnt hatte, war ich davon ausgegangen, dass er sich um einen Tisch für uns gekümmert hatte. Ich fühlte mich ein wenig hintergangen und das wurde nicht besser, als er verkündete, dass er sowieso keinen Hunger hätte und unser nettes Beisammensein hier nicht unnötig unterbrechen wollte. Meiner Ansicht nach sah er diese Sache vollkommen falsch, vor allem, weil wir uns schon so früh getroffen und uns klar und deutlich darauf geeinigt hatten, gemeinsam essen zu gehen. Ich hatte himmelschreienden Hunger, weil ich nur einen Teller Erbsen zu mir genommen hatte, und das machte mich ganz schön wütend.

»Tja, ich muss aber leider etwas essen, also werden wir jetzt irgendwo hingehen, wo ich wenigstens eine Kleinigkeit zum Mitnehmen bekomme.«

Wir gingen in Richtung Soho, und während sich meine Stimmung marginal verschlechtert hatte, schien er umso fröhlicher, weil ich ihm bis jetzt noch nicht davongelaufen war.

Als wir gerade in die Oxford Street einbogen, stießen wir beide zufällig gleichzeitig »Pitcher and Piano« aus. Das riss mich erst mal nicht so sehr vom Hocker, als wir aber fünf Sekunden später beide gleichzeitig aufschrien »perfekto!«, war ich schon sehr verwundert. Das war ein Wort, das ich mit größter Sicherheit noch nie vorher in meinem Leben benutzt hatte und dazu noch eines, von dem ich gar nicht wusste, dass es zu meinem aktiven Wortschatz zählte. Diesen Zufall empfand ich als bizarr und es hatte fast etwas Magisches an sich – ein Gefühl jedoch, das ich in Gänze gar nicht erst aufkommen lassen wollte, weil mir immer bewusster wurde, dass sich mein Kobold mehr für mich interessierte als ich mich für ihn. Das Letzte, was ich wollte, war eine Diskussion in den kommenden Stunden über unsere Seelenverwandtschaft und ich ihn dadurch im Glauben ließ, wir würden den Abend damit beenden, gemeinsam in die Kiste zu steigen. Also bemühte ich mich redlich darum, weiteren Freudenausbrüchen Einhalt zu gebieten und ihn davon abzuhalten, seine Arme glücklich um mich zu werfen. Ich beschleunigte meinen Schritt und ging auf das Pub zu.

Im Pitcher and Piano fanden wir einen ruhigen Tisch und bestellten uns eine Flasche Wein, die er bezahlte. Ich zog meinen Mantel aus und entblößte dabei mein Westen-Oberteil, das ein Leoparden-Muster hatte. Seine Augen verschlangen mich förmlich, als er sah, wie tief die Weste ausgeschnitten war.

»Hollahoppsassa, die steht dir aber ausgezeichnet«, brachte er hervor.

Hollahoppsassa? Gab es wirklich jemanden, der so etwas sagte?

Ich bestellte mir eine Platte mit Grillgemüse für zwei Personen und zahlte selbst dafür. Er interpretierte das als romantische Geste – doch weit gefehlt. Ich erklärte ihm unmissverständlich, dass ich nicht vorhatte, mit ihm am gleichen Stückchen Aubergine zu nagen.

Menschen, die auf Signale reagieren, die einfach überhaupt nicht existieren, erstaunen und irritieren mich immer gleichzeitig. Ich flirtete mit ihm ungefähr genauso intensiv wie mit dem Penner, der mir ein Ohr abgekaut hatte, nachdem ich von Action Man versetzt worden war. Aber auf irgendeine Weise schien der Kobold einfach alles falsch zu interpretieren. Nachdem ich mein Grillgemüse aufgegessen hatte, saß er neben mir und umklammerte meine Hand.

Ich war mir nicht ganz sicher, wie ich darauf reagieren sollte. Aber vielleicht missverstand ich ihn, vielleicht ging es ihm ja genauso wie mir. Vielleicht war dieser Kerl jemand, mit dem man einfach wunderbar auskommen konnte, und zwischen uns entwickelte sich gerade eine Freundschaft. Wie könnte er auch nur im Ansatz vermuten, dass ich ihn annähernd attraktiv fand? Ich sprach von anderen Männern und tat so ziemlich alles, was ich konnte, um ihm klarzumachen, dass zwischen uns niemals eine leidenschaftliche Beziehung aufflammen würde – weder jetzt noch in ferner Zukunft.

Je betrunkener er wurde, desto mehr gewannen die tänzelnden Bewegungen seines Körpers Oberhand. Wenn es jemals eine zu Fleisch gewordene Version der Travolta'schen Tanzfiguren aus *Grease* gab, dann war er es. Ständig klatschte er in die Hände, zappelte wie aufgeregt herum und sah dabei unfassbar zufrieden mit sich aus. Und immer wieder ließ er Kommentare vom Stapel wie »Na, endlich« und »Ich wusste, dass wir beiden uns gut verstehen würden«.

Mit der Zeit bemerkte ich, wie die anderen Gäste uns immer häufiger Blicke zuwarfen, also versuchte ich ein letztes Mal, die nervöse Energie, die seine Finger zum Trommeln zwang, zu seinem Mund umzuleiten und ein normales Gespräch mit ihm zu führen. Ich fragte ihn, welche Erfolge er bislang bei der Online-Kontaktbörse zu verzeichnen hatte. Ganz offensichtlich war dies ein Thema, über das er gern sprach.

»Ich habe mich bis jetzt mit sieben Frauen getroffen, die meisten von ihnen waren allerdings total durchgeknallt. Und Sex hatte ich bisher mit dreien von ihnen, aber es war trotzdem nichts Dauerhaftes dabei«, antwortete er völlig gelassen.

Ich war ziemlich beeindruckt, da er immerhin irgendetwas richtig gemacht haben musste, um auf drei Betthäschen zu kommen, aber ich konnte mir trotzdem nicht vorstellen, wie er das zustande gebracht hatte. Dennoch tat er mir jetzt nicht mehr ganz so leid. Ich hätte definitiv jegliches erotische Angebot ausgeschlagen; hätte dabei jedoch angenommen, dass dies seine erste Chance seit Jahren gewesen wäre, und mich schlecht dabei gefühlt. Aber jetzt, da ich wusste, dass sich seine jüngsten Bettabenteuer vielleicht erst in den letzten Monaten zugetragen hatten, war es okay für mich.

Unser Gespräch verlief wieder sehr offen und absolut ehrlich. Und ich glaubte ihm jedes Wort. Er mochte sich körperlich zwar so verhalten, als hätte er gerade fünf Gramm feinstes kolumbianisches Kokain geschnupft, aber sein Kopf war klar und an seiner Aufrichtigkeit hatte ich bislang keine Sekunde gezweifelt. Trotzdem fiel es mir immer schwerer, mich auf unsere Unterhaltung zu konzentrieren, denn je betrunkener er wurde, desto häufiger beendete er seine Sätze damit, dass er sein Kinn auf seine linke Schulter fallen ließ und in froher Erwartung meiner Antwort sein gesamtes Gebiss entblößte. Ich konnte nicht herausfinden, ob er mich nur mit einem großen Grinsen anstrahlte oder angestrengt seine Zähne zusammenbiss. Und genauso unschön anzusehen war ein riesiges Stückchen Petersilie, das sich um einen seiner Schneidezähne gewickelt hatte. Es machte fast den Eindruck, als wollte er es mir auf diese Weise präsentieren. Aber ich brachte es einfach nicht über mich, ihn darüber aufzuklären – er schien so stolz zu sein.

Während er davontänzelte, um auf die Toilette zu gehen,

wo er etwas länger blieb, als man normalerweise erwartet hätte, hatte ich einige Minuten, um meine Gedanken zu ordnen. Während ich so dasaß und der Bedienung dabei zusah, wie sie die Weinfluten aufwischte, die sich auf wundersame Weise über unseren Tisch ergossen hatten, hoffte ich, dass seine längere Abwesenheit darauf zurückzuführen war, dass er sich gerade der wichtigen Aufgabe widmete, nämlich die Petersilienpflanze zwischen seinen Zähnen zu entfernen.

»Danke«, sagte ich, als die Bedienung wieder gehen wollte.

Sie blieb stehen, drehte sich um und fragte mich, von aller Zurückhaltung befreit: »Was stellen Sie denn bloß mit ihm an?«

Ich öffnete meinen Mund, brachte aber keinen Ton heraus. Ich hatte darauf keine Antwort. Schon kurz darauf kam er wie eine Waldnymphe aus einem Shakespeare-Stück, die aufregende Neuigkeiten zu berichten hat, angehüpft. Das Grünzeug klebte noch immer zwischen seinen Zähnen.

»Die verkaufen Liebeskugeln auf dem Klo«, verkündete er.

»Wie bitte?«

»Die haben da einen Automaten auf dem Klo, in dem Liebeskugeln stecken und Dildos und noch ’ne Menge andere, ziemlich schmutzige Sex-Spielsachen.«

Ach, du lieber Himmel, dachte ich, während ich das Gefühl hatte, dass die Präsenz seines besten Stücks gerade ins grelle Scheinwerferlicht rückte. Ich wusste überhaupt nicht, wo ich hingucken sollte – würde ich ihm am Ende dabei zusehen müssen, wie er jemanden imitierte, der sich gerade ein Paar Liebeskugeln in den Po eingeführt hatte? Oder sollte ich versuchen, die Thematik weitläufig zu umschiffen? Alles, was mir blieb, war, meiner Neugier nachzugeben und selbst auf die Toilette zu gehen, um diesen genialen Automaten unter die Lupe zu nehmen.

Und tatsächlich, dort stand das Ding. Nachdem ich auf der Suche nach fünf Pfundmünzen wie wild in meiner Handtasche herumgewühlt hatte, musste ich enttäuscht feststellen, dass ich mir leider keines dieser Spielzeuge für meinen Privatgebrauch am späteren Abend würde kaufen können. Als ich daraufhin an unseren Tisch zurückkehrte, hatte der Kobold eine flotte zweite Runde zur Herrentoilette gemacht, um für mich ein Sex-Spielzeug aus dem Automaten zu ziehen.

Ich konnte meine Begeisterung darüber nicht verbergen und grinste ihn über beide Ohren an, was ihn jedoch offensichtlich zu der Vorstellung ermunterte, ich hätte heute noch vor, es mit ihm gemeinsam auszuprobieren. Ich musste dringend den Abgang machen, bevor seine Zunge seinen Händen nacheiferte und ebenfalls irgendwo auf meinem Körper landete.

Die Bedienung kam an unseren Tisch, um unsere leeren Gläser abzuräumen, und noch bevor ich die Chance ergreifen konnte, mir meine Handtasche zu schnappen, hatte er bereits zwei weitere Drinks bestellt. Mittlerweile kam es mir vor, als spielten wir Twister – dieses Partyspiel, bei dem man sich auf einer farbigen Matte nach Vorgaben so verrenken und ineinander verhaken muss, bis alle umfallen und die Runde vorbei ist – nur, dass ich in unserem Spiel die Matte war. Irgendwie fasste einer seiner Arme um mich, der andere berührte mein Bein und zwischen meinen Beinen befand sich eines von seinen. Es war ein ziemliches Durcheinander, und wenn ich versucht hätte, dort herauszukommen, hätte das wohl unsanft öffentliches Interesse geweckt. Also blieb ich, wie ich war, verknotet mit meinem Gegenüber, und kippte meinen Drink so schnell wie möglich hinunter. Dabei blieb ich auf wundersame Weise absolut nüchtern, während er mittlerweile so betrunken war, dass ich mir ernsthaft Sorgen um seinen körperlichen Zustand machte.

Ich denke nicht, dass ich jemals in meinem Leben so glücklich war, die Worte »letzte Runde« zu hören. Das Licht wurde aufgedreht und ich hatte nun endlich die Chance, mich aus unserer Verrenkung zu befreien. Dann griff ich nach meinem Mantel und lief schneller zur Tür, als man sagen konnte: »Ist das ein Dildo in deiner Hosentasche oder freust du dich nur, mich zu sehen?«

Er begleitete mich zur Bushaltestelle und ich bestand darauf, dass er nicht mit mir auf den Bus warten müsse. Mit einer abrupten Bewegung drückte er mir einen festen Kuss auf den Mund und wich dann vom Schwung des Schubses, den ich ihm versetzte, so heftig zurück, dass er an einem dieser dämlichen Ticketautomaten abprallte, die ohnehin nie funktionieren. Aus reiner Höflichkeit küsste ich ihn freundlich auf beide Wangen und leitete ihn in Richtung der U-Bahn-Haltestelle Oxford Street. Er zog ganz ohne Protest von dannen und ich sah ihm nach, wie er die Straße entlangtänzelte, als sei er Fred Astaire auf einem Ecstasy-Trip.

Er war weg und ich war endlich wieder ein freier Mensch. Da stand ich also, mit meinem Dildo und den Erinnerungen an einen Abend, den ich zu vergessen versuchte. Ich habe jetzt erkannt, dass ein Mann auch dann überzeugt sein kann, dass man etwas von ihm will, wenn man überhaupt nicht mit ihm flirtet. Also werde ich ab jetzt jedes Mal, wenn ich nicht auf jemanden stehe … meine Brüste zeigen!

Das Paar: Drei

13. 01. 2005, 00:08 Uhr
Von: Gillian
An: Dawn
Betreff: Hallo

Hallo Dawn,
die Fotos sind fantastisch, du bist wirklich sehr sexy. Mich stört es überhaupt nicht, wenn du deine Aufmerksamkeit ganz auf mich richtest. Das wäre sogar toll. Ich bin mir sicher, dass ich mich gern revanchieren werde! Dennoch würde ich mir wünschen, dass Gavin dabei ist. Du musst auch nicht mit ihm schlafen, aber es wäre einfach schön, wenn wir drei zusammen Spaß haben könnten. Er findet dich auch sehr sexy und freut sich sehr darauf, uns beide zusammen zu sehen.
Gib mir einfach Bescheid, wann es dir passen würde, und ich bin mir sicher, dass wir einen hübschen Ort mit sinnlicher Beleuchtung und sexy Musik finden werden.
Möchtest du noch mehr Fotos von Gavin und mir sehen? Letztes Jahr haben wir einige freizügige Fotos von uns beiden gemacht.
Was törnt dich am meisten an? Bist du dominant oder unterwürfig? Stehst du auf Uniformen, heiße Unterwäsche, Korsagen etc.? Wäre gut, wenn du mir Bescheid gibst, denn dann kann ich die richtigen Sachen zu unserem Abend mitbringen.
Wir freuen uns schon sehr darauf, dich bald zu treffen.
Gillian, x.

13. 01. 2005, 00:13 Uhr
Von: Dawn
An: Gillian
Betreff: Hallo

Ja, kannst gern noch mehr Fotos schicken ...
Ich stehe auf eine Menge Dinge, das kommt ganz auf meine Stimmung an, würde ich sagen – normalerweise trage ich keine besonderen Outfits, aber als Ex-Schauspielerin macht es mir überhaupt nichts aus, in neue Rollen zu schlüpfen. Und natürlich darf Gavin mitmachen, ich habe überhaupt kein Problem damit, mich mit einem Mann auszutoben ... aber was mich in diesem Fall neugierig macht, ist die Möglichkeit, es auch einmal mit einer Frau zu versuchen. Dennoch, und ich denke, da sind wir beide einer Meinung ... ab einem gewissen Punkt braucht jedes Mädchen einen großen Schwanz, mit dem sie sich vergnügen kann, also bin ich mit allem einverstanden. Ich bin schon sehr gespannt, aber die kommende Woche bin ich leider total beschäftigt, ich muss euch also noch ein wenig vertrösten.
Gott, wie aufregend!
Du bist übrigens echt heiß ... also her mit den Fotos.
Ob ich dominant bin? Könnte sein, ja. Spielzeug finde ich scharf. Und wenn die Outfits passen, dann werde ich sie anziehen. Auf zu neuen Ufern!
Außerdem stehe ich sehr auf orale und manuelle Praktiken ... freue mich so, dass ihr beiden so offen seid ... wir werden uns treffen, Cocktails trinken, miteinander lachen und Sex haben ... das wird eine perfekte Nacht, xx.

13. 01. 2005, 00:45 Uhr
Von: Gillian
An: Dawn
Betreff: Hallo

Hier kommen die Fotos. Ich hoffe, auch diese gefallen dir?! Sie wurden erst vor ein paar Monaten aufgenommen. Das, auf dem wir angezogen sind, ist schon mehr als ein Jahr alt, aber ich schicke es mit, weil es einfach eine hübsche Aufnahme ist.
Ich freue mich, dass du auch mit Gavin Spaß haben möchtest. Es wird so großartig werden. Wir sind beide schon so aufgeregt, wenn wir nur daran denken!
Übrigens wollte ich eigentlich wissen, welche Outfits ich für dich anziehen soll, denn leider glaube ich nicht, dass sie dir passen werden. Du sagtest, du bist 1,78 Meter, und ich bin leider nur 1,63, also befürchte ich, dass sie dir wohl zu klein wären, wobei das auch nicht so übel wäre!!! Ich habe eine Reihe von Krankenschwester-Uniformen und auch eine aus Latex, und wir haben Handschellen und Augenbinden, Spielzeuge etc. Ich bin mir also ziemlich sicher, dass wir zusammen jede Menge Spaß haben werden!

Du kannst dich schon darauf freuen, dass wir beide dich oral und manuell ausgiebig befriedigen werden.
Wir sind beide sehr offen und froh darüber, dass du auch so bist. Es ist absolut fantastisch, ich kann es kaum erwarten!
Wenn du noch andere Fotos von dir hast, würden wir uns sehr über ein paar offenherzigere Aufnahmen freuen. Ich würde gern deinen Körper sehen.

Gill
x

FREITAG, 14. JANUAR

Der Gentleman
Völlig verzaubert!

Anzeige A

07. 01. 2005, 00:55 Uhr
Von: Der Gentleman
An: Dawn
Betreff: Dich verzaubern

Hi, ich habe deine Anzeige im Netz gelesen. Ich bin gerade dabei, ein Büro in London zu eröffnen, und habe deswegen immer wieder in der Stadt zu tun. Leider habe ich niemanden, mit dem ich die Stadt einmal erkunden und den ich so richtig gut zum Essen ausführen kann ...
Ich könnte mir z. B. vorstellen, zuerst gemeinsam eine Aufführung zu besuchen, dann ins Restaurant The Ivy essen zu gehen (oder auch ins Savoy) und danach ein Paar Martinis zu schlürfen (sollten wir uns allerdings ein Musical ansehen, dann werde ich mich weigern mitzusingen ... bis dahin und keinen Schritt weiter!). Ich werde ab Montag für zwei Wochen in der Stadt sein.
Ich bin 36 Jahre alt und habe so etwas noch nie ausprobiert, aber irgendwann ist wohl immer das erste Mal.
Anbei sende ich dir ein Foto von mir. Melde dich, wenn du mich kennenlernen möchtest. Hast du auch ein Foto von dir?

07. 01. 2005, 01:20 Uhr
Von: Dawn
An: Der Gentleman
Betreff: Dich verzaubern

O ja, warum eigentlich nicht ...
Es macht einfach so großen Spaß, neue Menschen kennenzulernen, und ich denke, auf diese Weise hat man die wunderbare Möglichkeit, das zu tun.
Mein Foto ist anbei.

07. 01. 2005, 03:30 Uhr
Von: Der Gentleman
An: Dawn
Betreff: Dich verzaubern

Hi Dawn,
hast du über die Webseite schon neue Leute getroffen? Wie sähe deine Idealvorstellung davon aus, von einem Mann vollkommen verzaubert zu werden?
Ich bin mir sicher, dass du eine Menge Antworten erhalten hast. Großartiges Foto, übrigens, du bist sehr hübsch!

07. 01. 2005, 14:12 Uhr
Von: Dawn
An: Der Gentleman
Betreff: Dich verzaubern

Ja, ich habe wirklich eine Menge Antworten erhalten. Die meisten waren allerdings anzüglich, einige wenige hingegen klingen sehr offen und ernst gemeint. Ich weiß eigentlich gar nicht so genau, was ich mir hiervon erwarte, ob ich mir überhaupt etwas von dieser Sache verspreche; ich fände es einfach nur großartig, wenn ich

jemanden treffen würde, der mir sympathisch ist, in welcher Hinsicht auch immer. Was dich anbetrifft, so bist du bislang der einzige Gentleman, der mir hier begegnet ist ... es macht zumindest den Anschein.
Und nur fürs Protokoll ... ich würde wahnsinnig gern mit dir ins Ivy gehen, x.

07. 01. 2005, 14:17 Uhr
Von: Der Gentleman
An: Dawn
Betreff: Dich verzaubern

Ich auch. Wow ... ich bin also in deinen Augen ein Gentleman ... irgendetwas muss ich da wohl falsch gemacht haben!
Ich werde mich darum kümmern, dass wir im Ivy einen Tisch bekommen. Falls das nicht klappen sollte, wäre dir auch das Gordon Ramsey's im Claridges Hotel recht?
Bist du hier in der Stadt aufgewachsen? Ich selbst komme aus New York, habe aber in vielen verschiedenen Städten rund um den Globus gelebt. Ich bin also nicht der Durchschnittsamerikaner, den man landläufig so kennt.
In welchem Stadtteil lebst du denn?

07. 01. 2005, 19:06 Uhr
Von: Dawn
An: Der Gentleman
Betreff: Dich verzaubern

Nun, ich bin in Guernsey groß geworden, das ist eine kleine Kanalinsel unweit von Frankreich.
Ich bin jetzt seit rund drei Jahren in London und völlig begeistert von der Stadt. Trotzdem hoffe ich, noch rumzukommen und auch in anderen Städten meine Zelte aufzuschlagen.

Oh, du musst mir alles von New York erzählen, ich möchte die Stadt unbedingt mal sehen.

07. 01. 2005, 19:32 Uhr
Von: Der Gentleman
An: Dawn
Betreff: Dich verzaubern

Ich liebe New York, es ist eine absolut fantastische Stadt ... um ehrlich zu sein, ist es London ziemlich ähnlich. Ich werde dir ausführlich davon erzählen.
Warst du vorher schon mal im Ivy? Ich habe dort angerufen und meinen Reservierungswunsch angemeldet. Ich gebe dir Bescheid, sobald ich von dort eine Rückmeldung erhalte. Im Augenblick kann ich dir also noch nicht sagen, an welchem Abend wir uns sehen könnten.
Dafür werde ich zu unserem Rendezvous einen maßgeschneiderten Anzug tragen, damit sich dein Traum von der völligen Verzauberung erfüllt!!

12. 01. 2005, 00:40 Uhr
Von: Der Gentleman
An: Dawn
Betreff: Dich verzaubern

Alles geregelt, ich habe zwar leider für Freitagabend keinen Tisch mehr im Ivy bekommen können, dafür habe ich für uns beide einen Tisch im Claridges Hotel bestellt. Ich freue mich schon sehr darauf.

12. 01. 2005, 00:48 Uhr
Von: Dawn
An: Der Gentleman
Betreff: Dich verzaubern

Oh, ich mich auch! Ich kann es kaum erwarten, dich kennenzulernen. Ich muss gestehen, ich glaube, dass du absolut hinreißend bist – oh, und bei dieser Gelegenheit sollte ich vielleicht auch gestehen, dass ich etwas betrunken bin!

12. 01. 2005, 00:49 Uhr
Von: Der Gentleman
An: Dawn
Betreff: Dich verzaubern

Hahaha ... ich glaube auch, dass du absolut hinreißend bist, und außerdem finde ich es reizend, wenn du einen Schwips hast, Dawn.
Ich habe nur Gutes über das Restaurant gehört ... bin allerdings mindestens genauso gespannt auf dich.
Hier ist noch ein Foto für dich!

12. 01. 2005, 00:51 Uhr
Von: Dawn
An: Der Gentleman
Betreff: Dich verzaubern

Dein Foto finde ich einfach GROSSARTIG!!!
Du siehst darauf sehr amerikanisch aus – das muss von deinem wunderbaren Grinsen und der stattlichen Erscheinung kommen, xxx.
Wie groß bist du?
Dicker KUSS!

12. 01. 2005, 01:03 Uhr
Von: Der Gentleman
An: Dawn
Betreff: Dich verzaubern

Ja, ich würde auch sagen, dass ich eine stattliche Erscheinung bin ... bei einer Größe von 1,93 Meter gibt es nur wenige Menschen, die mich überragen.
Und wie groß bist du?

12. 01. 2005, 01:06 Uhr
Von: Dawn
An: Der Gentleman
Betreff: Dich verzaubern

1,78 Meter ... ich finde es ja so wunderbar ... wenn wir uns treffen, kann ich meine hochhackigen Schuhe tragen ... ich liebe große Männer! Ich danke dir für die Gelegenheit, meine neuen Stilettos zu tragen, xxx.
Jetzt bin ich ziemlich müde und mein Kätzchen fordert seine Streicheleinheiten.

12. 01. 2005, 01:09 Uhr
Von: Der Gentleman
An: Dawn
Betreff: Dich verzaubern

Tu dir keinen Zwang an!
Hast du eine gute Figur?

12. 01. 2005, 01:14 Uhr
Von: Dawn
An: Der Gentleman
Betreff: Dich verzaubern

Geduld, Geduld ... du wirst schon selbst sehen, x.

Das Date

Als ich die Bar im Claridges betrat, wusste ich sofort, wer er war, weil er mir direkt in die Augen sah. Ich ging schnurstracks auf ihn zu.

»Du siehst hinreißend aus«, sagte er.

Ich wurde rot.

Ich hatte mich im Hinblick auf unser Treffen nicht im Geringsten auf etwas Unangenehmes vorbereitet, aber ich hatte genauso wenig erwartet, dass ich so positiv überrascht sein würde. Mein Gentleman war groß, so groß, dass ich in meinen Stilettos noch immer klein neben ihm wirkte, und er war eine stattliche Erscheinung und muskulös. An seiner Seite fühlte ich mich ganz zierlich und zerbrechlich, und das war ein Gefühl, das ich wahnsinnig genoss. Seine Gesichtszüge waren weich und fein und er hatte ein sehr ebenmäßiges Gesicht. Ich würde nicht behaupten wollen, dass er im landläufigen Sinne blendend aussah, aber von dem, was ich sah, war ich völlig eingenommen.

Selbstsicher küsste er mich auf beide Wangen, nahm meine Hand und führte mich ins Restaurant. Die Art und Weise, mit der er mich hielt, als wir den Raum betraten, gab mir das wunderbare Empfinden, jemand ganz Besonderes zu sein. Die Kellner bildeten eine Reihe, um uns zu begrüßen, während wir das gesamte Restaurant durchquerten, um zu unserem Tisch zu gelangen. Ich fühlte mich wie eine Prinzessin.

Ich trug einen knielangen Rock, der einen gewagten Schlitz hatte und den Blick auf meinen rechten Oberschenkel freigab. Darüber hatte ich mich für ein silberfarbenes, schulterfreies Netzoberteil entschieden, unter dem ich ein schwarzes Seidentop trug. Mein Aufzug war ausgesprochen chic, und als ich meinen Mantel ablegte, betrachtete er mich von oben und bis unten und warf mir einen anerkennenden Blick zu. Diese kleine Geste ließ mir bereits Schauer über den Rücken laufen und nur einen Augenblick später verwandelte ich mich von einer Frau, die sich sehr gut im Griff hatte, in eine, die kaum noch ihr Glas gerade halten konnte.

Bei einem Glas Champagner nahm unser Gespräch einen guten Anfang. Ich kann mich nicht an einen einzigen Moment erinnern, an dem es ins Stocken geraten wäre, und trotzdem sprachen wir völlig entspannt miteinander. Die Kellner – unglaublich dienstbereit, wie sie waren – kamen schnell zu uns und brachten uns die Speisekarte. Doch nachdem der Gentleman einen ausgesprochen köstlichen amerikanischen Wein bestellt hatte, sagte er ihnen, dass wir uns heute Abend ausgiebig Zeit lassen wollten und sie deshalb zur eigentlichen Bestellung bitte ein wenig später wiederkommen mögen. Ich liebte die Art, wie er das regelte. Er übernahm die Kontrolle. Dies war ein Rendezvous, bei dem ich mich um rein gar nichts kümmern musste, und das allein schon war total sexy. Es war eine absolut traumhafte Verabredung, ganz so, wie man es normalerweise im Fernsehen sieht: Der Mann behandelt die Dame wie eine seltene Kostbarkeit und sorgt dafür, dass ihr jeder Wunsch von den Augen abgelesen wird. Ich fühlte mich so wunderschön, dass ich mich am liebsten ausgezogen und nackt in die Mitte des Restaurants gelegt hätte, damit mich jeder berühren und küssen konnte. Na ja, um ganz ehrlich zu sein, wollte ich mich tatsächlich nackt mitten ins Restaurant legen, um vom Gentleman berührt und geküsst zu werden – und das, obwohl ich zugeben muss, dass ich die Kellner hier auch nicht von der Bettkante stoßen würde.

Er erzählte mir alles über New York, wie wahnsinnig schillernd die City sei und wie sehr man das Gefühl hätte, die Welt läge einem zu Füßen, wenn man dort ist – aber er betonte auch, wie sehr ihm London gefiel und wie besonders die Stadt sei. Er war 36 Jahre alt, hinterließ jedoch bei mir den Eindruck, als sei er ein wenig älter. Nicht etwa, weil er so ausgesehen hätte, sondern vielmehr aufgrund seiner Reife. Seine Ausstrahlung verriet, dass er sehr erfolgreich war, und er zeigte das auf eine sehr elegante, zurückhaltende Weise. Ganz ohne einen Funken Arroganz oder Prahlerei. Er sprach leise, hatte Charisma, war höflich, zuvorkommend und äußerst selbstsicher, aber vor allem war er offen. Er hatte überhaupt keine Hemmungen, mit mir zu flirten. Als ich aufstand, um zur Toilette zu gehen, sagte er: »Ah, sehr gut – dir mit dem Blick folgen zu dürfen, wird mir eine wahre Freude sein!« Während ich den Raum durchquerte, konnte ich spüren, wie seine Blicke über meinen Körper glitten, und ich genoss jede einzelne Sekunde. Ich konnte einfach nicht widerstehen, meine Schultern zu straffen, mein Oberteil noch ein wenig mehr über die Schultern zu ziehen, sodass es möglichst viel Haut preisgab, meinen Busen leicht anzuheben und ein kleines bisschen mit dem Po zu wackeln. Als ich zurück zum Tisch kam, war ich mir sicher, dass wir beide unser Vergnügen bei der Sache hatten. Er ganz besonders.

»Tja, nun kann ich mich für die nächsten zehn Minuten nicht mehr vom Tisch erheben«, sagte er.

Wie wundervoll!

Erst nach ungefähr einer Stunde gaben wir unsere Bestellung auf. Ich hatte nicht einmal einen Blick in die Karte geworfen und bat ihn daher, etwas für mich auszuwählen. Zwischen meinen Beinen wurde es heiß, als er sagte: »Für mich den Fisch und für die Dame die Ente.« Er gab mir das Gefühl, auserwählt zu sein, und mein Herz schlug so heftig, dass mein Busen förmlich zu beben schien.

Im Gegensatz zu Action Man fand der Gentleman ein spielerisches Gleichgewicht aus Flirt, gegenseitigem Kennenlernen und einer anregenden Unterhaltung. Er ließ mich zu jeder Zeit spüren, wie sehr er von mir angezogen war, doch ich empfand ihn dabei niemals als schleimig oder aufdringlich.

Ich bin eine sehr körperbezogene Frau, aber dafür auch

sehr wählerisch, wenn es darum geht, andere Menschen zu berühren und natürlich, wo. Was meine eigene Erfahrung anbetrifft, und davon habe ich tatsächlich eine ganze Menge, gebrauchen Männer in der Regel ihre Hände nicht so gewandt. Oft wirken ihre Berührungen voreilig, dreist oder völlig anmaßend. Entweder fassen sie einen wie in einer Übersprungsreaktion an und berühren Arme oder Beine so, dass man meinen könnte, sie wollten einen im nächsten Moment verschlingen. Oder sie starren einen an, als brenne man lichterloh, und der bloße Gedanke an eine Berührung versetzte sie bereits in blanke Panik.

Doch der Gentleman war vollkommen anders. Jedes Mal, wenn er mich fragte, ob ich noch einen Wunsch hätte, berührte er mit seiner Hand mein Knie. Wenn ich über Dinge sprach, die mir nicht gefielen, berührte er meine Schulter, und wenn ich etwas Witziges sagte, drückte er meine Hand. Was übrigens ziemlich häufig passierte …

Wir hatten uns für die Menüempfehlung des Chefkochs entschieden. Eine fantastische Komposition aus acht kleinen Gängen, die deswegen so wundervoll war, weil sie uns lang anhaltenden Genuss versprach und der Abend sich so weiterentwickeln konnte – nicht, dass wir dazu unbedingt Essen benötigt hätten.

Während des Essens sprachen wir hauptsächlich über unsere Vergangenheit. Er musste nicht extra betonen, dass er aus einem wohlhabenden Elternhaus stammte. Und um ehrlich zu sein, interessierte mich das kaum. Mich interessierten vielmehr die Geschichten über seinen Vater, von dem er andeutete, ein Mitglied der Mafia gewesen zu sein, und die vielschichtigen Erzählungen über die Beziehung zu seinen Eltern. Weil er der Älteste von seinen Geschwistern war, lag auf ihm der besondere Druck, erfolgreich zu sein, wenngleich mir etwas das Gefühl gab, dass er das ohnehin geworden wäre. Er war intelligent und hatte etwas sehr Tiefgründiges, das mich anzog. Ich kann es nur so beschreiben: Während andere Männer mit ihrem Kopf sprechen, sprach der Gentleman durch seinen Körper. Von Kopf bis Fuß – alles, was er sagte und wie er es ausdrückte, erschien mir unbestreitbar wahr zu sein. Er war sehr warmherzig und vor dem Hintergrund, dass ich ihn gerade erst auf einer fragwürdigen Webseite kennengelernt hatte, fühlte ich mich bei ihm trotzdem ausgesprochen sicher.

Acht köstliche Menügänge, zwei Flaschen Wein, eine Reihe von Schokoladen-Eistörtchen und eine Auswahl von erlesenen Käsesorten später fühlten wir uns in der Gesellschaft des anderen völlig behaglich und ungezwungen. Gleich gegenüber von uns saß ein altes Ehepaar, das bisher kaum ein Wort miteinander gewechselt hatte. Sie saßen einfach nur da und verspeisten ihr Essen, fast so, als sei ihr Gegenüber gar nicht anwesend. Der Gentleman machte einen Scherz darüber, wie viel Spaß die beiden miteinander hätten, und ich antwortete, dass ich inständig hoffte, wir würden nie so werden. Einen Augenblick schwieg er und blickte mich dann an. Ich dachte, dass ich mit dieser Bemerkung vielleicht zu weit gegangen war, aber er sagte nur: »Ich werde dir immer etwas zu sagen haben.«

Und genau in diesem Moment – tataa! – hatte die angeheiterte Dawn ihren Auftritt. Ich nahm mein Lipgloss zur Hand, und als ich es verführerisch auftrug, bat er: »Tu das bitte nicht, das ist nicht fair!« Was es ganz offensichtlich auch nicht war, wenn ich das Zucken der Stoffserviette zwischen seinen Beinen richtig interpretierte.

»Komm, lass uns gehen«, schlug ich ihm vor, und so verließen wir das Restaurant auf der Suche nach einem angenehmeren Ort, an dem wir uns deutlich näherkommen konnten.

Mit einem Taxi machten wir uns auf den Weg zum Leicester Square, wobei wir am Cheers Pub vorbeikamen. Weil der Gentleman darauf bestand, dass dies eine original amerikanische Kneipe sei, ließ er das Taxi anhalten, und wir gingen hinein. Es war einfach schrecklich – voll von Großstädtern, die wilde Grimassen zogen, schwitzten und sich gegenseitig auf eine Weise annäherten, die ich als Küssen identifizierte, und das alles zum Sound von absolut schrecklicher House-Musik. Aber mein Gentleman liebte dieses Etablissement und ich wäre an jedem Ort glücklich und zufrieden gewesen, solange ich nur an seiner Seite sein konnte.

An der Bar bestellte er uns beiden zwei Jack Daniels mit Cola und ein paar undefinierbare Kurze. Mit großer Freude stellte ich fest, dass wir beide sehr zügig tranken, und noch bevor ich wusste, wie mir geschah, stand bereits der zweite Drink vor mir. Als er sein Jackett auszog, erblickte ich zum ersten Mal seine breite Brust, die fast sein Hemd sprengte. Ich wage gar nicht an den Ausdruck zu denken, der auf meinem Gesicht lag, während ich seinen Körper beäugte.

Ich setzte mich auf einen Hocker an der Bar und er stellte sich zwischen meine geöffneten Beine, die ihm dank des probaten Schlitzes in meinem Rock genug Platz ließen. Wir unterhielten uns eine Weile über irgendetwas, das ich schon wieder vergessen habe, und dann küsste er mich schließlich. Daran erinnere ich mich allerdings noch ganz genau.

In der Kneipe ging es ziemlich hektisch zu, aber die kleine Ecke am Tresen, in der wir standen, war ruhig, und ich genoss die Tatsache, dass ich offenbar meinen Traummann gefunden hatte – er war elegant, aufrichtig, witzig, sexy und küsste zum Niederknien gut.

Was als Nächstes passierte und wie wir schließlich in seinem Zimmer im Hampshire Hotel am Leicester Square landeten, verschwimmt in meiner Erinnerung. Was jedoch passierte, als wir dort ankamen, wird mir immer unvergessen im Gedächtnis bleiben, wo es für niemandes Augen und Ohren bestimmt ist. Ich bin mir ganz sicher: Der Gentleman würde genießen und schweigen – ich sollte mich also wie eine echte Dame verhalten und das Gleiche tun.

SONNTAG, 16. JANUAR

Der Gentleman, zweiter Teil
Ehrlichkeit ist ganz sicher *nicht*
der beste Ratgeber

15. 01. 2005, 16:00 Uhr
Von: Der Gentleman
An: Seine Herzdame

Dieser Morgen war einfach fantastisch!!

15. 01. 2005, 16:23 Uhr
Von: Seine Herzdame
An: Der Gentleman

Ja, und wir beide wissen auch ganz genau, warum er dir so gut gefallen hat!!
Du ungezogener Junge!

15. 01. 2005, 16:27 Uhr
Von: Der Gentleman
An: Seine Herzdame

Ja, wir beide wissen, warum. Es lag an deiner Zuneigung und dem Schmusen ... und dem ...

15. 01. 2005, 16:45 Uhr
Von: Seine Herzdame
An: Der Gentleman

Aber, aber! Muss jetzt los. Wir sprechen uns später ... und vergiss mich bloß nicht.

15. 01. 2005, 16:50 Uhr
Von: Der Gentleman
An: Seine Herzdame

Dich vergessen? Wie könnte ich ... nach diesem Morgen!
X

16. 01. 2005, 10:05 Uhr
Von: Der Gentleman
An: Seine Herzdame

Ich habe für heute Abend einen Tisch im Ivy reserviert ... hättest du Lust mitzukommen?

16. 01. 2005, 11:30 Uhr
Von: Seine Herzdame
An: Der Gentleman

Ach, du Schande, verlangst du das allen Ernstes von mir? Ich verabscheue diesen Laden!

16. 01. 2005, 11:45 Uhr
Von: Der Gentleman
An: Seine Herzdame

Ich weiß ja, was für eine schreckliche Verpflichtung das für dich ist!
Der Tisch ist auf halb sieben reserviert – wir treffen uns in der All Bar One auf der gegenüberliegenden Straßenseite um 18:00 Uhr, x.
Wie oft machst du es dir selbst?

16.01.2005, 12:32 Uhr
Von: Seine Herzdame
An: Der Gentleman

Wunderbar!
Wie bitte?

16.01.2005, 12:36 Uhr
Von: Der Gentleman
An: Seine Herzdame

Ach Mist, ... ich dachte, ich könnte die Frage unauffällig einstreuen ... wir sehen uns dann um sechs, x.

Das Date

Er verspätete sich. Das fand ich allerdings überhaupt nicht dramatisch, denn so konnte ich mich einfach an die Bar setzen und hatte die Chance, ihm endlich auch einmal einen Drink zu spendieren.

SMS von: Dawn
Ich bin schon da. Du noch nicht. Was möchtest du gern trinken?

SMS von: Der Gentleman
Dich, x.

Also gut, dann konnte ich ihm eben keinen Drink ausgeben und saß stattdessen einfach nur an der Bar und wartete auf ihn.

Um 18:06 Uhr tauchte er in Jeans und Hemd auf, darüber trug er ein hellbraunes Jackett. Sein Aufzug war nicht besonders schick, aber er sah sexy darin aus. Wir küssten uns zur Begrüßung – auf den Mund. Das fand ich wundervoll und ich überlegte für einen Moment, ob wir das Abendessen einfach sausen lassen und lieber in sein Hotel fahren sollten, aber nein, das Ivy wartete ja auf uns.

Während wir in der All Bar One saßen, stellte ich mit größter Freude fest, dass er genauso wunderbar war wie ein paar Tage zuvor. Diese Befürchtung steht bei der zweiten Verabredung ja immer im Raum: War das erste Rendezvous nur deswegen so toll, weil beide aufgeregt waren und sich sehr umeinander bemühten? Und wenn der Reiz des Neuen langsam nachlässt, ist der Mann dann wirklich immer noch so sexy, wie man ihn vorher fand? Ganz oft ist das eben nicht mehr so und deswegen fürchte ich mich immer ziemlich vor der zweiten Verabredung. In diesem besonderen Fall hingegen hatte ich nicht die geringsten Bedenken. Und als wir beiden so zusammensaßen, fühlte ich nicht ein Fünkchen der Enttäuschung in mir. Er war einfach großartig und es wurde immer besser mit ihm.

Als wir das Ivy betraten, lag seine Hand auf meinem Rücken – eine winzige Geste, die mich fast um den Verstand brachte. Seine Hände waren groß und stark und sein ungezwungener Umgang mit mir machte unser Date so angenehm. Die Idee, ein Tagebuch über meine Abenteuer zu führen, hatte ich total vergessen; jetzt ging es nur um ihn und mich.

Durch meinen Kopf sausten Gedanken, die ich niemals erwartet hätte, aber nun war ich froh darüber und zweifellos ging es ihm genauso.

Wir nahmen nebeneinander am Tisch Platz, sodass wir unserem Bedürfnis, einander zu berühren, freien Lauf lassen konnten. Eine seiner Hände lag auf meinem Knie, und während wir uns nach vorn beugten, stützten wir unsere Ellbogen auf dem Tisch ab, sodass wir uns spielerisch küssen konnten. Er bestellte eine Flasche »Frog's Leap« – einen amerikanischen Wein, der absolut köstlich schmeckte –, und während wir unser erstes Glas tranken, sagte er: »Lassen wir uns heute Abend doch einfach Zeit.«

Ich weiß nicht, woran es lag, aber als er das sagte, spürte ich ein Flattern in meiner Brust. Ich vermute, es lag daran, dass ich wusste, wie glücklich er war, den Abend mit mir zu verbringen, und dass wir uns miteinander so wohl fühlten und diesen Zustand möglichst lange auskosten wollten. Die meisten Menschen in London leben so hektisch. Als ich mich im Restaurant umsah, wirkten die anderen Gäste regelrecht manisch auf mich, sie aßen schnell und sprachen fieberhaft miteinander. Die Kellner sausten umher und trugen Teller auf und ab. Und dann gab es uns, die wir still und langsam in einer virtuellen Blase der Zweisamkeit schwebten – von der Außenwelt völlig abgeschnitten.

Erneut ließ ich ihn das Essen für mich auswählen. Ich gehöre zu den Menschen, die fast alles essen, also konnte ich ihm die Bestellung getrost überlassen. Als Vorspeise gab es Kaviar. Danach folgten Jakobsmuscheln in Knoblauch und das wahrhaft köstlichste Steak sowie irgendein Fisch, der mich aber nicht besonders interessierte. Um ehrlich zu sein, interessierte mich fast gar nichts von meiner Umgebung – ich konnte sogar der Versuchung widerstehen, nach Promis Ausschau zu halten. Das Wichtigste für mich war, hier mit dem Gentleman zu sitzen. Wir hätten uns auch an jedem x-beliebigen Ort treffen können. Na ja, nicht an jedem x-beliebigen Ort, aber es hätte nicht zwingend das Ivy sein müssen, auch wenn es dort wirklich ausgesprochen nett war …

Während des Essens müssen wir uns annähernd eine Million Mal geküsst haben. Immer wieder blickte er mir in die Augen, beugte sich dann zu mir und gab mir kleine Küsse auf den Mund. Niemand, der uns sah, hätte jemals vermutet, dass dies erst unser zweites Date war. Wir sahen aus wie zwei über beide Ohren Verliebte, was, wie ich denke, in diesem Augenblick auch stimmte.

Er erwähnte, dass er in einigen Wochen wieder auf Geschäftsreise nach London kommen würde und dann eventuell nach Jersey fliegen müsse. Und noch bevor er sich's versah, schickte ich eine SMS an meinen Onkel, um ihn zu fragen, ob er uns mit seinem Flugzeug abholen könnte, um uns nach Guernsey zu bringen. Ich war völlig aus dem Häuschen, dass er den Ort besuchen würde, an dem ich aufgewachsen war, und ich ihm alles über mein Leben dort erzählen konnte. Und so beschrieb ich ihm für eine Weile meine wunderschöne Insel und berichtete von den besonderen Orten, die ich ihm zeigen würde. Während ich ihm meinen kleinen Vortrag hielt, küsste er mich immer wieder, und es fiel mir schwer, nicht die Konzentration zu verlieren.

Gegen 22:00 Uhr zogen wir in die Bar um, wo man uns zwei Jack Daniels mit Cola kredenzte. Zwar nahmen wir auf getrennten Barhockern Platz, doch suchten wir die Nähe des anderen so sehr, dass wir förmlich aufeinandersaßen. Ich wollte ihn ganz nah bei mir spüren und meine Hände klebten geradezu auf seinem Bein.

Und genau in diesem Moment lief alles auf schreckliche Weise aus dem Ruder.

»Nun, mein Lieber, ich bin hocherfreut darüber, dass du nicht so ein durchgeknallter Typ bist. Und im Vergleich mit den anderen Erfahrungen, die ich bislang sammeln durfte, heißt das wirklich etwas. Du bist mit Abstand der beste Mann, den ich getroffen habe«, sagte ich deutlich angetrunken, meine Augenlider auf Halbmast hängend.

»Aber neulich Abend sagtest du doch, dass du dich bislang noch mit keinem anderen Mann getroffen hättest. Was stimmt denn nun?«

Ich geriet in Panik. Ich dachte, dass ich in meinen früheren E-Mails erwähnt hätte, dass ich mich bereits mit anderen Männern getroffen hätte, aber ganz offensichtlich war dem nicht so. In meinem bemitleidenswerten Fall ist Trunkenheit leider gleichbedeutend mit absolutem Gedächtnisverlust, und während ich in meiner Erinnerung nachforschte, fiel mir partout nicht ein, was ich gesagt hatte und was nicht. Und als ich an all die Verabredungen der vergangenen Woche dachte, schlug mein schlechtes Gewissen erbarmungslos zu. Also beschloss ich in einem Anfall völligen Wahnsinns, ihm die ganze Wahrheit zu erzählen: von den anderen Männern, mit denen ich mich getroffen hatte, von meinem Tagebuch und der damit verbundenen Hoffnung, dass meine Abenteuer-Erzählungen veröffentlich werden könnten.

Er sah völlig am Boden zerstört aus. Je klarer ihm wurde, dass das, was wir beide miteinander erlebten, nicht etwas Einzigartiges war, desto stärker fiel seine Körperhaltung ein. Aber für mich war es etwas Einzigartiges. Zu diesem Zeitpunkt hatte ich noch keinen Vertrag mit einem Verlag in Aussicht und somit spielte es keine Rolle – mein Tagebuch war eine persönliche Aufzeichnung und hätte genauso gut mit dieser Geschichte enden können. Aber ich fand, dass ich kein schlechtes Gewissen haben sollte, nur weil ich mich vorher schon mit anderen Männern getroffen hatte, und ich sah es ganz gewiss nicht ein, mich wie ein schlechter Mensch zu fühlen, nur weil ich Schriftstellerin werden wollte und eine gute Buchidee hatte. In meinem angetrunkenen Zustand tat ich mein Bestes, ihn davon zu überzeugen, dass ich wirklich bei ihm sein wollte, doch jedes meiner Worte schien mein Grab tiefer und tiefer zu schaufeln, und ich spürte, wie er sich immer mehr von mir distanzierte. Er bezahlte die Rechnung und wir gingen gemeinsam in sein Hotel.

Einen Moment lang dachte ich, dass er mit der Sache seinen Frieden geschlossen hätte. In diesem langen Moment hatte ich meinen Kopf die meiste Zeit zwischen seinen Beinen, woraufhin wir uns ausgesprochen hemmungslosem Sex hingaben. Danach jedoch, als wir uns eigentlich hätten zärtlich umarmen sollen, rutschte er nach vorn an die Bettkante, ließ den Kopf in seine Hände fallen und sagte: »Ich bin doch nur Kapitel Nr. drei für dich.« Ich stand auf und ging.

17.01.2005, 10:30 Uhr
Von: Dawn
An: Der Gentleman

Es tut mir so leid. Ich ertrage es nicht, wenn du mich hasst. Ich kann dir nicht erklären, wie ich mich gerade fühle – alles ist so seltsam.

17.01.2005, 11:15 Uhr
Von: Der Gentleman
An: Dawn

Nun, wenigstens fühlst du dich nicht, als hättest du ein weiteres Kapitel abgeschlossen.
Ich hasse dich nicht. Ich fliege heute zurück und denke, dass wir beide keinen Kontakt mehr miteinander haben sollten.
Ich wünsche dir viel Glück für das, was auch immer du vorhast ...

DIENSTAG, 18. JANUAR

Plato
Oder: Wie man sich unwiderstehlich
zum Affen macht!

Anzeige D

07. 01. 2005, 21:57 Uhr
Von: Plato
An: Dawn
Betreff: Wie könnte ich widerstehen!

Hi,
eine wirklich faszinierende Anzeige. Bei dem gesammelten Blödsinn, der auf dieser Webseite zu finden ist, hätte ich beinahe aufgegeben, und dann bin ich über Ihre Anzeige gestolpert.
Nun, ich genieße es aus vollen Zügen, in den besten Restaurants der Stadt schlemmen zu gehen (welches mögen Sie am liebsten?), ich liebe es, zu reisen, und glaube an ehrliche und harte Arbeit, die einem aber auch etwas Muße und Freizeit gönnt. Ich denke, dass ich ein wenig altmodisch bin, beispielsweise, weil ich gerne Blumen schicke und überprüfe, ob meine Begleitung sicher nach Hause gelangt ist (für den Fall, dass wir nicht ohnehin den gleichen Heimweg eingeschlagen haben, natürlich!) und weil ich Frauen mit Respekt behandle – ich bin sehr neugierig zu hören, welche Erfahrungen Sie bis jetzt in Ihrem Leben machen durften, und mich interessieren Ihre Gedanken und Einstellungen zu so ziemlich allen Dingen, die mir einfallen.
Ich bin auch sehr gern spontan – z. B. wenn ich Sie in

letzter Minute zu einem Wochenendtrip in eine andere europäische Stadt abhole (nun, das könnte aufschlussreich sein ...).
Ich liebe Comedies – The Office, Little Britain, Phoenix Nights usw. und außerdem bin ich ein großer Kinofan.
Ich hoffe, dass ich Sie ein wenig neugierig machen konnte. Ich würde mich sehr freuen, von Ihnen zu hören.
Passen Sie auf sich auf.

08. 01. 2005, 02:43 Uhr
Von: Dawn
An: Plato
Betreff: Wie könnte ich widerstehen!

Was Sie schreiben, klingt total cool – ich bin völlig betrunken, komme gerade von einem netten Abend zurück ... Sind Sie noch wach???

08. 01. 2005, 12:55 Uhr
Von: Plato
An: Dawn
Betreff: Wie könnte ich widerstehen!

Hi Dawn,
ich denke, Sie haben wohl einen Kater, wenn Sie das jetzt lesen?? Ich hoffe, Ihr Abend war nett, leider bin ich gestern früh ins Bett gegangen – ich musste heute fit und ausgeruht im Büro erscheinen. Für den Fall, dass Sie sich nicht so gut fühlen sollten, finde ich eine Bloody Mary immer ganz hilfreich.
Ich habe die gesamte Woche keinen Tropfen Alkohol getrunken, obwohl ich mir nicht so sicher bin, wie lange ich meine guten Vorsätze für das neue Jahr aufrecht halten kann – heute Abend treffe ich mich mit einem alten Freund in Cambridge und dann könnte alles schon wieder hinfällig sein.

PS: Halten Sie an diesen weisen Worten fest:
Wenn Sie mit einem heftigen Kater kämpfen – sollten Sie am Vorabend heftig getrunken haben.
Wenn ich all das Geld in Händen hielte, was ich für Drinks ausgegeben habe, würde ich es für Drinks ausgeben.
Essen Sie niemals etwas auf nüchternen Magen.

08. 01. 2005, 13:45 Uhr
Von: Dawn
An: Plato
Betreff: Wie könnte ich widerstehen!

Kater ... ja, das kann man wohl sagen, aber es geht mir schon langsam wieder besser – Ihr Vorschlag mit der Bloody Mary ist hervorragend, das ist auch meine Lieblingsstrategie an Tagen wie diesem.
Was arbeiten Sie? Wie sehen Sie aus ... kommen Sie schon ... ich will mehr von Ihnen erfahren ...
Haben Sie ein Foto von sich? Ich weiß, es ist ein bisschen merkwürdig, ein Foto von sich zu schicken, aber irgendwie mag ich es trotzdem ... Sie nicht?

08. 01. 2005, 16:00 Uhr
Von: Plato
An: Dawn
Betreff: Wie könnte ich widerstehen!

Na gut – ein paar Detailinformationen, bevor ich Ihnen ein Foto von mir sende (ich möchte Sie jetzt noch nicht verschrecken!).
Ich bin Geschäftsführer einer Marketing-Agentur, wo ich erst im Vertrieb angefangen und mich dann langsam nach oben gearbeitet habe, bis ich schließlich die komplette Verantwortung übernahm. Geschäftlich wie privat reise

ich ziemlich viel. Ursprünglich stamme ich aus Yorkshire, aber lebe seit – und jetzt verrate ich Ihnen auch noch mein Alter – etwas über 20 Jahren in London. Und nun befinde ich mich im reifen Lebensalter von 40 Jahren am Beginn eines neuen Jahres, habe einen großartigen Freundeskreis, einen tollen Job und dabei trotzdem das Gefühl, dass irgendetwas fehlt.
Seit meiner Scheidung, Kinder habe ich übrigens keine, habe ich mich mit einigen reizenden Damen verabredet, aber irgendwie scheinen die Beziehungen immer wieder im Sande zu verlaufen.
Ich möchte damit keineswegs andeuten, dass ich auf der Suche nach einer ernst- und dauerhaften Beziehung wäre, aber mir gefiel der Ton Ihrer Anzeige.
Ich bin 1,88 Meter groß, schlank und halbwegs fit. Wollen Sie jetzt immer noch ein Foto von mir sehen?
Erzählen Sie mir doch ein wenig mehr von sich ...

08. 01. 2005, 16:19 Uhr
Von: Dawn
An: Plato
Betreff: Wie könnte ich widerstehen!

Aber sicher doch ... her damit ... auch ich mag die Art, wie Sie schreiben, x.
Und ich? Ich bin 25 Jahre alt und werde in Kürze 26 (in zwei Wochen). Ich lebe in Hackney, ziehe aber bald in eine wunderhübsche Wohnung ins West End – in die Marylebone-Gegend ... kann's kaum erwarten!!
Ich habe das Gefühl, dass London trotz seiner Vielfalt ein ziemlich schwieriger Ort ist, um neue Leute kennenzulernen. Ich habe die Nase voll von diesen Ein-Freund-von-einem-Freund-von-mir-Verabredungen ... Ich finde es viel aufregender, mich mit völlig fremden Menschen zu treffen,

und das Internet gibt mir diese Chance ... wissen Sie, was ich meine?
Ich weiß selbst nicht genau, was ich hier suche ... ich habe nicht wirklich das Gefühl, dass mir in meinem Leben sehr viel fehlen würde, mal abgesehen von meinem Bedürfnis, immer wieder etwas Neues zu erleben ... Sie klingen sehr interessant und ich glaube, dass ich Sie sehr gern kennenlernen würde ... ich bedauere es, wenn Sie den Eindruck haben, dass etwas in Ihrem Leben fehlt.
Ich kann nicht behaupten, dass ich dieses Etwas sein könnte, aber ich habe trotzdem das Gefühl, dass wir einen sehr netten Abend miteinander verbringen könnten ... meinen Sie nicht auch?
PS: und jetzt mailen Sie mir doch endlich Ihr Foto!

09. 01. 2005, 13:34 Uhr
Von: Plato
An: Dawn
Betreff: Wie könnte ich widerstehen!

Hi Dawn,
ich komme gerade aus der Stadt (nur vier Flaschen Lager-Bier gestern – gar nicht so übel, oder?). Ich hatte erst jetzt die Chance, Ihre E-Mail zu lesen, und bin ganz Ihrer Meinung. Beruflich treffe ich eine Menge neue Leute, aber London ist tatsächlich nicht der ideale Ort, um privat neue Menschen kennenzulernen.
Mein Foto ist anbei ... und Ihres?

10. 01. 2005, 09:32 Uhr
Von: Dawn
An: Plato
Betreff: Wie könnte ich widerstehen!

Hallo,
nur vier Flaschen – gut gemacht ... ich wünschte, ich besäße die gleiche Beherrschung ...
Wovon ich spreche? Ich hatte wahrscheinlich auch nur vier Flaschen gestern Abend ... Weinflaschen allerdings ... autsch!

10. 01. 2005, 14:00 Uhr
Von: Plato
An: Dawn
Betreff: Wie könnte ich widerstehen!

Was für ein hübsches Lächeln Sie haben – Sie sehen reizend aus. Nachdem ich den gesamten Morgen in einem Meeting verbracht habe, ist meine Laune jetzt wieder besser. Ich hoffe, Ihr Kopf erholt sich, je weiter der Tag voranschreitet.
Abendessen am Dienstag? Welche Küche bevorzugen Sie? x.

10. 01. 2005, 23:01 Uhr
Von: Dawn
An: Plato
Betreff: Wie könnte ich widerstehen!

Dienstagabend ist wundervoll – wie aufregend!
Welche Küche ich mag? Hm, so ziemlich alles eigentlich, aber es wäre schön, wenn wir nicht unbedingt Italienisch essen gingen. Ich vertrage leider keine Weizenprodukte, ich befürchte, das ist das fatale Resultat meiner

Ernährung aus Studienzeiten – aber alles andere ist wunderbar. Ich liebe die französische Küche, Sushi oder auch Restaurants, die nach einem bestimmten Motto kochen.
Die Wahl liegt also in Ihrer Hand, ich freue mich einfach nur darauf, Sie zu treffen, x.

11.01.2005, 22:06 Uhr
Von: Plato
An: Dawn
Betreff: Wie könnte ich widerstehen!

Guten Morgen,
ich fühle mich heute so, als hätte ich eine niemals enden wollende Nahtod-Erfahrung hinter mir.
Um 2:30 Uhr heute Morgen fiel ich aus einer Bar und bestieg ein Taxi, um nach Hause zu fahren. Leider schlief ich in besagtem Vehikel ein und wachte wieder auf, als der Fahrer in die Straße einbog, in der ich vor fünf Jahren einmal gewohnt habe. Höchst verworren erklärte ich ihm, dass ich mich in der Adresse getäuscht hätte, und dieser Ausflug in die Vergangenheit kostete mich ganze 15 £ extra!
Wie dem auch sei, ich habe uns einen Tisch um 19:30 Uhr im Restaurant Bam-Bou bestellt. Ich weiß nicht, ob Sie es kennen, sie servieren französisch-vietnamesische Küche, die, wenn mein Gedächtnis mich nicht trügt, sehr passabel war, als ich das letzte Mal dort aß. Die Adresse lautet 1 Percy Street W1 (geht von der Tottenham Court Road ab). Wir haben den Tisch für zwei Stunden und können dann entweder in die Bar umziehen oder woandershin gehen – für den Fall, dass ich Sie bis dahin noch nicht zu Tode gelangweilt habe!

14. 01. 2005, 18:19 Uhr
Von: Dawn
An: Plato
Betreff: Wie könnte ich widerstehen!

Wow, was für ein Erlebnis! Ich schlafe auch immer im Bus ein und wache dann im zwielichtigen Bus-Depot von Hackney auf, wo mich alte Männer anstupsen. Dann muss ich nach Hause laufen, weil ich kein Geld mehr habe, und dabei werde ich in aller Regel von einem hünenhaften, durchgedrehten und betrunkenen Kerl verfolgt, der mit einem riesigen Hund unterwegs ist ...
Ja, das Bam-Bou kenne ich und finde es großartig ... sehen uns dann also dort, xx.

Das Date

Bevor sich das Debakel mit dem Gentleman ereignete, habe ich mich ausgesprochen auf das Zusammentreffen mit Plato gefreut. Ich fand, dass seine E-Mails absolut großartig waren. Er klang clever, charmant, witzig und selbstironisch – das waren vier absolut wunderbare Eigenschaften. Aber nachdem der Gentleman das Land verlassen hatte, ohne sich bei mir zu verabschieden, hatte sich meine Begeisterung irgendwie mächtig gelegt und um ein Haar war ich einige Male kurz davor, die Verabredung abzusagen. Was mich schließlich davon abhielt, dies zu tun, war die Lächerlichkeit der gesamten Situation: Ich war das Mädchen, das dafür angetreten war, nichts als Spaß zu haben, und verhielt mich dann völlig gefühlsduselig und albern, weil ich jemandem begegnet war, den ich nur zweimal gesehen habe, der auf der anderen Seite der Erde lebte und der eine leidenschaftliche Vorliebe für melodramatische Szenen besaß.

Nachdem ich die Dinge für mich wieder ins rechte Licht

gerückt hatte, beschloss ich, meine Verabredung mit Plato einzuhalten und dabei jede Menge Spaß zu haben, wenngleich ich wütend auf mich selbst war, weil ich es nicht fertigbrachte, mein Handy während unseres Essens abzuschalten, und mir immer noch wünschte, es würde klingeln.

Ich betrat das Bam-Bou und sah ihn sofort allein an einem Ecktisch sitzen. Er spielte mit seiner Gabel herum. Sobald er mich erkannt hatte, erhob er sich, um mich zu begrüßen. Dabei stieß er an den Tisch, aber zum Glück kippte nichts um. Wir waren darüber beide erleichtert. Verärgert verdrehte er die Augen und ich bekam den Eindruck, dass er daran gewöhnt war, tollpatschig zu sein.

»Miss P., endlich lernen wir uns kennen«, sagte er – nein, pardon, er schrie es förmlich.

Seine Nerven waren so gespannt, dass sie kurz davor waren, zu reißen. Unser Wangenkuss zur Begrüßung fühlte sich merkwürdig an und wir sprachen dabei gleichzeitig – trotzdem fand ich ihn auf Anhieb wirklich hinreißend. Er entschuldigte sich andauernd und ich konnte förmlich seine innere Stimme hören, die ihm befahl: Halt jetzt endlich die Klappe, du Volltrottel, hör einfach auf zu sprechen. Sei cool, sei einfach cool.

Ich legte meine Hand auf seine und er lächelte mich an. »Ich freue mich wirklich sehr, Sie kennenzulernen.« Er entspannte sich ein wenig.

»Na gut, dann bestellen wir mal lieber schnell etwas zu trinken, bevor mein Herz mir aus dem Leibe springt. Champagner?«

»Sehr gern.«

Ich ging davon aus, dass er zwei Gläser bestellen würde, aber es kam eine ganze Flasche. Wir stießen gemeinsam an und tranken dann beide in großen Schlucken.

»Sagen Sie, Dawn, haben Sie schon andere Männer über das Internet kennengelernt?« Diese Frage stellte er mir in einer Lautstärke, die das gesamte Restaurant erfüllte. Eine Frau, die allein zwei Tische entfernt von uns saß, begann zu lachen, und Plato schüttelte den Kopf und ließ ihn zwischen seine Hände fallen.

»Machen Sie sich keine Sorgen, ich habe damit kein Problem.«

»Dawn, es tut mir so leid, ich bin wirklich so dämlich.«

»Um ehrlich zu sein, finde ich es ziemlich witzig.« Einen Moment lang schwiegen wir beide und konnten dann herzlich darüber lachen.

Seine Erscheinung passte zu seinem nervösen Auftreten. Er war groß und schlank und hatte rote Haare, die an einigen Stellen bereits vom ersten Grau durchzogen waren. Seine Nase war lang und spitz und er trug eine Brille mit ziemlich starken Gläsern. Außerdem lächelte er so breit und ohne Unterlass, dass man meinen könnte, das Lächeln sei ihm mit dem Pinsel ins Gesicht gemalt worden. Ich stelle gerade fest, dass das alles zunächst ziemlich unattraktiv klingt, aber in der Gesamterscheinung besaß er sehr wohl Attraktivität. Er war nicht wirklich der Mann, nach dem man sich umdrehen würde, aber ich sah ihn gern an. Er besaß einen guten Kleidungsstil: In seinem schlichten schwarzen Anzug mit dem weißen Hemd und der modischen Krawatte sah er elegant und smart aus. Und dennoch interessierte mich sein Aussehen eigentlich kaum; sein Charakter war für mich viel wichtiger. Und trotz meines Gemütszustandes, was den Gentleman anbetraf, hätte ich meinen Abend kaum mit einer reizenderen Begleitung verbringen können.

Er wollte alles über mich wissen, war dabei aber überhaupt nicht aufdringlich. Manchmal stellte er mir merkwürdige Fragen, die ihn dann etwas in Aufregung gerieten ließen. Als ich ihm beispielsweise davon berichtete, dass meine Familie daran beteiligt war, die Töpferei von Guernsey zu gründen, entlockte ihm das die Frage: »Mögen Sie denn Geschirr?«

Er versuchte, die Frage umzuformulieren, entschuldigte sich und gab zu, dass er eigentlich meinte, ob ich Gefallen daran fände, »Ton zu bearbeiten«. Ich fand das ziemlich niedlich und hatte Vergnügen daran, seine Bemühungen zu beobachten. Was mir besonders gut an ihm gefiel, war die Art, mit der er jedes Mal zugab, wenn er etwas Dämliches von sich gegeben hatte. Es war fast so, als beobachtet man jemanden mit Tourette-Syndrom. Als ich noch zur Schule ging, stand in allen meinen Zeugnissen der Satz: »Dawn hat die Angewohnheit, Dinge auszusprechen, bevor sie gründlich darüber nachgedacht hat, was sie sagen möchte – sie trifft daher oft unüberlegte Aussagen.«

Ich wusste nie so genau, was damit gemeint war. Jetzt, da ich Plato getroffen hatte, wusste ich ganz genau, was das heißen sollte.

Als wir das Essen bestellten, achtete er sehr darauf, dass ich mit der Wahl seines Gerichtes genauso zufrieden war wie mit meinem eigenen, für den Fall, dass ich bei ihm probieren wollte. Mir gefiel besonders, dass er mich sehr häufig mit meinem Namen ansprach, wenn er redete. Er sagte Dinge, wie »Sehen Sie, Dawn« und »Nun, die Sache ist die, Dawn«. Eine derart persönliche Ansprache überzeugt, dass der andere wirklich an dem interessiert ist, was man zu sagen hat.

Jede Kleinigkeit während des Essens, angefangen mit der Auswahl des Weins bis hin zu den Geschichten, die er zum Besten gab, unterlag meiner Zustimmung. Er hätte nicht gewissenhafter mit mir umgehen können. Und er hätte auch wirklich nicht unterhaltsamer sein können. Ich bat ihn, mir noch einmal davon zu erzählen, wie er sich vom Taxifahrer zu seiner alten Adresse hatte kutschieren lassen, Und dann erzählte er eine unglaubliche Anekdote, in der er mir schilderte, wie er während einer Geschäftsreise nach einem durchzechten Abend zurück in sein Hotelzimmer gekommen war und sich ausgezogen hatte. In seinem volltrunkenen Zustand wollte er gern überprüfen, ob sich seine Zimmertür auch von außen ohne Schlüssel öffnen ließ, weshalb er in Unterhosen hinaus auf den Gang sprang, seine Tür zuzog und feststellte, dass sie sich tatsächlich nicht von außen ohne Schlüssel öffnen ließ. Aber wo war bloß der Schlüssel? In seiner Jeans, die auf dem Boden des Badezimmers lag …

Da stand er nun, sternhagelvoll, nicht in der Lage, irgendetwas zu erkennen, weil sich auch seine Brille im Zimmer befand, und mit nichts als seinen Unterhosen bekleidet. (Ich fragte ihn erst gar nicht nach der Art seiner Unterwäsche, aber um des komödiantischen Effekts willen beschloss ich, dass er wahrscheinlich Slips mit Eingriff trug).

Nachdem er über die Möglichkeiten nachgegrübelt hatte, die ihm nun noch offenstanden, beschloss er, hinunter an die Rezeption zu gehen, um jemanden aufzutreiben, der ihm sein Zimmer aufschließen würde. Also marschierte er wütend, betrunken und vor allem nur in seiner Unterhose los. Nach einem kurzen Umweg über die Küche des Hauses fand er schließlich zur Rezeption. Die junge Frau, die dort hinter dem Tresen saß, fand sich plötzlich von einer fast nackten rothaarigen Schönheit bestürmt.

»Ich scheine mich gerade aus meinem Zimmer ausgesperrt zu haben. Hätten Sie vielleicht einen Ersatzschlüssel für mich? Ich muss dringend schlafen gehen.«

Er wollte wirklich nur noch schlafen gehen. Die Tatsache, dass er hier in Unterhosen mit einer Frau sprach, die er vorher noch nie gesehen hatte, spielte überhaupt keine Rolle.

Von all dem ungerührt, fragte sie ihn: »Aber sicher, Sir, wie lautet Ihre Zimmernummer?«

»Meine Zimmernummer?« Eine ziemlich essentielle Information, die es da geschafft hatte, sich aus seinem Gedächtnis zu schleichen.

Bevor er schließlich seinen Flur wiedererkannte, mühte er sich in drei anderen Stockwerken vergeblich ab. Nachdem er seinen Kopf gegen eine Reihe von Zimmertüren hatte fallen lassen, um die Zimmernummer genau erkennen zu können, fand er schließlich sein eigenes Zimmer wieder. Noch immer sehr betrunken und nun obendrein völlig erschöpft von den überirdischen Anstrengungen der letzten Stunde, wollte er sich nur für einen kurzen Moment ausruhen und ließ sich mit dem festen Vorhaben, gleich nach unten zu gehen und der Dame am Empfang seine Zimmernummer zu sagen, auf einem Sessel im Gang nieder. Aber dazu sollte es niemals kommen. Ganze vier Stunden später weckte ihn ein Staubsaugergeräusch, als eine Putzkolonne gerade einige Wagen mit schmutzigem Geschirr an ihm vorbeischob. Und um die Sache noch schlimmer zu machen, stand seine Zimmertür sperrangelweit offen.

Er warf einen Blick nach unten und schaffte es, sich schnell in sein Zimmer zu verdrücken, wobei ihm bewusst wurde, dass die Gäste mit den Zimmernummern 326 bis 350 aller Wahrscheinlichkeit nach einen unverhohlenen Blick auf seine Morgenlatte gehabt haben mussten. Er betrat also sein Zimmer, wo seine Kleidung bereits ordentlich zusammengelegt auf seinem Bett auf ihn wartete.

Ich fand diese Geschichte einfach zum Schreien komisch. Ich konnte mir alles so gut vorstellen, als liefe es wie eine Szene aus einem Stummfilm vor meinem inneren Auge ab. Er war wirklich ein totaler Tollpatsch und dabei immer noch absolut hinreißend. Während er erzählte, schüttelte er immer wieder beschämt seinen Kopf, aber er konnte dabei auch so wunderbar über sich selbst lachen. Er war zwar der Geschäftsführer einer großen Agentur, der in seinem Job sicher sehr gut sein musste, um sich diese Position erarbeitet zu haben, aber er war auch immer noch drollig genug, um gegen 4:00 Uhr morgens ohne seinen Zimmerschlüssel aus der Tür zu treten, um zu überprüfen, ob sie auch wirklich schloss …

Diese Geschichte hatte das Eis zwischen uns völlig zum

Schmelzen gebracht und nun entspannte er sich ein wenig. Das allerdings hätte auch daran liegen können, dass wir mittlerweile den Champagner ausgetrunken hatten und uns nun an einer köstlichen Flasche Weißwein gütlich taten. Trotz alledem entschuldigte er sich dafür, dass er so viel von sich geredet hatte, und bestand darauf, dass ich ihm jetzt eine Geschichte von mir erzählte.

»Wenn Sie weiterhin solche herrlich verrückten Geschichten zum Besten geben, dann dürfen Sie wirklich gern den gesamten Abend von sich erzählen!« Aber er bestand darauf, dass ich nun dran wäre.

Weil er vorher erwähnt hatte, dass er kürzlich in Marbella geschäftlich zu tun gehabt hatte, berichtete ich ihm also davon, wie ich gemeinsam mit meiner Cousine Charlotte und meiner Freundin Fiona dort Urlaub gemacht hatte und wir von einem serbischen Prinzen gekidnappt wurden.

Wir hatten ihn tagsüber in einer Bar kennengelernt und großen Spaß miteinander gehabt. Als er uns dann fragte, ob wir Lust hätten, zum Abendessen mit ihm in ein indisches Restaurant unweit von Puerto Banus zu gehen, stimmten wir erfreut zu. Wir trafen uns, wie verabredet, an einer Verkehrsinsel und stiegen in sein Auto ein. Sehr schlau, was? Weil ich einige Zeit dort gelebt habe, kenne ich Marbella ziemlich gut und deshalb bemerkte ich auch nach kurzer Zeit, in der wir uns stetig vom Restaurant wegbewegten, dass irgendetwas nicht ganz stimmte. Meine Cousine und ich saßen im hinteren Teil des Wagens, der nicht überdacht war, doch Fiona hatte in der geschlossenen Fahrerkabine Platz genommen und so konnten wir nicht hören, worüber die beiden sich unterhielten. Wir waren schon fast am Durchdrehen, als uns bewusst wurde, dass es dämmerte, niemand wusste, wo wir waren, wir uns außerdem nicht zu dritt über die Lage austauschen konnten und aller Wahrscheinlichkeit in Kürze einen grauenvollen Tod sterben würden.

Ich begann schließlich richtig panisch zu werden, als ich mich umdrehte und bemerkte, dass hinter uns fünf Range Rover mit Bodyguards fuhren (ich hatte die Kerle bereits tagsüber in der Bar gesehen).

Als wir dann auf seinem Anwesen ankamen, stürmten drei Dobermänner auf uns zu, die auf seinen Befehl augenblicklich Sitz machten. Drinnen ließ er uns an einem riesigen Esstisch Platz nehmen, an dem außer ihm selbst noch eine stumme Frau und drei hünenhafte Kerle saßen, die echt zum Fürchten aussahen. Er kredenzte uns ein Curry-Gericht, mit dem unsere Verdauung tagelang aufs Äußerste zu kämpfen hatte und das mit allem hätte gespickt sein können – von Strychnin bis zu Arsen –, das wir jedoch alle innerhalb kürzester Zeit verschlangen. Dazu möchte ich anmerken, dass meine Cousine und ich mit einem ähnlich gesunden Appetit ausgestattet sind, und wenn uns jemand etwas Essbares vor die Nase stellt, dann schlagen wir zu, egal welche Konsequenzen das nach sich ziehen könnte. Nach dem Abendessen begleitete er uns in eine Art Salon, wo er eine A-cappella-Version von »Don't It Make My Brown Eyes Blue« zum Besten gab, um danach ein Gedicht zu rezitieren, das er selbst verfasst hatte und das von Augen handelte, leider nicht den geringsten Sinn ergab und eine halbe Ewigkeit dauerte. Meine Cousine und ich mussten immer wieder loskichern, was wirklich absolut unangebracht war, wenn man sich vor Augen hielt, dass er irgendwo in seiner millionenschweren Villa mit Sicherheit einen Ort hatte, an dem er uns auf immer und ewig versteckt halten konnte. Aber es war einfach zu komisch.

Nach rund drei Stunden kündigte ich an, dass wir nun gehen müssten und dass es nicht richtig war, uns den ganzen Weg nach hier draußen zu fahren, ohne unsere Zustimmung dafür einzuholen. Er bot uns an, die Welt mit ihm zu bereisen, während er Geschäftstermine wahrnahm und sagte, alles, was wir tun müssten, wäre, ihm gute Gesellschaft zu leisten, und er würde uns im Gegenzug tagein, tagaus auf Shoppingtour ziehen lassen. Wir dachten einige Sekunden darüber nach und lehnten dann sein Angebot dankend ab. Daraufhin brachte uns einer seiner Bodyguards zurück in unser Ferienapartment. Alles in allem eine ziemlich bizarre Erfahrung.

Plato fand meine Geschichte großartig, aber ich bestand darauf, dass er mir noch einen Schwank aus seinem Leben erzählte. Das tat er dann auch, worauf noch eine und noch eine und noch eine Geschichte folgten. Er hatte ein riesiges Repertoire – und immer drehte es sich darum, dass er an einem verrückten Ort verrückten Leuten begegnete, die verrückte Sachen anstellten. Er brachte mich wirklich herzhaft zum Lachen und während des gesamten Essens lag ein breites Lächeln auf meinen Lippen.

Wir hatten bereits eine Flasche Champagner, eine Flasche Weißwein und eine Flasche Mineralwasser intus, als wir den Hauptgang beendeten. Ich war schon zweimal auf der Toilette gewesen und er noch kein einziges Mal, und so kam ich nicht umhin, mich zu fragen, wie er es überhaupt noch schaffte, zu atmen, geschweige denn zu sprechen.

»Verzeih mir bitte, wenn ich dir jetzt zu nahe trete«, sagte ich, mittlerweile waren wir zum »Du« übergegangen. »Aber besitzt du die Blasenkapazität eines Kamels oder was?«

»O Gott, du hast ja so recht, ich bin kurz davor, einzugehen. Ich wollte nur höflich sein. Entschuldige mich bitte.« Und damit sprang er auf, ganz offensichtlich stand er kurz vor dem Bersten.

Als er zurückkam, sagte ich ihm, dass er sich nicht derartig höflich mir gegenüber benehmen müsse – ich habe absolutes Verständnis dafür, wenn der Körper Wasser lassen muss, und auch kein Problem damit.

»Wie gut, dass du nicht rauchst«, sagte ich nach dem Essen, »ich versuche schon seit einiger Zeit, damit aufzuhören, und nehme deswegen einfach keine Zigaretten mit, wenn ich ausgehe. Wenn also mein Begleiter selbst nicht raucht, dann tue ich es auch nicht. Und trotzdem fällt es mir schwer.«

»Aber ich rauche und komme fast um vor Verlangen nach einer Zigarette. Was das betrifft, wollte ich auch nur höflich sein.«

»Nun, dann hör jetzt aber mal auf damit!«

Ungefähr zwei Minuten später kam die Bedienung und brachte uns auf einem kleinen Tablett eine Schachtel Marlboro Lights, von der jeder von uns zwei in Folge rauchte.

Nach dem Abendessen nahmen wir uns ein Taxi und fuhren in eine fantastische kleine Bar auf der Poland Street, die Milk and Honey heißt und nur Mitgliedern zugänglich ist. Sie ist wirklich sehr klein und schummrig, im Hintergrund läuft coole Jazzmusik und man sitzt in großen Ledersesseln. Die perfekte Atmosphäre für uns – nicht zu verschmust und romantisch, aber ruhig und völlig entspannt. Ich bestellte umgehend einen Jack Daniels mit Cola, den er auch für sich wählte, und wir begannen, über seine Scheidung zu sprechen.

Er war deswegen nicht niedergeschlagen und fing auch nicht mit einem dieser Weh-mir-ich-muss-darüber-sprechen-Gespräche an – ganz im Gegenteil, er ging eigentlich ganz gelassen damit um. Er hatte eine deutlich jüngere Frau geheiratet und die Ehe war nicht gut gegangen, aber beide waren immer noch miteinander befreundet. Jetzt war er wieder alleinstehend und überlegte, wie der nächste Schritt in seinem Leben aussehen könnte. Er sprach darüber ziemlich aufrichtig.

Im Milk and Honey sagte ich ihm, was für ein besonderer Mann er war, und zwischen uns gab es einen besonderen Moment, in dem wir uns darüber einig waren, wie gut es tat, einen Menschen zu treffen, den man aus vollem Herzen mochte. Ich war mir nicht sicher, ob ihn in sexy fand. Nein, ich glaube, ich wusste, dass er nicht meinem Beuteschema entsprach, aber ich wusste auch, dass ich ihn unbedingt wiedersehen wollte. Er gehört definitiv zu den Menschen, die zu kennen mir eine echte Ehre ist. So ehrlich und warmherzig und einfach eine fantastische Gesellschaft. Als er mich schließlich fragte, ob ich ihn in ein paar Wochen wieder zum Abendessen begleiten würde, ließ ich mir die Chance nicht entgehen.

Wir verließen die Bar gegen ein Uhr morgens, er setzte mich in ein Taxi und drückte mir das Fahrgeld in die Hand. Ich bestand darauf, dass ich genauso gut mit dem Bus nach Hause fahren könne, aber davon wollte er nichts wissen. Er sagte nur, dass er sich selbst etwas antäte, wenn mir auf dem Heimweg irgendetwas zustieße. Wir gaben uns gegenseitig ein Wangenküsschen und versprachen einander, uns sehr bald wiederzusehen. Ich freute mich schon sehr darauf.

Als ich allein im Taxi nach Hause fuhr, war ich so glücklich. Wegen meiner Gefühle für den Gentleman hätte der Abend genauso gut ein totaler Reinfall werden können. Aber so hatte er sich tatsächlich zu meiner bislang schönsten Verabredung entwickelt.

SMS von: Plato

Du bist so reizend, vielen Dank für den fantastischen Abend. Vergiss bitte nicht, mir Bescheid zu geben, wenn du sicher und gut nach Hause gekommen bist, freue mich auf unser Wiedersehen, x.

SMS von: Dawn

Bin sicher zu Hause angekommen! Du weißt ja gar nicht, wie schön dieser Abend für mich war. Du bist einfach großartig.
Freue mich aufs nächste Mal.

Das Paar: Vier

19. 01. 2005, 22:58 Uhr
Von: Gillian
An: Dawn
Betreff: Hi

Hi Dawn,
seit einigen Tagen habe ich nichts mehr von dir gehört. Ich weiß ja, dass du sehr beschäftigt bist im Moment, also ist das nur verständlich. Ich hoffe einfach nur, dass du keine kalten Füße bekommen hast oder dich unsere Fotos abgetörnt haben.
Wir freuen uns beide wirklich sehr darauf, dich zu treffen und eine lustvolle Nacht miteinander zu verbringen.
Hoffe, bald wieder von dir zu hören.

Gill, x.

MITTWOCH, 19. JANUAR

Del Boy
Ganz ohne Klasse!

Anzeige A

12. 01. 2005, 17:57 Uhr
Von: Del Boy
An: Dawn

Hey, du attraktive, berufstätige Lady im zarten Alter von 25 Jahren.
Ich glaube, ich habe das zu bieten, was dir der Arzt verschreiben würde:

+ Martinis im Dukes
+ Cocktails im Sketch
+ Für das Abendessen liegt die Wahl ganz bei dir – aber vielleicht bleiben wir einfach im Sketch oder essen alternativ im The Wolseley.
+ Alles, wofür du sorgen musst, sind anregende Unterhaltung und jede Menge Augengeklimper.
+ Für die gesamte Palette männlicher Umgarnungskunst nach alter Schule ist gesorgt.
+ Dieses Angebot gilt ab sofort.
+ Ich hoffe, dass du dich bereits jetzt schon wie jemand ganz Besonderes fühlst! (Es grüßt ein jung gebliebener 35-Jähriger.)

12. 01. 2005, 18:30 Uhr
Von: Dawn
An: Del Boy

Wow, das klingt alles total umwerfend.
Ich hätte mich zwar auch mit einem Glas Liebfrauenmilch und einer Portion Fritten zufriedengegeben, aber wenn es auch anders geht ... Das Sketch ist so ziemlich einer meiner absoluten Lieblingsläden, ich würde sehr gern dorthin gehen ... Schickst du mir ein Foto von dir?
Wie wäre's mit Mittwoch?
Dawn, x.

12. 01. 2005, 19:45 Uhr
Von: Del Boy
An: Dawn

Mensch, jetzt wünschte ich mir, ich hätte dir gleich pappsüßen Wein und 'ne Tüte Fritten angeboten ...!
Mittwoch, der 19.?
Ich habe ein ziemlich ausgefülltes Privatleben, aber die Aussicht auf einen Abend mit einer unbekannten Frau ist einfach zu verlockend!
Trotzdem denke ich, dass wir wohl zuerst die Foto-Hürde nehmen müssen! (Meins wurde an einem Nachmittag in Ascot geschossen, ich stehe rechts.)
Also ... bist du noch da?

13. 01. 2005, 09:01 Uhr
Von: Dawn
An: Del Boy

O, la, la, Ascot, wie aufregend! Du musst mir unbedingt alles davon berichten. Ich glaube, wir werden viel Spaß miteinander haben!!

Wir beide verbringen einfach einen Abend aufs Geratewohl, wie cool ist das bitte?
Mein Foto ist anbei – es wurde nach viel zu vielen Jacks und noch mehr Daniels aufgenommen ... aber keine Sorge, es hat sich nicht viel geändert, mein Gesicht sieht eigentlich ganz normal aus, xx.

13.01.2005, 09:07 Uhr
Von: Del Boy
An: Dawn

Dawn,
sehr hübsches Foto ...
Das ist ja fast ein bisschen unheimlich, denn Jack Daniels mit Cola ist auch mein Lieblingsdrink. Willkommen im Club zur viereckigen Flasche! Ich habe übrigens deinen männermordenden Witz mit den Jacks und den Daniels kapiert ... Freud'scher Versprecher?
Über Ascot werde ich dir alles berichten, wenn wir uns sehen. Schade, dass dieses Jahr kein Hunderennen stattfindet. Sie renovieren gerade die Rennbahn. Sonst ist das nämlich meine jährliche Pilgerfahrt.
Ich kümmere mich um einen Tisch für Mittwoch – du siehst aus wie jemand, der diese Anstrengung wert ist, x.

13.01.2005, 10:30 Uhr
Von: Dawn
An: Del Boy

Du scheinst wirklich Klasse zu haben, also hoffe ich, dass unser Date für Mittwoch steht!

13. 01. 2005, 12:00 Uhr
Von: Del Boy
An: Dawn

Nun, es kommt ja leider nicht so oft vor, dass einem Mann von Welt wie mir eine solche Chance geboten wird – wo und wann sollen wir uns also treffen ...??
Soll ich uns einen Tisch im Sketch (nachdem das ja dein Lieblingsladen ist) gegen 19:30 Uhr bestellen ...??
Wir könnten uns davor unten in der Bar treffen und zum Aufwärmen ein paar Drinks nehmen!

14. 01. 2005, 16:00 Uhr
Von: Dawn
An: Del Boy

Sag du mir einfach, wann und wo ...
Ich kann gar nicht mehr geradeaus gucken, ich habe den ganzen Tag auf der Bootsmesse verbracht und Champagner geschlürft ... Oh, Dahhhling!!!!

16. 01. 2005, 20:17 Uhr
Von: Del Boy
An: Dawn

Bei uns beiden wimmelt es ja geradezu von Zufällen. Um ein Haar wäre ich auch am Freitag als Gast eines guten Freundes, der für Moody arbeitet, auf die Messe gekommen. Das wäre wohl eine ziemliche Show gewesen, dich dort zu treffen. (Außerdem auch ganz schön beeindruckend, wenn ich dich tatsächlich erkannt hätte, wo ich doch nur dieses eine Foto von dir kenne!) Du musst mir unbedingt erzählen, was ich alles verpasst habe.
Wie wäre es, wenn wir uns vor dem Sketch um 19:00 Uhr

treffen? Ich habe uns einen Tisch für 19:30 Uhr bestellt. Ist das so in deinem Sinn?
Vielleicht beginnen wir den Abend ja einfach mit einigen Jacks, Daniels und Cokes!
Ich denke, Champagner wird es wahrscheinlich trotzdem noch geben ...?

18. 01. 2005, 12:45 Uhr
Von: Dawn
An: Del Boy

Ganz so ist es!
Klingt, als werden wir jede Menge Spaß miteinander haben.
19:30 Uhr ist okay, um nicht zu sagen, perfekt ... oha, was, um Himmels willen, werde ich bloß anziehen!
DICKEN Kuss, xxxx.

18. 01. 2005, 14:00 Uhr
Von: Del Boy
An: Dawn

Damit du mich gleich erkennst: Ich werde einen dunklen Anzug mit einem rosafarbenen Hemd tragen!

18. 01. 2005, 15:23 Uhr
Von: Dawn
An: Del Boy

Ooohhh ... ICH LIEBE MANNER IN ROSA!!!!!

18. 01. 2005, 17:01 Uhr
Von: Del Boy
An: Dawn

Das nenne ich einen guten Anfang.
Tusch bitte ...

Das Date

Dels E-Mails und sein Foto hinterließen bei mir den Eindruck, dass ich es hier mit einem 35 Jahre alten Großstädter zu tun hatte, der die guten Dinge im Leben schätzte und ziemlich kultiviert war – ein Rückschluss, den ich aufgrund des Ascot-Fotos zog. Als ich ihn jedoch kennenlernte, wurde mir sehr schnell klar, dass er ein eher provinzieller Verkäufertyp war, der Shakespeare nicht von einer Jahrmarkt-Posse hätte unterscheiden können, zu der sich unser Abend im Übrigen auch entwickelte.

Als ich das Sketch betrat, war ich froh, dass er vom Gesicht her genauso aussah wie auf seinem Foto. Und, obwohl man über seine körperliche Größe hätte diskutieren können – will heißen, er besaß schlichtweg keine –, sah er nicht schlecht aus und wirkte ganz attraktiv.

Meine Erscheinung schien ihn allerdings überhaupt nicht zu interessieren. Ich trug den Rock mit dem obszönen Seitenschlitz, den ich bereits im Ramsey's für den Gentleman angezogen hatte. Dieses Teil ist zweifelsohne ein absoluter Hingucker, aber Del schien ihn nicht einmal bemerkt zu haben. Ich hätte am liebsten losgezetert: »Äh, hallo, ich trage außer diesem Hauch von Rock, verdammt noch mal, fast nichts am Leib!« Aber ich riss mich zusammen.

Zu Beginn fand ich seinen Unwillen, mich zu bewundern, noch ziemlich sexy – ab und zu lockt mich die Herausforderung und seine Ignoranz war in der Tat herausfordernd. Ich tat mein Bestes, um zurückhaltend zu wirken, und nahm an, dass er nach einigen Drinks der Versuchung nicht mehr widerstehen konnte, auf meine Schenkel zu starren.

Bei einem Drink an der Bar begannen wir unser Gespräch. Als er mir sagte, dass er im Vertrieb arbeitete, war mir völlig klar, dass er in seinem Job sehr erfolgreich sein musste. Nicht, weil er ein Meister der sanften Überredungskunst oder der überzeugenden Darstellung gewesen wäre, sondern weil er ununterbrochen Müll von sich gab und mich dabei nur selten zu Wort kommen ließ.

»Wo bist du aufgewachsen?«, fragte er mich. Und dann ließ er mich gerade mal vier Wörtchen ausspucken, bevor er mich unterbrach, um mir davon zu erzählen, wie gut er an sich die Folgen von Überarbeitung feststellen könne, weil er dann immer Fieberbläschen bekäme. Fünfzehn Minuten, nachdem wir uns zum ersten Mal getroffen hatten, war das eine wirklich tolle Information. Es führte schließlich dazu, dass ich seinen Mund auf spröde Stellen hin absuchte und sich in mir der Entschluss festigte, diesen Mann niemals zu küssen.

Ich habe so viel über das Sketch gehört, über den Service, die Speisen, die Atmosphäre … und die Preise. Aber leider aßen wir gar nicht oben im vornehmen Restaurant, sondern blieben unten, was eigentlich auch sehr nett war. Allerdings hätte er mir nicht wirklich erzählen müssen, dass er unsere Reservierung bei Lastminute.com ersteigert hatte – irgendwie raubte das der Situation den Glamour.

Da er außerhalb von London lebte, begann er nach kürzester Zeit, mir ein Ohr über die Tücken des örtlichen Nahverkehrs abzukauen, wenngleich sein Kritikpunkt gar nicht die oft diskutierte Unpünktlichkeit oder Überfüllung der Bahnen war. Er zielte vielmehr darauf ab, dass er in der U-Bahn immer wie wahnsinnig schwitzte. Was für ein entzückendes Thema! Er fuhr mit seiner Erzählung fort und berichtete mir, dass er einmal so verschwitzt war, als er im Büro ankam, dass sein hellgraues Hemd mittlerweile dunkelgrau geworden war und er wieder nach Hause fahren musste, um sich umzuziehen. Wir waren uns beide absolut einig darüber, dass er in Zukunft lieber mit dem Auto zur Arbeit fahren sollte.

Ich befürchtete, dass dies wieder einer dieser Abende werden würde, an dem ich Unmengen Alkohol trank, der dann leider seine Wirkung schuldig blieb. Ich musste mich wahnsinnig zusammenreißen, um nicht zu gähnen. Wir hatten absolut keine Gemeinsamkeiten, abgesehen davon, dass ich vielleicht manchmal ein leicht verschwitztes Gesicht bekomme, wenn ich U-Bahn fahre …

»Gehst du gelegentlich mal in Kunstgalerien?«, fragte er mich.

Eigentlich tat ich das nicht, ich würde das aber gern öfter tun, und so freute ich mich darüber, jetzt wenigstens etwas über Kunst lernen zu können. Aber nein, er schien überhaupt nichts von Kunst zu verstehen und hatte seine Frage so wahllos gestellt, dass er nun nicht mehr wusste, worüber wir als Nächstes sprechen sollten.

Es schüchterte ihn wohl ein wenig ein, als er erfuhr, dass ich in der Medienbranche tätig bin. Er besaß ungefähr genauso viel Kultur wie ein Stück extramilder Cheddar-Käse, aber mir war das egal. Für mich gibt es nichts Schlimmeres als jemanden, der sich mit Kunst nicht auskennt, dafür aber krampfhaft versucht, so zu wirken. Bemerkungen wie: »Ich habe im Alter von sechs Jahren die *Mona Lisa* einmal gesehen und fand sie wirklich ausgesprochen hübsch«, behält man lieber für sich. Er hingegen ratterte in dem verzweifelten Versuch, kulturelle Bildung zu demonstrieren, eine endlose Liste von Gemälden, Theaterstücken, Straßenaufführungen und Fernsehsendungen herunter, die er sich jemals angeschaut hatte. Doch seine Anstrengung bewies schlicht das brutale Gegenteil.

Und als hätte es nicht noch schlimmer kommen können, wurde unsere hübsche japanische Bedienung Opfer seiner rassistischen und ausländerfeindlichen Witze.

»Wo genau aus Thailand kommen Sie denn her?«, fragte er, als sie uns den rohen Fisch servierte. Sie machte ein verdutztes Gesicht, das im Übrigen japanischer nicht hätte sein können.

»Nein, nein, ich komme aus Japan. Finden Sie, dass ich

wie eine Thai aussehe? Das hat mir bis jetzt noch nie jemand gesagt.«

Als sie ging, beugte er sich verschwörerisch zu mir herüber und flüsterte: »Ehrlich gesagt, finde ich überhaupt nicht, dass sie wie eine Thai aussieht, ich finde viel eher, dass sie wie ein Mann aussieht!« Daraufhin lachte er laut los und versetzte mir mit seinem Ellbogen einen derart derben Stoß, dass mein Arm vom Tisch rutschte und meine Gabel auf den Boden fiel – die leider auch eine mundgerechte Portion Fisch mit sich hinabriss.

Sein Gelächter verstummte sofort, doch ich wand mich innerlich noch immer.

Ich weiß, dass London sehr einschüchternd wirken kann. Diese wahnsinnig agilen Menschen, die Mode, die alltägliche Vielfalt – aber es gibt verschiedene Wege, um zu lernen, damit umzugehen. Weil ich ja selbst aus Guernsey stamme, weiß ich, wie einem hier zumute sein kann. Was ich aber auf den Tod nicht ausstehen kann, sind Leute, die mit Vorurteilen auf Dinge reagieren, die sie nicht verstehen. Zum Beispiel trug der Küchenchef – ein junger, attraktiver Typ, vielleicht Anfang 30 – zu seinem Anzug ein weißes T-Shirt und Turnschuhe. Mir gefiel sein Look; nicht zu modisch, dafür eine perfekte Mischung aus chic und lässig. Doch mein Begleiter, dessen Taktgefühl so ausgeprägt war wie eine Panzerfaust, lachte jedes Mal, wenn er an unserem Tisch vorbeikam. Als der arme Mann das bemerkte und sich zu ihm umdrehte, richtete sich Del auf und setzte eine totale Unschuldsmiene auf.

Das war mir alles so peinlich. Während er damit zugange war, sämtliche Menschen in unserer Umgebung zu beleidigen, tat ich mein Bestes, um diese Verabredung wie einen Geschäftstermin aussehen zu lassen und nicht wie ein Date. Meine Körperhaltung und meine Bewegungen sollten steif und förmlich wirken und ich nickte immer wieder, als ob ich wichtige Informationen erhielt. Außerdem blies ich die Kerze auf unserem Tisch aus, um auch den geringsten Anflug von Romantik im Keim zu ersticken. Als er aufstand, um zur Toilette zu gehen, kippte ich mein Glas Wein runter und schenkte mir gleich noch eins nach, das ich ebenfalls mit großen Schlucken austrank. Und das alles tat ich nur, weil ich verhindern wollte, dass er noch betrunkener wurde und mich noch mehr blamierte.

Nach dem Essen gingen wir zurück in die Bar, um ein paar Jack Daniels mit Cola zu trinken. Er erwähnte die E-Mail, in der ich von den Jacks und den Daniels geschrieben hatte. Wir mussten beide lachen und er schien erfreut darüber zu sein, dass er endlich etwas gesagt hatte, auf das ich anders reagierte als nur mit einem Lippenkräuseln. Aber ich musste wirklich darüber lachen, dass er mich als männermordend bezeichnet hatte, wo ich nun bereits den ganzen Abend größte Lust verspürte, ihm tatsächlich etwas anzutun.

In der Bar waren eine Menge Leute, die alle so aussahen, als ob ich mit ihnen weitaus mehr Spaß hätte haben können. Gegenüber von uns standen drei Typen, die ziemlich attraktiv waren und schicke Klamotten trugen. Er starrte sie unentwegt an und fand seinen Spaß daran, ihre Blicke nachzuäffen. Es war für mich schier unerträglich, ihn dabei zu beobachten, wie er sein letztes Fünkchen Würde aufs Spiel setzte, sodass ich mich zu meiner Rettung auf die Toilette flüchtete. Als ich zurückkam, sprach Del mit den Jungs – oder vielleicht sollte ich richtiger sagen, er redete auf sie ein und machte sich über einen von ihnen lustig, den er ständig »Den Mürrischen« nannte. Es war einfach schrecklich und ich war mir sicher, dass er entweder gleich verprügelt oder darum gebeten werden würde, die Bar zu verlassen. Ich schäme mich für das, was ich dann tat, aber ich musste es einfach tun. Weil mir sein Verhalten derartig unangenehm war und ich auf keinen Fall wollte, dass die Jungs dachten, ich wäre damit einverstanden, platzte ich in einem Moment höchster Verzweiflung mit der Wahrheit heraus: »Wir haben uns im Internet kennengelernt und das ist unser Blind Date.«

Da ihn meine Bemerkung wohl etwas aus dem Konzept gebracht hatte, hielt er nun endlich die Klappe und gab mir so die Gelegenheit, mir den Typen genauer anzusehen, der sich zu uns gesetzt hatte. Der Mann fing sofort an, mit mir zu flirten, und noch bevor ich wusste, wie mir geschah, unterhielt ich mich angeregt mit ihm und hatte meinen Begleiter vollkommen vergessen. Mein neuer Mann flüsterte mir zu »werde ihn irgendwie los«, und ich befolgte seinen Wunsch, ohne zu zögern. Ich legte meine Hand auf die Stirn und stöhnte ein wenig.

»O Gott, ich bin so betrunken, in meinem Kopf dreht sich alles«, kündigte ich an und arbeitete mich damit langsam auf das große Auf-nimmer-Wiedersehen hin.

»Du siehst gar nicht so aus, als ob du betrunken wärst.«

»Tja, ich bin es aber, und ich glaube, ich muss jetzt nach Hause. Ja, das muss ich jetzt wohl. Danke für das Essen, danke für die Drinks, danke dafür, dass du mir den gesamten Abend ein Ohr abgekaut hast, danke dafür, dass du mich himmelschreiend blamiert hast, du wirst mich nie wiedersehen!« Und damit ging ich.

Natürlich sprach ich nicht alles so offen aus, aber nichtsdestotrotz hielt mich nichts davon ab, hastig aufzubrechen. Bevor ich ging, gab ich meinem neuen Flirt noch ein Zeichen, das ihm sagte: »Ich bin gleich wieder bei dir.«

Draußen angelangt, eilte ich die Straße hinauf und versteckte mich in einem Hauseingang, um abzuwarten, bis Del das Lokal ebenfalls verlassen hatte. Sobald er außer Sichtweite war, lief ich zurück in die Bar, wo mein neuer Begleiter bereits mit einem Drink auf mich wartete. Und so verbrachte ich dann doch noch einen wirklich netten Abend …

DIENSTAG, 15. FEBRUAR

Tash
Zigarrenrauch, Körperbehaarung und
Hundeschwänzchen!

Anzeige B

14.01.2005, 23:01 Uhr
Von: Tash
An: Dawn
Betreff: Re: Ein bescheidener Vorschlag

Samuel Johnson hat einmal gesagt: »Wenn man von London genug hat, hat man vom Leben genug, denn London bietet alles, was das Leben zu bieten hat.«
Wenn ich das sage, dann weiß ich als regelmäßiger Besucher der Stadt trotzdem, dass London besonders im Januar (nach dem Weihnachtsrummel ...) ganz schön langweilig werden kann. Ich bin 33 Jahre alt, 1,88 Meter groß, wiege 88 Kilo und habe braune Haare und Augen – und außerdem eine Affinität zum Shopping, die einer Frau würdig wäre. Ich fahre ein bisschen Ski, tauche ein bisschen mehr und reise sehr viel. Ich lese so viele Bücher, dass man damit leicht eine kleine Bibliothek füllen könnte, und kann mich über annähernd alle Themen gepflegt austauschen. Deine Anzeige klingt so, als könnten wir uns wunderbar bei einem guten Abendessen kennenlernen ... und es gibt so viele großartige Möglichkeiten in London, sodass es mir nicht allzu schwer fallen wird, dich einen Abend lang nach allen Regeln der Kunst zu verwöhnen.
Wenn es also darum geht, dich total zu verzaubern und im siebten Himmel schweben zu lassen, sehe ich da – es sei

denn, du wiegst mehr als 70 Kilo – überhaupt kein Problem :) Ich werde diese Woche geschäftlich in London zu tun haben, um einen Filmvertrag abzuschließen, und würde mich ausgesprochen freuen, wenn wir uns kennenlernen könnten, um zu sehen, ob zwischen uns die Chemie stimmt.
Eine Antwort von dir wäre mir eine absolute Ehre. Ich bin am Sonntag- und Montagabend im West End erreichbar. Außerdem würde es mich interessieren, etwas mehr über dich zu erfahren.
Mit Dank im Voraus.

15. 01. 2005, 13:21 Uhr
Von: Dawn
An: Tash
Betreff: Re: Ein bescheidener Vorschlag

Was für eine reizende E-Mail ... herzlichen Dank. Sonntagabend sieht sehr gut aus ... was genau schwebt dir vor?
Ich bin Mitte 20, knapp 1,80 Meter groß, habe dunkelbraunes Haar, kleide mich ziemlich schick, bin gebildet, lebensfroh, urkomisch und ganz besonders hinreißend! Ich schreibe hier Sachen und gebe an, als hätte ich den Charme mit Löffeln gefrühstückt.
Also ... was machen wir beide?

16. 01. 2005, 11:17 Uhr
Von: Tash
An: Dawn
Betreff: Re: Ein bescheidener Vorschlag

Ich dachte da an ein gemeinsames Abendessen (früh? gegen 17/18 Uhr?), und vielleicht würdest du mir die Freude machen, mir am Black-Jack-Tisch (ich habe da

EINIGE schlechte Angewohnheiten:) Gesellschaft zu leisten ... ein paar Drinks ... und dann sehen wir schon, wohin uns der Abend führen wird?
Ich kenne mich in London nicht so gut aus, aber ich bin mir sicher, dass wir ein interessantes Restaurant finden werden (es wäre mir eine Freude, dir all deine Wünsche zu erfüllen, die in meiner Hand liegen – ich mag es, wenn ich meinen Freunden im Rahmen meiner bescheidenen Möglichkeiten den größten Spaß bereiten kann), und eines kann ich dir jetzt schon garantieren: Du wirst dich nicht langweilen!
Es tut mir leid, dass ich online kein Foto zur Verfügung habe, meine berufliche Diskretion verbietet mir das, aber das Gerücht geht um, dass ich ziemlich gut aussehe, und meine Selbstbeschreibung trifft absolut zu. Lass uns telefonieren, du erreichst mich unter **********. Falls meine Mailbox dran sein sollte, hinterlasse bitte deinen Namen und deine Nummer und ich rufe dich sofort zurück, nachdem ich das andere Gespräch beendet habe. Freue mich sehr darauf, von dir zu hören.

16. 01. 2005, 11:59 Uhr
Von: Tash
An: Dawn
Betreff: Re: Ein bescheidener Vorschlag

Als ich noch einmal darüber nachdachte, schien mir meine Antwort doch ziemlich unangebracht gewesen zu sein ... Wenn du nur zur Hälfte die Frau bist, nach der du in meinen Ohren klingst, dann wäre es mir ein ausgesprochenes Vergnügen, einfach nur mit dir essen zu gehen, dich überallhin zu begleiten und dir am allerliebsten einfach nur zuzuhören, um dich besser kennenzulernen – besondere Menschen finden sich nur sehr vereinzelt und ich habe eine ausgesprochene

Schwäche für schöne und seltene Dinge –, du klingst ganz danach, als besäßest du beide Qualitäten.
Ich weiß, dass es etwas unhöflich ist, darum zu bitten, insbesondere, weil ich keines schicken kann, aber hättest du wohl zufällig ein Foto von dir?
In jedem Falle danke ich dir, wir sprechen bald.

16. 01. 2005, 12:06 Uhr
Von: Dawn
An: Tash
Betreff: Re: Ein bescheidener Vorschlag

Mir gefällt die Idee mit dem Kasino. Ich habe bis vor kurzem zweieinhalb Jahre lang für ein Online-Glücksspiel-Unternehmen gearbeitet. Mein Lieblingsort auf der Erde ist Las Vegas und du wirst alle Hände voll zu tun haben, mich vom Black-Jack-Tisch wieder wegzubekommen.
Ich melde mich bald, x.

16. 01. 2005, 12:25 Uhr
Von: Tash
An: Dawn
Betreff: Re: Ein bescheidener Vorschlag

Du gefällst mir von Sekunde zu Sekunde besser. Eine Lady, die das Glückspiel mag. Als Nächstes erzählst du mir, dass du eine Schwäche für jüdische Männer hast und Zigarre rauchst!
Diese Woche ist leider wirklich wie verhext. Am Dienstag fliege ich nach Arizona. Aber ich werde in wenigen Wochen wieder zurück sein. Wenn du mich anrufst, verabreden wir uns einfach für die Zeit, wenn ich wieder zurück bin.
Ich kann es kaum erwarten, bis du dich »bald« meldest!

Das Date

Großer Gott, dieser Mann konnte reden. Als ich seine Stimme hörte, war ich etwas geschockt. Für jemanden, der erst dreiunddreißig Jahre alt war, klang er bedeutend älter. Er sprach sehr tief und hatte einen wundervollen New Yorker Akzent. Erinnerte mich sehr an Robert de Niro. Seine Stimme war absolut sexy, aber sein Charakter war etwas seltsam; ich brauchte nicht sehr lange, um zu verstehen, dass er wahrscheinlich völlig irre war – allerdings auf eine interessante Weise.

»Magst du Amerikaner, Darn?«, fragte er und sprach dabei meinen Namen mit einem »r« aus.

»Ja, auf jeden Fall.«

»Stört dich Zigarrenrauch, Darn?«

»Nicht, wenn ich auch mal ziehen darf!«

»Magst du jüdische Männer, Darn?«

»Na, klar mag ich jüdische Männer.«

Um ehrlich zu sein, hätte ich lieber geantwortet: »Ja, klar mag ich jüdische Männer, aber ich weiß wirklich nicht, wie ich einem beschnittenen Schwanz am besten einen runterholen kann. Sollte man ihn einfach blasen und ihn dann so schnell wie möglich reinstecken? Oder sollte man sich vorher die Hände ölen und den Kerl auf diese Weise zum Höhepunkt bringen?«

Ich beschloss, dass ich mir diese Fragen bis zum Abendessen aufheben würde.

»Liebst du das Abenteuer, Darn?«

»Aber hallo, natürlich liebe ich das Abenteuer … aber was hast du nun eigentlich vor?«

»Magst du das Glücksspiel, Darn?«

»Ja! Ich liebe das Glücksspiel und Kasinos machen mich total scharf.«

»Darn?«

»Ja?«

»Ich glaube, du bist meine absolute Traumfrau!«

Das war unser erstes Telefonat. Zumindest das, was ich während der dreißig Minuten unseres Gesprächs sagen durfte, während er den ganzen Rest der Zeit sprach. Wir verabredeten uns für seinen nächsten Besuch in London und vereinbarten, bis dahin in Kontakt zu bleiben.

Dieser Typ hatte mehr Geschichten zu erzählen als die Märchentante im Fernsehen. Und dabei waren sie auch noch gut. Es war alles dabei, angefangen damit, dass er der Mafia Tausende von Pfund schuldete, dass er drei Tage lang in einem Luxushotel als Geisel gefangen gehalten worden war, bis hin zu seinem Beinahe-Bankrott in Las Vegas. Er war gerade dabei, sich als Vermögensberater selbstständig zu machen, und stellte dafür eine Liste mit einer Reihe unfassbar reicher Leute zusammen. Er teilte mir offen mit, dass »es die Millionen noch so hageln wird«, und irgendetwas sagte mir, dass seine Kundenakquisition nicht immer ganz legal ablief – einige Male erwähnte er auch Bordelle. Trotzdem blieben seine Erzählungen immer nur schemenhaft, sodass ich nicht wissen konnte, inwieweit er mit diesen Menschen in direkter Verbindung stand. Er erzählte mir immer nur genau so viel, dass ich völlig gebannt war, dann hielt er inne und begann mit einer neuen Geschichte. Ziemlich frustrierend.

Ich würde ja sehr gern alles, was er mir berichtete, hier festhalten, aber leider musste ich ihm schwören, dass ich kein Sterbenswörtchen davon weitererzähle, nachdem ich ihm gesagt hatte, dass ich Schriftstellerin bin. Und nach den krimireifen Szenen, die er mir beschrieben hatte, zu urteilen, habe ich das Gefühl, ich wäre besser beraten, seinem Wunsch nachzukommen. Ich würde es nicht in Kauf nehmen wollen, die Birne weggepustet zu bekommen, nur weil ich hier nicht auf eine ausführlichere Schilderung verzichten wollte. Also nehmt mich einfach beim Wort, wenn ich euch sage … dieser Mann hatte wirklich schon alles in seinem Leben gesehen!

Nachdem wir das erste Mal miteinander telefoniert hatten, verfolgten mich seine Anrufe Stunde um Stunde an den kommenden beiden Tagen. Ich hörte weitere Geschichten von seinen zahlreichen Nahtod-Erfahrungen und die konstante Beteuerung, dass ich einfach »wundervoll« sei, wurde mir zum ständigen Begleiter. Er hatte überhaupt keine Probleme damit, zuzugeben, dass ihn am dauernden Reisen um die Erde einzig störte, dass er keine Begleiterin hatte, mit der er sich das Doppelbett in seinen Hotelzimmern teilen konnte. Er war ganz sicher alles andere als schüchtern und er gefiel mir. Ich mochte seine Unverblümtheit und irgendwie nahm ich an, dass jemand, der so offen war, auch nichts zu verbergen hatte. Also akzeptierte ich seine Einladung zum Abendessen und hoffte nur, dass er körperlich nicht so entgegenkommend war, wie sich das mündlich zwischen uns bereits abgezeichnet hatte.

SMS von: Tash
Dawn, bitte sag mir, welches deine beiden
Lieblingsparfums sind.
Danke.

SMS von: Dawn
Obsession von Calvin Klein. Ich lasse nichts anderes an
meine Haut, x.

Wir verabredeten uns vor dem Six and Thirteen, einem koscheren Restaurant auf der Wigmore Street – das ist eine dieser merkwürdigen Straßen, bei der die Hausnummern auf der einen Seite ansteigen und auf der anderen Seite absteigen, und um das zu erkennen, läuft man mindestens achtmal hin und her. Weil ich mich leider verspätet hatte, rief ich ihn ein paar Mal an, und er machte keinen Hehl daraus, dass er es kaum noch erwarten konnte, ja sogar völlig ungeduldig war, bis wir uns endlich gegenüberstanden.

»Was trägst du, Darn? Ich möchte dich erkennen, wenn du die Straße hinunterläufst«, sagte er, als ich ihn zum fünften Mal anrief, um ihm Bescheid zu geben, dass ich das Restaurant jetzt sehen könnte.

»Ich sehe dich, Darn, du lieber Himmel, ganz in Schwarz. Ich liebe deine Art zu laufen.«

Ich legte auf und begrüßte ihn.

Er war wahnsinnig behaart. Ich hatte ihn mir überhaupt nicht behaart vorgestellt. Irgendwie hatte ich die Vorstellung gehabt, er hätte eine Glatze und aus seinem Mund würde wie eine dritte Lippe eine Zigarre hängen – ein bisschen so, wie die lebensgroße Version des erwachsenen Babys aus *Roger Rabbit*. Aber nein, er war riesig und besaß eine unfassbare Gesichtsbehaarung, die er nun zur Begrüßung an meinen Wangen rieb. Dabei drückte er meine beiden Arme so fest, dass ich kurz befürchtete, mein Kopf würde sich jeden Moment von meinem Körper losreißen und wie ein Wurfgeschoss durch die Luft wirbeln. Dann schob er mich von sich und griff so fest um mich, dass meine Ellbogen zur Größe von Kniegelenken anschwollen. Daraufhin blickte er in mein Gesicht, als hätte er mich gerade höchstpersönlich erschaffen und sei völlig aus dem Häuschen darüber, wie gut ich ihm gelungen war. Es fühlte sich ein bisschen so an wie das, was Verwandte machen, wenn sie ein Kind seit Jahren nicht mehr gesehen haben. Er freute sich derart stürmisch über mein Eintreffen, dass ich fast erwartete, jemand käme gleich aus dem Restaurant und würde mir eine Medaille überreichen. Ich schaffte es, mich aus seinem Griff zu befreien, meine Lungen wieder so weit in Ausgangsposition zu bringen, ein mattes Lächeln aufzusetzen und mir das Blut zurück in den Arm zu massieren, bevor ich ihm nach innen folgte.

Wir wurden zu unserem Tisch geführt; es war noch ziemlich früh, so etwa 19:30 Uhr, und deshalb war das Restaurant noch sehr leer. Nur gegenüber von uns saß ein jüdisches Ehepaar und aß zu Abend. Zwar tauschten sie untereinander kein einziges Wort aus, dafür unterhielten sie sich fröhlich mit den Kellnern. Sie hatte offenbar Probleme damit, die Suppe auf dem Löffel zu ihrem Mund zu transportieren, während er seine gar nicht schnell genug löffeln konnte. Obwohl sie noch gar nicht zu Ende gegessen hatte, schnipste er schon mit den Fingern und verlangte den Hauptgang. Als die Teller abgeräumt wurden, fiel ihr Löffel herunter und ein wenig kalte Suppe ergoss sich auf ihren Schoß. Zum Glück fing ihre Serviette alles ab, worüber sie sehr zufrieden schien. Der alte Mann warf ihr einen missbilligenden Blick zu und stützte sein Kinn in die Hand.

Ich beobachtete das alles, während mein Begleiter mir gegenübersaß und auf das Gemälde hinter mir starrte. Ich dachte, wenn er sich hier so genau umsah, dann könnte ich das ebenso gut tun. Aber irgendwie war die Situation ein wenig merkwürdig. Bevor wir Platz genommen hatten, konnte er seine Hände überhaupt nicht von mir lassen. Und jetzt war ich mir nicht ganz sicher, wie ich seine Aufmerksamkeit zurückgewinnen sollte; denn er schien irgendwie in einem Trance-Zustand zu sein. Ich lächelte und beugte mich nach vorn. Daraufhin lächelte er ganz reizend zurück, seine Augen bewegten sich aber keinen Deut. Und plötzlich fiel es mir wie Schuppen von den Augen: Ich hatte in meinem ganzen Leben noch nie einen Mann so schielen sehen wie ihn. Er hatte die ganze Zeit nur mich angestarrt. Dieser Typ schielte derartig, dass er mit einem Auge fröhlich auf das Gemälde hinter mir schaute und mit dem anderen mein Gesicht fixierte. Das war wirklich das Abgefahrenste, was ich je gesehen hatte, und nun blickte ich von einem Auge zum anderen, als würde ich ein Tennisspiel beobachten. Es war schlicht unmöglich, herauszufinden, wohin ich schauen sollte.

Sprich es an, sprich es doch einfach an, wünschte ich mir. Es würde so viel einfacher werden, damit umzugehen, wenn wir darüber sprechen würden.

Vielleicht sollte *ich* einfach das Gespräch darauf bringen, dachte ich dann. Aber mir war klar, dass das einfach unhöflich gewesen wäre.

Nachdem ich also einen Moment nach unten geblickt und mich gesammelt hatte, sagte ich etwas über das Besteck, sah wieder auf und fokussierte seine Nase. Sie war klein und flach und glänzte fettig.

»Du bist das hübscheste Ding, das ich jemals gesehen habe«, sagte er und entblößte dabei sein perfektes Gebiss, das jedoch einen hartnäckigen Belag hatte.

Wie kannst du das denn beurteilen?, dachte ich, wo du doch nur die Hälfte von mir siehst!

Körperlich zog er mich nicht im Geringsten an. Aber ich wollte es nicht ausschließen, dass zwischen uns trotzdem etwas Sexuelles stattfinden könnte. Vor allem deswegen, weil dieser Kerl so bizarr und ich neugierig darauf war, wie es wohl wäre, mit ihm zu schlafen – dennoch wünschte ich mir, dass nicht ich selbst das herausfinden würde müssen. Es wäre absolut ideal, wenn jemand anderes mit ihm Sex hätte und mir davon berichten würde … aber nein, ich war hier mit ihm verabredet und deshalb würde dieser Knilch … pardon, Kelch auch nicht an mir vorüberziehen.

Ich hätte zu gern einen Drink genommen, doch er hatte bis jetzt nur Wasser bestellt. Ich wurde panisch. Einen Abend mit diesem Mann ohne Alkohol würde ich nicht überstehen; ich brauchte jetzt etwas, das mir helfen würde, ihm näherzukommen. Als wir dann unser Essen bestellten, fragte er mich zum Glück, welchen Wein ich trinken wollte. Weil ich davon ausging, dass wir gemeinsam eine Flasche trinken würden, war ich völlig vor den Kopf gestoßen, als er nur ein Glas für mich bestellte. Ich scheine da ein echtes Problem mit Leuten zu haben, die zum Essen nur ein Glas Wein bestellen. Ich weiß auch nicht, warum. Ich fühle mich dann jedes Mal so, als wären wir in zeitlicher Bedrängnis, und weil ich außerdem einen guten Zug am Leib habe, fühle ich mich beobachtet und unhöflich, weil ich weitere Gläser nachbestellen muss. Und wie ich es erwartet hatte, kippte ich mein Glas innerhalb weniger Minuten hinunter und saß dann völlig auf dem Trockenen, bis mein Essen kam.

Während wir unsere Bestellungen aufgaben, trieb mich sein unablässiges Schniefen halb in den Wahnsinn. Ganz offensichtlich versuchte er, einen sehr hartnäckigen Strom von Nasenflüssigkeit von seinem endgültigen Durchbruch abzuhalten. Und statt zur Toilette zu verschwinden, um sich dort ein Taschentuch zu holen, presste er fortwährend seinen Zeigefinger auf den linken Nasenflügel, was mich wirklich anwiderte. Ich entschuldigte mich kurz, um Pipi machen zu gehen, und hoffte, dass er sich in der Zwischenzeit schnäuzen würde. Was er Gott sei Dank auch getan hatte, als ich an den Tisch zurückkam! Unter keinen Umständen hätte ich bei diesem Geräusch mein Sushi genießen können.

»Worüber denkst du nach, Darn?«, fragte er mich immer und immer wieder. Zunächst hatte ich Dinge geantwortet wie: »Wie wunderbar, dass wir uns nun kennenlernen«, oder »Das Essen ist absolut köstlich«, aber nach dem sechsundsiebzigmillionsten Mal empfand ich seine Frage als aufdringlich und lächelte mit zusammengebissenen Zähnen, ohne dabei aufzublicken.

Wie ich erwartet hatte, bestritt er zum größten Teil die Unterhaltung. Es fiel mir schwer, ihm zu folgen, da sein Tonfall so einschläfernd war. Er sprach langsam, gar nicht so wie am

Telefon. Nach jedem Satz machte er eine Pause und setzte sich anders hin, sodass eine Geschichte, die man in fünf Minuten hätte erzählen können, bei ihm zwanzig dauerte.

Er schien unsere Telefonate völlig vergessen zu haben, denn er erzählte mir die gleichen Geschichten noch einmal. Und obwohl sie mich faszinierten, hatte ich meine liebe Mühe, ständig einen völlig überraschten Gesichtsausdruck aufzusetzen. Ich wünschte, ich hätte mir meine Augenbrauen nicht wieder wachsen lassen, nachdem ich mit 16 angefangen hatte, sie zu zupfen. Ich hatte sie so sehr bearbeitet, dass sie wie kaum sichtbare Mini-Bumerangs aussahen, die zufällig auf meiner Stirn gelandet waren. Ich war überzeugt davon, wie Audrey Hepburn auszusehen, aber meine Familie behauptete, ich sähe aus wie jemand, der gleich überfahren wird. »Erschrocken« war das Wort, das sie benutzten. Und deshalb wäre dieser Look ideal für meine Verabredung mit Tash gewesen.

Der Kerl schien mich anzuhimmeln, aber das hatte lediglich optische Gründe. Er fragte mich nicht, wo ich herkam, was ich machte, was ich sein, tun, denken, besitzen, fahren, hören oder worüber ich sprechen wollte. Das schien ihn alles gar nicht zu interessieren. Ich gewann den Eindruck, dass er sein Bestes tat, um mich zu beeindrucken, ohne jedoch dabei auch nur ansatzweise auf mich einzugehen. So, als wäre es egal, ob ich ihm zuhörte oder nicht. Ich denke, er brauchte einfach nur etwas weibliche Gesellschaft.

Neben all den Geschichten, die er zu erzählen hatte, sprach er nie über die Frauen in seinem Leben … nicht ein Sterbenswörtchen! Alles, was er erwähnte, waren Begegnungen mit einer Reihe von Wahnsinnigen, aber niemals mit einer Lady. Vielleicht war er ja noch jungfräulich? Aber nein, ich konnte mir gut vorstellen, dass er manchmal das Bett mit einer Frau teilte, ihr wisst schon … mit gewissen Damen …

Er war einer von den Männern, die gedanklich immer schon

beim nächsten Thema sind, weshalb er sich nicht ein Detail von dem merken konnte, was ich ihm erzählt hatte. Das wiederum ersparte es mir, meinen Atem unnötig zu verschwenden. Wenn ich wirklich merke, dass mein Gegenüber an all den kleinen Winzigkeiten interessiert ist, die mich zu dem Menschen machen, der ich bin, und dabei nicht nur denkt, dass ich gut aussehe, dann spielen sein Aussehen oder seine Nervosität für mich überhaupt keine Rolle. Genauso wenig, wie ich den ganzen Abend über mich sprechen möchte, will ich aber auch nicht nur dasitzen und ihm zuhören müssen – es ist todlangweilig und hält mich außerdem stocknüchtern! Und was noch viel wichtiger ist: Es fällt mir schwer zu glauben, dass ein Mann, der sich nicht einmal auf ein Gespräch mit mir konzentrieren kann, auch nur annähernd auf meine Bedürfnisse zwischen den Laken eingehen könnte. Ich mag Sex nicht, bei dem nur er seinen Spaß hat; ich mag Sex, bei dem er Sex mit mir hat. Statt das bis zur Langweile erprobte Routineprogramm abzuspulen, muss er darauf eingehen, wie mein Körper funktioniert, sich bewegt und sich anfühlt. Und ich hatte leider den verstärkten Eindruck, dass Tash dazu überhaupt nicht in der Lage gewesen wäre.

Er aß sehr schnell und ich hatte das Gefühl, zeitlich mithalten zu müssen. Das war allerdings ziemlich schwierig, weil ich Fisch mit zwei großen Portionen Reis bestellt hatte, die man mit einiger Sorgfalt verspeisen musste, wenn man nicht wollte, dass der gesamte Tisch danach mit Reiskörnern übersät war. Er hatte sich für Lamm-Medaillons entschieden und, um Soßenflecken zu vermeiden, seine marineblaue Krawatte einfach über seine linke Schulter geworfen. Leider erlaubte mir dies einen freien Blick auf sein Hemd, das an einer Stelle vom Druck seiner Brustbehaarung, die an zwei Grizzlybären erinnerte, aufgesprungen war. Zudem hatte es den Anschein, dass seine Behaarung nicht am Nacken Halt machte, sondern auch die komplette Rückseite seines Körpers zierte. Als er auf sein Essen schaute, beäugte ich sein Hemd heimlich und konnte feststellen, dass es an keiner Stelle auf seiner Haut auflag, sondern ausschließlich auf seinem Körperfell. Er war so behaart, dass er nur in seinem Fell auf die Straße hätte gehen können. Das war wirklich *kein* schöner Anblick!

Ich habe eigentlich kein Problem damit, wenn Männer behaart sind. Na okay, ich habe eins, es gefällt mir einfach nicht. Aber das würde mich nicht davon abhalten, mit einem behaarten Mann ins Bett zu steigen, wenn er mir sympathisch ist – nur um das einmal festzuhalten ...

Das Essen war sehr schnell beendet. Nach dem Dessert zündete ich mir eine Zigarette und er sich eine Zigarre an. Mittlerweile hatte ein kleines Damenkränzchen am Nebentisch Platz genommen: eine Omi, die aussah wie ein ramponierter Weidenkorb, eine Reihe von Tantchen, die ihre Haare auf sehr altmodische Weise frisiert trugen, eine Mutter im Twinset, die in unnatürlich aufrechter Pose dasaß, ein ausgesprochen hässliches Schwesternpaar und eine Braut, die ihren Junggesellinnenabschied nahm und dicke Oberarme besaß. Schon von dem Moment, an dem sie das Lokal betreten hatte, war sie mir unsympathisch gewesen. Ich hatte sie genau beobachtet. Sie wollte dieses und jenes und jagte die Kellner ständig hin und her, ob für eine saubere Serviette oder einen höheren Stuhl. Ihr armer zukünftiger Ehemann, dachte ich bei mir.

Als Tash sich seine Zigarre anzündete, spielten die Damen verrückt. Ihn jedoch interessierte das herzlich wenig. Ich konnte nicht verstehen, wie er nicht bemerkt haben konnte, dass die sieben Schwestern am Nachbartisch kein anderes Thema hatten als den besten Weg, ihn zu bitten, seine Zigarre auszumachen, und mit der Braut abwechselnd die Stühle tauschten, damit sie ja am Hochzeitstag keine muffigen Haare hatte.

Irgendwie machten sie mich richtig verrückt. Ich kann es nicht ausstehen, wenn Leute auf diese Weise Andeutungen machen. Da saßen sie nun und regten sich über den Rauch auf, wo sie doch nur einmal freundlich hätten fragen müssen, ob er auf das Rauchen bitte verzichten könnte. Ich begann, ihn irgendwie zu mögen – er regte diese Frauen wahnsinnig auf und das vergnügte mich. Schließlich ließen sie sich herab, das Gespräch zu suchen, und eine der Tantchen drehte sich um und sagte: »Entschuldigen Sie, aber der Geruch Ihrer Zigarre verleidet uns das Essen. Wäre es Ihnen möglich, sie auszumachen, während wir essen?«

Darauf entgegnete Tash: »Na, ich rauche eben, was wollen Sie dagegen unternehmen?«

Es war einfach zum Schreien; er war völlig durchgedreht. Der Gestank seiner Zigarre war unerträglich. Das gesamte Restaurant stank danach und jeder blickte zu uns hinüber, doch er sah keinen Grund, weshalb er die Zigarre ausmachen sollte. Kein Wunder, dass dieser Kerl Single war; er war durch und durch selbstsüchtig. Er machte, was er wollte, wenn er dazu Lust hatte, und die Konsequenz dessen interessierte ihn herzlich wenig.

Das Tantchen drehte sich wieder zu ihrem schnatternden Kränzchen um, das von Tashs Dreistigkeit total schockiert war und beschloss, an einen anderen Tisch zu ziehen.

Danach wollte er so schnell wie möglich die Rechnung haben. Ich konnte sehen, dass er sich unwohl fühlte. Seit dem Hauptgang hatte er mit den Beinen geflattert. Der Himmel allein weiß, wie er seine Ungeduld auf all den Langstreckenflügen in Zaum hält. Doch die Kellner vergaßen ständig aufs Neue, die Rechnung zu bringen, was seine Laune zum Kochen brachte. Er stieß leise Schimpfworte aus und ich wagte es nicht, auch nur ein Wort zu sagen, bis wir das Restaurant verlassen hatten. Auf dem Weg nach draußen warf ich der zukünftigen Braut ein leicht selbstgefälliges Grinsen zu, weil ich sie nach wie vor völlig bescheuert fand, auch wenn ich von Tashs Verhalten ebenfalls nicht sonderlich beeindruckt war.

Draußen überreichte er mir mein Parfum. Es war eine riesige Flasche Obsession und ich freute mich wirklich sehr darüber. Ich hatte just meine letzte Flasche aufgebraucht und zum ersten Mal an diesem Abend ging er auf meine Reaktion ein. Er lächelte mich an und sagte: »Ich freue mich sehr, dass dir das Parfum gefällt, du verdienst es.«

Ich beugte mich vor und gab ihm einen Kuss. In diesem Moment nahm ich seinen Geruch wahr – der war mir bei unserer Begrüßung entgangen, da seine Umarmung mir keine Chance gegeben hatte, einzuatmen. Er roch nach einer Mischung aus fettigem Haar und Schweiß. Er roch nicht ungewaschen, es war einfach nur ein warmer Geruch, kein Aftershave, kein künstlicher Körpergeruch, einfach sein Geruch, und den konnte ich nicht riechen.

»Hier in der Nähe gibt es einen Park, Darn. Ich würde mich sehr freuen, wenn wir beide einen Spaziergang machen, bevor du nach Hause musst.«

»Die Parks sind nachts geschlossen«, stieß ich sofort hervor, weil ich bei allem, was mir heilig war, nicht vorhatte, mit einem völlig durchgedrehten, schielenden und total behaarten Kerl, der ganz offenbar nach dem Motto lebte »was ich möchte, bekomme ich auch«, um zehn Uhr abends durch die Botanik zu schlendern. Also einigten wir uns darauf, noch eine Weile gemeinsam durch die Straßen zu gehen, wobei ich bereits ankündigte, dass ich bald nach Hause müsste.

Er hatte seinen Arm fest um mich geschlungen, und während wir liefen, zog er mich so fest an sich, dass mein Oberkörper sich anfühlte, als befände er sich in einer 90-Grad-Position zu meiner Hüfte. Es war alles andere als bequem, mit ihm zu laufen, doch er nahm keine Rücksicht auf meine steife Haltung.

Als wir die New Bond Street erreichten, bemerkte er ganz beiläufig, dass wir uns gerade auf sein Hotel zubewegten. Wie praktisch für dich, dachte ich.

Während ich mir die Schaufenster der Geschäfte ansah und versuchte, seine Aufmerksamkeit auf irgendetwas anderes als auf mich zu lenken, blieb sein Blick jedoch weiterhin fest auf mich gerichtet und genau vor Fenwick's drehte er mich zu sich und küsste mich volle Breitseite auf den Mund. Es war einfach grässlich. Er presste seine geschlossenen Lippen auf meine, die ebenfalls geschlossen und völlig regungslos blieben, und küsste mich wie in den alten Schwarzweißfilmen – keine Zunge, aber dafür sehr viel Kopfgewackel. Sein Bart stank, aber ich konnte ihm nicht ausweichen. Dann tauchte plötzlich aus dem Nichts eine dürre, kleine Zungenspitze auf. Sie untersuchte meine Lippen wie ein entschlossenes, kleines Spermium, das eine unempfängliche Eizelle anbettelt, eindringen zu dürfen. Ich konnte nicht fassen, wie nachdrücklich er war. Ich tat mein Bestes, um seine Zunge nicht in meinen Mund vordringen zu lassen, doch er bezwang mich, und noch bevor ich es mich versah, leckte er an meinen Zähnen herum. Seine Zunge wurde jedoch nicht breiter, sie blieb einfach lang und dünn wie ein Hundeschwänzchen.

Währenddessen schabte mir sein Bart die Gesichtshaut auf und seine Nase rammte mir meine fast in den Schädel. Ich konnte nicht atmen. Nur kleine Luftfetzen schafften es, zu meiner Nase zu gelangen, aber sie stanken so nach seinem Gesicht, dass sie mir mehr zusetzten als mir Erholung verschafften. Ich bemühte mich redlich darum, ihn aus meinem Mund zu bekommen, aber er war so unnachgiebig, dass ich einfach regungslos blieb und blau anlief, bis er endlich von selbst abließ, um zu verkünden: »Du hast die sanftesten Lippen, die ich jemals geküsst habe.«

Waaaaaaasss? Ich hatte meine Lippen so fest wie nur irgend möglich zusammengepresst, dass es mich fast überraschte, ihm damit keine Schnittwunden zugefügt zu haben. Was faselte er da? Wie konnte er nur annehmen, dass die Situation so in Ordnung war? Dass es ein schöner Kuss gewesen war? Dass ich in irgendeiner Form darauf reagiert hatte? Das war der völlige Wahnsinn, aber noch bevor ich wusste, wie mir geschah, hatte er mich erneut fest untergehakt und zog mich die New Bond Street hinunter.

Irgendetwas musste geschehen, dieser Kerl dachte doch allen Ernstes, dass zwischen uns beiden gleich etwas liefe. Ich hatte keine Ahnung, wie ich ihn davon abbringen konnte. Ich wandte mich zu ihm, im festen Willen, dem Ganzen nun ein Ende zu setzen, aber er schien das als Einladung zu verstehen, und so musste ich die ganze Tortur noch einmal über mich ergehen lassen, diesmal jedoch mit der Zulage, dass er mir auch noch am Po herumfummelte. Sein Schwanz war so steif, dass er durch seine Hose schmerzhaft auf mein Schambein drückte. Ich versuchte, mich aus seiner Umklammerung zu befreien, was er offenbar als Zeichen sexueller Lust interpretierte. Deshalb packte er mich nun noch fester und rieb mit seiner Latte immer wieder über mein Schambein, während er mein Gesicht mit seiner ranzig riechenden Hundeschwänzchen-Zunge abtastete und dabei Geräusche machte wie »Oohhrr« oder »Ggorrr«.

Schließlich fand ich aus meinem tiefsten Inneren zu meiner Stärke zurück – ich befürchtete nämlich, die Kontrolle über meinen Harndruck zu verlieren – und schubste ihn von mir weg. Er fiel gegen ein Schaufenster und wischte sich den Mund mit seinem Ärmel ab. Seine verrückten, hungrigen Augen leuchteten begeistert und sein belegtes Gebiss starrte mich aus seinem geöffneten Mund an.

»Du bist ein ganz schön spitzer Kerl!«, war das Erste, was meine schmerzenden Lippen ausspucken konnten. »Aber du musst akzeptieren, wenn ich dir sage, dass ich nicht eine von den Frauen bin, die schon am ersten Abend mit einem Mann intim werden. Ich werde jetzt nach Hause gehen und darüber nachdenken, was für einen wunderschönen Abend wir miteinander verbracht haben, und dann werde ich dich morgen anrufen, damit wir deinen letzten Abend in London gemeinsam in deinem Hotel verbringen können. In Ordnung?«

»Aber ich will dich jetzt, Darn.«

»Das verstehe ich – aber nicht heute Nacht. Ich möchte, dass es ganz besonders wird. Also sehen wir uns morgen wieder. Einverstanden?«

Schließlich willigte er ein, nachdem ich es geschafft hatte, ihn davon zu überzeugen, dass er in weniger als vierundzwanzig Stunden orgiastischen Sex mit mir haben würde. Und dann rannte ich los. Ich rannte wie eine Wahnsinnige die New Bond Street hinauf, die Oxford Street entlang, bis zu meiner Wohnung in der Edgware Road und versuchte dabei vergeblich, seinen Geruch aus der Nase zu bekommen. Als ich zu Hause war, duschte ich eine halbe Stunde lang und verbrachte die nächsten vierundzwanzig Stunden damit, seine Anrufe nicht anzunehmen.

Einfach widerlich!

DIENSTAG, 22. FEBRUAR

Plato, zweiter Teil
Wir kennen uns zwar kaum, aber ...

Das Date

Plato und ich haben uns erst einen Monat später wiedergesehen und ich war ziemlich aufgeregt wegen des anstehenden Treffens. In der Zwischenzeit hatten wir ein paar lustige E-Mails ausgetauscht und häufiger miteinander am Telefon gescherzt. Gelegentlich hatte er mir verrückte Geschichten von seinen nächtlichen Kneipentouren gemailt und ich hatte mich beim Lesen kaputtgelacht. So haben wir uns besser kennengelernt.

Wir trafen uns im Itsu in der Wardour Street. Scheinbar hatte ich bei unserer ersten Verabredung so offenkundig von meiner Vorliebe für Sushi geschwärmt, dass er nun darauf bestand, eine Kleinigkeit zu essen, bevor wir uns sinnlos besaufen würden. Ich war früh dran, sodass ich schon mal Platz nahm und gierig auf das köstliche Sashimi starrte, bis er eintraf. Unsere Begrüßung war – gelinde gesagt – sehr herzlich, denn wir freuten uns beide wirklich sehr über das Wiedersehen.

Er trug, wie beim letzten Mal, einen Anzug, da er direkt von der Arbeit kam, und sah sehr gut darin aus. Und sein Lächeln war noch so strahlend, wie ich es in Erinnerung hatte. Außerdem war er kürzlich beim Friseur gewesen, da man nun deutlich weniger graue Haare sah. Aber abgesehen davon war er genau so, wie ich ihn in Erinnerung hatte, und ich war überglücklich, ihn wiederzusehen.

Er hielt sich beim Essen ziemlich zurück, da er ein riesiges

Steak zu Mittag gegessen hatte. Mein Lunch war auch nicht gerade karg ausgefallen, aber wie immer hatte ich einen Bärenhunger, und daher war es kaum verwunderlich, dass kurze Zeit später bereits eine hübsche Sammlung kleiner Teller vor mir stand.

»Wow, wo, zum Teufel, lässt du bloß die Kalorien?«, fragte er, als er zum ersten Mal das volle Ausmaß meines Appetits mitbekam. Mittlerweile waren wir zum »Du« übergegangen.

»O mein Gott, ich bin solch ein Vielfraß, wie unhöflich von mir.«

Er entgegnete, dass er mich keineswegs unhöflich fände, sondern stattdessen sehr angetan davon sei, dass ich gerne aß. Und wählte kurzerhand Köstlichkeiten vom Laufband für mich aus, die er vor mich hinstellte und unerbittlich darauf bestand, dass ich sie ebenfalls vertilgte. Schließlich gab ich mich geschlagen, lehnte mich zufrieden auf meinem Stuhl zurück und klopfte mir auf den wohl gefüllten Bauch.

»Danke für diese beeindruckende Leistung, Dawn, jetzt hast du dir einen Preis verdient«, erklärte er lachend.

»Einen Preis?« Ich setzte mich ruckartig auf und dachte, dass er mich auf einen japanischen Reiswein einladen würde oder so etwas in der Art. Aber das tat er nicht. Stattdessen griff er unter den Tisch nach der Plastiktüte, die er beim Betreten des Restaurants bei sich gehabt hatte. Und in diesem Moment wurde ich plötzlich sehr nervös.

»Hier ist dein Geburtstagsgeschenk. Tut mir leid, dass ich spät dran bin, aber wir haben ja Ewigkeiten gebraucht, bis wir eine weitere Verabredung abmachen konnten. Daher kommt es nachträglich.«

Mein Geburtstag ist am 23. Januar gewesen, ein paar Wochen nach unserem ersten Date. Er hatte sich daran erinnert und mich angerufen, um zu gratulieren.

»Ach, du liebe Güte, das wäre doch nicht nötig gewesen.«

Ich war sehr gespannt, um was es sich handelte. Mir war klar, dass es nichts Besonderes sein konnte, aber sogar eine Schachtel Pralinen ist wunderbar, wenn man sie nicht erwartet. Lächelnd schüttelte ich das Päckchen und sah ihn dabei an.

Es war eine Pralinenschachtel.

Ich sagte »lecker« und »danke«, als ich die Schachtel von ihrer Verpackung befreite, doch dann fielen mir fast die Augen aus dem Kopf, als ich sah, um was es sich wirklich handelte.

Nämlich um ein winziges Diktiergerät.

»Ich kann es nicht glauben, dass du ...«

»Nun, mir ist eingefallen, dass du mir einmal von einer Freundin erzählt hast, die so ein Gerät besitzt, und wie nützlich es dir beim Schreiben wäre.«

Das war ein Gesprächsthema von ungefähr drei Minuten am Anfang unseres ersten Treffens gewesen. Ich hatte damals wirklich gesagt, dass ich ein Diktiergerät sehr gut gebrauchen könnte, aber ich hatte es schon fast wieder vergessen und konnte es nicht glauben, dass es ihm offensichtlich nicht entfallen war.

Ich stand auf, ging um den Tisch und küsste ihn wie eine Verrückte auf die Wangen. Er lächelte mich an, nickte und beharrte darauf, dass es ihm eine echte Freude sei.

»Also ... wenn dein Hunger nach Sushi gestillt ist, würde ich vorschlagen, dass wir diesen Ort verlassen und uns auf die Suche nach einer Bar machen.«

Was ich wirklich an Plato mag, ist die Art, wie er unsere Treffen im Voraus plant. Mit ihm geht man nicht einfach essen und weiß danach nicht, wie es weitergeht. Wie beim letzten Mal, als er im Milk and Honey reservierte, hat er heute Abend für einen Tisch im Trader Vic's gesorgt, der Cocktailbar im Keller des Hiltonhotels in der Park Lane.

Wir bestellten uns zwei Jack Daniels mit Cola light und

plauderten darüber, wohin wir in London am liebsten ausgingen, während wir an unseren Drinks nippten. Sein Job brachte es mit sich, dass er häufig ausgehen musste, daher kannte er sich bestens aus und versprach mir, mich in ein paar wirklich gute Schuppen mitzunehmen.

Je länger der Abend dauerte, desto besser gefiel er mir. Er war ein 1A-Gentleman. Nicht so aalglatt, wie *der* Gentleman, aber aufrichtig, liebenswürdig und zweifelsohne sehr originell. Seine Nervosität ließ zwar kaum nach, aber ich gewöhnte mich rasch daran und hätte ihn um nichts in der Welt ändern wollen.

Am Nachbartisch hatten sich die Leute einen riesigen Teller mit Pommes bestellt, die ich wohl recht gierig beäugt haben muss, denn als die Kellnerin das nächste Mal in unsere Nähe kam, bestellte Plato eine Portion für mich. Ich verdrehte die Augen und sagte ihm, dass das nicht nötig sei, aber es gelang mir trotzdem, alles wegzuputzen. Er hat hingegen keine einzige Fritte angerührt.

Nachdem die fettigen Pommes verspeist waren, bat er mich, auszutrinken, damit wir nach oben gehen könnten. Mir sank das Herz in die Hose, denn offensichtlich war er überhaupt nicht mehr derjenige, für den ich ihn gehalten hatte. Ich hätte nie gedacht, dass er so direkt sein könnte, und mochte ihn doch gerade wegen seiner Höflichkeit.

Als er bemerkte, wie ich enttäuscht auf meinem Stuhl zusammensackte, ging er sofort in die Verteidigung über. »Nein, aber nein, doch nicht auf ein Hotelzimmer nach oben. Ich meinte die 28. Etage. Windows on the World. Die Bar an der Spitze des Gebäudes.«

Mir war das unglaublich peinlich und ihm erging es nicht anders. Doch entdeckten wir gleichzeitig die unfreiwillige Komik der Situation.

Als wir oben ankamen, war ich hin und weg. Windows on the World ist eine wunderschöne Bar mit Wänden aus Glas, die einen tollen Ausblick auf das Panorama von London bieten. Mir blieb beim Betreten vor Staunen der Mund offen stehen, als hätte ich dergleichen noch nie gesehen. Und so war es auch, der Ausblick war einfach atemberaubend.

»Du hast mir gerade den schönsten Ort der Welt gezeigt«, sagte ich.

Plato blickte sehr zufrieden drein. Dann nahmen wir an einem der Tische Platz und bestellten unsere Drinks.

»So stelle ich mir die Bars in New York vor«, bemerkte ich.

»Soll das heißen, dass du noch nie in New York gewesen bist?«

»Nein, noch nie. Aber ich habe vor, nächstes Jahr für eine Weile dorthin zu ziehen. Ich weiß jetzt schon, dass ich die Stadt lieben werde.«

»Das wirst du ganz bestimmt. Ich werde dir New York zeigen.«

Ich lachte und murmelte etwas wie: »Ich wünschte, es wäre so!« – wenn ich mich recht entsinne.

»Im Ernst, wo wir gerade darüber sprechen, fällt mir ein, wie gern ich einmal wieder dorthin reisen würde. Außerdem brauche ich dringend Urlaub, und da meine Freunde allesamt entweder verheiratet oder vollkommen durchgedreht sind, wäre es mir eine Ehre, wenn du mich begleiten würdest.«

Wir plauderten noch ein wenig über das Thema, und nachdem er mich davon überzeugt hatte, dass er es ernst meinte, sagte ich zu. Es wäre dämlich gewesen, dies Angebot auszuschlagen. Wir genossen die Gesellschaft des jeweils anderen, und obwohl ich mir nicht sicher war, ob sich etwas zwischen uns entwickeln würde, konnte ich mir niemand Besseren für einen Trip nach New York vorstellen. Also habe ich das Angebot akzeptiert und wir stießen auf unsere bevorstehende Reise an.

Gegen ein Uhr sind wir in die Eingangshalle des Hotels hinuntergefahren, haben uns auf eines der Sofas gesetzt und ein bisschen geknutscht. Es war ein schöner Kuss und ich habe ihn genossen, trotzdem hatte ich bereits beschlossen, dass unsere Beziehung nicht in diese Richtung gehen würde. Er war mir ein Freund geworden, jemand, den ich für immer in meinem Leben haben wollte. Aber da ich jemand bin, die mit fast allen ihren männlichen Freunden geschlafen hat, würde ich sagen: Es gibt Hoffnung!

An diesem Abend bin ich allein nach Hause gegangen und habe auf dem Weg dorthin in mein Diktiergerät gesprochen. Ich wusste, dass ich die richtige Entscheidung getroffen hatte, als ich sein Angebot annahm, und ich war törichterweise über alle Maßen begeistert davon.

MITTWOCH, 30. MARZ

Plato, dritter Teil
New York – Kampf gegen die Lust

Der Trip

Ein paar Tage nach unserem zweiten Date rief er mich an und sagte: »Dawn, es ist alles gebucht. Wir übernachten im Avalon, das liegt direkt neben dem Empire State Building. Du hast ein eigenes Zimmer, mach dir also deswegen keine Gedanken.«

Was ich bis dato auch nicht getan hatte. Ich mochte ihn so gern, dass ich mir ohne weiteres ein Zimmer mit ihm geteilt hätte, ob wir Sex gehabt hätten oder nicht. Aber ich war ihm trotzdem dankbar, denn fünf Tage können eine lange Zeit sein, wenn man sie mit jemandem verbringt, den man kaum kennt. Immerhin bestand das Risiko, dass wir uns am Ende der Zeit gehörig auf die Nerven gehen würden.

Wir verabredeten uns an der Statue vom Paddington Bär am gleichnamigen Bahnhof, der nur fünf Minuten von meiner Wohnung entfernt ist. Ich konnte meinen Koffer problemlos dorthin tragen und war pünktlich zur Stelle. Er wartete bereits auf mich und ich umarmte ihn zur Begrüßung, wie ich es immer tat.

Heute sah er anders aus und ich überlegte, was es wohl sein könnte – nein, es lag nicht an der Tatsache, dass kein Alkohol im Spiel war, sondern daran, dass er keinen Anzug trug. Sein Jackett hatte zuvor seinen Bauchansatz so gut kaschiert, dass er mir nicht aufgefallen war. Dabei machte mir das nichts aus, eine etwas beleibte Körpermitte ist die logische Konsequenz eines erfüllten Freizeitlebens und häufig bei

Vierzigjährigen zu sehen, auch wenn diese sonst dünn sind. Ich mochte so etwas ganz gern.

Plato trug eine blassblaue Windjacke, dazu dunkelblaue Cordhosen und braune Lederhalbschuhe. Ich würde diesen Look als »Onkel geht auf Reisen« bezeichnen. Er ist nicht besonders toll, aber auch nicht schlecht, sondern einfach nur praktisch.

Wir waren beide ziemlich aufgeregt und plapperten hektisch drauflos. Im Zug nach Heathrow haben wir ungefähr vier Flaschen Wasser geleert, weil wir vor lauter Quasseln wie ausgetrocknet waren. Am Flughafen angekommen, haben wir uns nach dem Check-In auf direktem Weg zu einem Pub begeben, um uns mit zwei starken Bloody Marys zu stärken.

Wir sind mit Virgin geflogen und hatten Plätze in der Premium-Economy-Klasse, was bedeutete, dass wir im cooleren oberen Passagierdeck reisten. Außerdem war es Plato gelungen, Plätze in der vorderen Sitzreihe zu ergattern, sodass wir jede Menge Beinfreiheit hatten, was wirklich toll war, weil ich mit unterschiedlichen Sitzhöhen experimentieren konnte. Als ich mich zwischendurch in meinem Sitz beengt fühlte, habe ich mich einfach eine Weile auf den Boden gesetzt.

Der Flug war lustig, wir haben keine Sekunde lang die Augen zugemacht, sondern gelesen, uns unterhalten und den Film *Hautnah* geschaut. Ein wirklich toller Film, aber als die Szene kam, wo sie im Internet chatten, fühlte ich mich ein wenig unbehaglich. Kein Ahnung, woran das lag …

Ich habe mich gefreut wie ein Kind auf einer Geburtstagsparty, als ich die Tasche mit den geschenkten Flugutensilien fand. Plato hat mir geholfen, die Stiefel auszuziehen, und dann habe ich die leuchtend grünen, flauschigen Kabinensocken übergestreift. Ich fand die Dinger einfach so toll, dass ich bis ans Ende des unteren Decks und wieder zurück spaziert bin. Die Socken waren einfach wunderbar bequem und viel besser als meine dämlichen Stiefel. Er hat sein Paar nicht angezogen, also habe ich es für meine Schwester eingesteckt. Allerdings habe ich es auch zu Hause geliebt, die Flugsocken zu tragen, sodass meine Schwester ihr Paar wohl nie bekommen hat. Tatsächlich breche ich gerade in haltloses Kichern aus, als ich an mir herabblicke und feststelle, dass ich die Socken auch in diesem Moment trage.

Am Ende des Fluges standen wir beide schon etwas neben uns, brachen aber trotzdem in haltloses Gekicher aus, als ich fast vergeblich versuchte, meine geschwollenen Füße in die Stiefel zu bekommen. Ich hatte vergessen, dass so etwas während eines Fluges passiert, und war zuerst beim Anblick meiner dicken Knöchel erschrocken, weil ich befürchtete, dass ich mir eine Krankheit zugezogen hätte.

Nachdem wir die Passkontrolle und die Gepäckausgabe hinter uns gelassen hatten, mussten wir nur noch die kurze Fahrt vom Flughafen nach Manhattan überstehen, dann waren wir endlich angekommen. Erschöpft, aber aufgeregt verließen wir die Penn Station. Ich musste zweimal hinschauen, aber es stimmte: Ich war in New York und es war so fantastisch, wie ich es mir ausgemalt hatte. Vom ersten Augenblick spürte ich die ungeheure Energie, die diese Stadt verströmt. Alles sah aus wie eine Filmkulisse und wirkte daher leicht surreal. Überall fuhren gelbe Taxis umher, die Gebäude waren riesig und die Straßen so schnurgerade, dass man meilenweit hinunterblicken konnte. Es war einfach so unglaublich, dass es mir den ganzen Weg zum Hotel die Sprache verschlug. Plato dachte, dass ich wegen irgendetwas unglücklich sei, aber im Gegenteil, ich war so überwältigt, dass ich vor Begeisterung kein Wort herausbrachte. Außerdem konnte ich es kaum erwarten, die Stadt zu entdecken.

Wir checkten im Hotel ein und stellten unser Gepäck vorerst einfach nur in unseren Zimmern ab. Da wir beide sehr hungrig waren, haben wir uns sofort wieder auf den Weg zum Essen gemacht. Uns war beiden nach Sushi, und wie sich herausstellte, lag unser Hotel an einer Straße, die mit Sushi-Bars nur so gepflastert war. Also betraten wir die erste, die uns davon zusagte, und bestellten eine riesige Platte mit allen unseren Lieblingssorten, die wir miteinander teilten.

Es war erst acht Uhr abends, aber wir waren so erschöpft, dass es sinnlos war, so zu tun, als hätten wir noch die Kraft, auszugehen. Wir kämpften gegen unseren Berg von Sushi an und redeten eine Stunde lang absoluten Müll. Irgendwie kamen unsere Worte völlig verdreht aus unseren Mündern und unsere Augen waren wie kleine, schwarze Punkte im Schnee, so blass waren unsere Gesichter. Trotzdem war die Situation nicht unangenehm. Der Flug hatte dafür gesorgt, dass wir uns in der Gesellschaft des jeweils anderen entspannen konnten, und uns vertrauter miteinander gemacht. Deshalb war unsere momentane Verwirrung eher ziemlich lustig. Wir gaben uns geschlagen und beschlossen, unsere Kondition für den nächsten Tag nicht aufs Spiel zu setzen. Daher gingen wir zurück ins Hotel und wünschten uns eine gute Nacht.

Ich ließ mir ein heißes Bad ein, was ein geradezu göttlicher Genuss war. Die Wanne war kurz, aber tief, sodass ich bis zu den Augen in den Schaumbergen versinken konnte. Das war genau das, was ich in dem Moment brauchte. Danach spazierte ich ein wenig in meinem Morgenmantel durch mein Zimmer, packte aus und überlegte mir, was ich am nächsten Tag anziehen sollte. Dann habe ich aus dem Fenster geschaut, mir die Menschen New Yorks auf den Straßen angesehen und mich als die glücklichste Frau der Welt gefühlt. Gegen halb elf bin ich eingeschlafen und habe von Sex geträumt.

Daran wird es wohl gelegen haben, dass ich gegen zwei Uhr morgens mit dem intensivsten Gefühl der Geilheit erwachte, das ich je verspürt habe. Ich war so scharf, dass ich fast geschnurrt hätte. Ich lauschte auf das Geräusch der Menschen draußen auf der Straße und bemerkte ein orangefarbenes Licht, das durch die Gardinen schimmerte. Dann fiel mein Blick auf den Fernseher am Fußende meines Betts, auf dessen Bildschirm ich mich spiegelte. Ich beobachtete mich dabei, wie ich das Beste aus meiner gegenwärtigen Lage herausholte. Ich fühlte mich so ungeheuer sexy. Meine Fantasien hatten mit niemand anderem zu tun, sondern ich dachte nur an mich, wo ich war und was ich hier tat. Das reichte, damit ich mich absolut unglaublich fühlte. Ich habe es mir wieder und immer wieder besorgt, bis es acht Uhr morgens war und ich mich ins Bad begab, um anschließend Plato zum Frühstück zu treffen. Ich dachte, dass ich vollkommen fertig aussehen müsste, aber meine Wangen waren von einem rosigen Hauch überzogen. Plato bemerkte sogar, wie ausgesprochen frisch ich aussah. Ich war kurz davor, zu sagen: »Klar, das würdest du auch, wenn du es dir sechs Stunden marathonmäßig selbst besorgt und dabei mindestens acht Orgasmen gehabt hättest.« Aber ich befürchtete, dass er sich bei diesen Worten an seinem Bagel verschluckt hätte.

Nach dem Frühstück gingen wir geradewegs in den Central Park, der sehr schön ist. Wir spazierten stundenlang umher und begegneten ziemlich vielen Paaren. Obwohl ich mich in der Gesellschaft Platos sehr wohl fühlte, fragte ich mich zu diesem Zeitpunkt doch, was er dachte. Ich wusste ja, dass aus uns einfach nur Freunde würden, denn ich konnte ihn zwar recht gut leiden, vermisste aber die körperliche Anziehungskraft. Als wir so durch den Park schlenderten, dachte ich plötzlich, verdammter Mist, sind wir jetzt ein Paar bei einer Verabredung oder einfach nur Freunde? Ging er etwa an meiner Seite spazieren und dachte, dass wir eigentlich Händchen halten und uns ein Eis teilen sollten?

Ein leichter Anflug von Panik überkam mich, aber ich war

fest entschlossen, mir nichts anmerken zu lassen. In diesem Moment wurde mir klar, dass demnächst ein Gespräch fällig war, in dem ich ihm erklären musste, wie es um mich stand. Aber in der Zwischenzeit gingen wir weiter durch den Park und ich muss sagen, dass wir uns hervorragend verstanden, ob wir nun Händchen hielten oder nicht.

Nach zwei Stunden machten wir uns wieder auf den Weg zur 5th Avenue, um einen Bissen zu uns zu nehmen. Ich hatte Plato zuvor schon von meinem ungewöhnlichen Appetit in Kenntnis gesetzt und für ihn war das kein Problem, aber er konnte sich dennoch nicht eines Kommentars über die bemerkenswerten Portionen enthalten. Trotzdem muss ich gestehen, dass er sehr umgänglich war und alle drei, vier Stunden dafür sorgte, dass ich etwas zu essen bekam, obwohl er selbst die meiste Zeit über keinen Bissen mehr herunterbekam. Das hat mir schon ein wenig die Augen geöffnet, als ich feststellte, dass ich dreimal mehr aß als ein vierzigjähriger Mann. Ich sollte ernsthaft meine Essgewohnheiten überdenken!

Nach unserem Mittagessen überließ er mir die Entscheidung, was wir als Nächstes unternehmen wollten. Ich schlug das Sexmuseum vor. Dabei ging es mir keineswegs darum, pornografische Anregungen für meine nächste Morgensession zu sammeln, sondern einfach um die Tatsache, dass mir Erotika gefällt, einschließlich des geschichtlichen Hintergrunds. Wirklich!

Wir machten uns also mit wohl gefülltem Magen auf den Weg und sahen uns gründlich in dem Museum um. Im Erdgeschoss wurde erklärt, wie sich die Pornografie im Laufe der Zeit entwickelt hat. Ich bin stets ein großer Fan der sogenannten Cheesecake-Ära gewesen, das heißt von Pin-ups der fünfziger Jahre mit bezaubernden, kurvenreichen, sexy Ladys mit großen Brüsten und sinnlichen Lippen. Da gibt es spezielle Fotografien, die mir besonders gut gefallen. Die

Fotoserie heißt »Ooo Serie« und wurde ebenfalls in der Ausstellung gezeigt. Dabei geht es darum, dass der Fotograf sein Model scheinbar vollkommen überraschend knipst, sodass es das Gesicht zu einer übertrieben fassungslosen Miene verzieht und ein bisschen mehr ihres Hinterns zeigt als nötig. Die Serie ist subtil und eher unterschwellig erotisch als offenkundig sexy und ich finde, dass die Frauen einfach umwerfend aussehen. Ich blieb vor den Fotografien stehen und kommentierte sie mit Worten wie: »Wenn ich das sehe, fühle ich mich mit meiner Größe vierzig richtig wohl und werde nie wieder eine Diät machen.«

Nur eine Stunde später war ich allerdings schon wieder dabei, Plato zu bitten, ein wenig schneller zu gehen, damit wir die Kalorien unseres Mittagessens verbrennen.

Was wir im ersten Stock des Sexmuseums zu sehen bekamen, war allerdings eine ganz andere Geschichte, nämlich reihenweise Fernsehmonitore, auf denen Pornofilme liefen. Das machte mich völlig wild. Nach der letzten Nacht hätte man mich besser von solchen Bildern fernhalten sollen, damit ich nicht Gefahr lief, mir selbst Schaden zuzufügen. Aber ich war wie gebannt und beobachtete Hinterteil für Hinterteil, die auf und nieder wippten, sah Frauen, die auf die schönste Art Fellatio betrieben, und wurde mit mehr steifen Schwänzen konfrontiert, als für meine arme, kleine Klitoris gut war.

In meinem ungezügelten Zustand hatte ich den armen Plato ganz vergessen, der sich möglicherweise in einer solchen Umgebung nicht so wohl fühlt wie ich. Ich drehte mich zu ihm um und sah, dass er reglos auf der Stelle stand – wenn man von seinen Knien absah, die stark zitterten – und sich einen der Softpornos ansah. Ich rief ihn zu mir und wir versuchten, eine normale Unterhaltung neben einem Bildschirm zu führen, auf dem ein sehr gut ausgestatteter Herr seinen Schwanz ohne Unterlass in den Hintern einer jungen Dame rammte. Schweiß lief Plato über die Stirn und so schlug ich vor, dass wir gingen. Es tat mir schrecklich leid, dass ich ihn diesen Bildern ausgesetzt hatte, wo ich doch wusste, dass ich ihm früher oder später mitteilen musste, dass er sie mit mir nicht würde umsetzen können.

Es war ungefähr halb vier, als wir ins Hotel zurückkehrten, um ein Nickerchen zu machen. Da wir unsere Kräfte für den Freitagabend aufsparen wollten, einigten wir uns darauf, uns etwas auszuruhen, später eine Kleinigkeit essen zu gehen und eine ruhige Nacht zu verbringen, um am nächsten Abend ausgiebig feiern zu können.

Sobald ich in meinem Zimmer war, ließ ich mir erneut ein Bad ein, was mich allerdings wieder munter machte. Als ich mich ins Bett legte, um ein paar Stündchen zu schlafen, musste ich feststellen, dass ich kein Auge zubekam. Obwohl ich wusste, dass mir der Schlaf guttun würde, übernahm meine Geilheit wieder die Kontrolle über meinen Körper. Nun wusste ich, wie es sich anfühlen muss, wenn man meint, Stimmen im Kopf zu hören und diese nicht ignorieren kann. Ich lag da, kniff die Augen zusammen und versuchte wie eine Wahnsinnige, das Kribbeln zwischen meinen Beinen zu verdrängen, aber es nützte nichts. Die Bilder, die ich von unserem Besuch im Sexmuseum abgespeichert hatte, liefen nun wie ein Film vor meinem inneren Auge ab, und ich konnte nichts dagegen tun. Also gab ich ihrem Drängen nach und räkelte mich die kommenden Stunden wie eine liebestolle Katze auf meinem Bett.

Für den Abend wählte ich ein eher lässiges Outfit, legte aber viel glitzernden Schmuck an, was mir etwas Besonderes verlieh. Wir trafen uns wie verabredet in der Eingangshalle des Hotels und machten uns auf den Weg Richtung Times Square. Eigentlich waren wir nicht darauf aus, die typischen Touristenattraktionen zu besuchen, aber ich wusste, dass ich den Times Square nicht auslassen wollte, und Plato erklärte mir, dass die beste Zeit dafür abends wäre.

Wir gingen in eine kleine Bar, direkt im Zentrum des Times Square, und suchten uns einen Fensterplatz, von wo aus ich staunend das Geschehen betrachtete. Ich hatte mir eine Bloody Mary bestellt, die mich völlig vom Hocker haute, und so verließen wir die Bar bald wieder und machten uns auf die Suche nach einem Restaurant.

In Gallagher's Steakhouse filmte ich Plato mit meiner Videokamera, während er aß. Ich musste so herzlich lachen, dass die Aufnahme verwackelte. Er war solch ein Spinner, aber ein großartiger Spinner mit einem umwerfenden Humor, der mir zeigte, dass er tief in seinem Inneren eigentlich cool war. Plato machte alberne Bemerkungen, um mich zum Lachen zu bringen, und fand sich dabei so lustig, wie ich es tat. Mochte ich ihn auch nicht sexuell attraktiv finden, so konnte ich doch nicht genug von ihm bekommen. Ich war glücklich, ihm sagen zu können, dass er innerhalb kürzester Zeit für mich zu einem der besonderen Menschen geworden war, die ich am liebsten auf der Welt mochte. Er nahm das Kompliment mit einem milden Lächeln entgegen, weil er wusste, wie ich vermute, dass ich es ernst meinte.

Gegen dreiundzwanzig Uhr hatten wir unser Dinner beendet und ich fühlte mich völlig erledigt. Wir schlenderten zu unserem Hotel zurück und gingen schlafen. Mir war etwas unbehaglich dabei, weil wir doch beide leicht angetrunken waren und uns so ausgezeichnet verstanden. Hätten wir uns dann nicht küssen sollen, bevor wir auf unsere Zimmer gingen? Immerhin hatten wir das bei unserem letzten Date getan. Mir war klar, dass alles auf den Freitagabend hinauslief, an dem wir groß ausgehen wollten, und Plato womöglich hoffte, dass dann etwas zwischen uns laufen würde. Aber hätten wir vorher nicht wenigstens im Fahrstuhl knutschen sollen?

Ich ging rasch zu Bett, erwachte aber – wen überrascht's – gegen fünf Uhr morgens mit dem Gefühl, als habe jemand einen ganzen Eimer Wasser über mir ausgeschüttet. Und das Gefühl der Geilheit war sogar noch heftiger als in der Nacht zuvor.

Während ich mich selbst streichelte, überlegte ich fieberhaft, wie ich mir endlich totale Befriedigung verschaffen könnte. Dabei ging ich sogar so weit, dem Gentleman eine SMS zu schicken, um herauszufinden, ob er nicht vorbeikommen und mir helfen könnte. Doch ich hatte nur seine englische Handynummer, weswegen er die Nachricht wohl nicht erhalten würde. Zweifellos war das sogar eine gute Sache. Ich meine, was hätte ich ihm denn sagen sollen, wenn er geantwortet hätte? »Oh, hi, ich bin's. Ich bin in New York mit einem Mann, den ich über das Internet kennengelernt habe. Ich will dich nicht auf einen Drink treffen, aber hättest du nicht Lust, ein paar Stündchen zu mir ins Hotel zu kommen, damit ich mir deinen Schwanz ausleihen und mir etwas Erleichterung verschaffen kann … oh, und nebenbei bemerkt … reden wir etwa gerade miteinander? Ich denke nicht!«

Außerdem schickte ich eine weitere SMS an einen Exfreund, der an der 5th Avenue wohnt, und fragte ihn, ob er nicht rasch vorbeikommen könnte. Und ich machte den schwachen Versuch, einen Freund von mir, der in London lebt, zu Telefonsex zu überreden, aber dieser hatte keine Lust, weil er gerade auf dem Weg von der Arbeit nach Hause war. Nach diesen wenigen, erfolglosen Versuchen, mir sexuelle Gesellschaft zu sichern, blieb ich gestrandet in einer fremden Stadt zurück und war erregter als jemals zuvor, ohne einen schön steifen Schwanz von fünfundzwanzig Zentimetern Länge zum Spielen zu haben.

Ich war kurz davor, die Wände hochzugehen und mir sämtliche Haare auszureißen, als mir einfiel, dass drei Stockwerke über mir Plato war, der sich, wenn ich ihn angerufen und meinen Zustand erklärt hätte, sicherlich beeilen würde, um auf mein Zimmer zu kommen, und mir alle männliche Aufmerksamkeit angedeihen ließe, die ich in diesem Moment brauchte. Ich griff nach dem Hörer und war kurz davor, seine Nummer zu wählen. Aber dann ließ ich es sein. Ich konnte es nicht tun, denn das gewisse Etwas wollte sich einfach nicht einstellen. Egal, wie brünstig ich war, ich konnte ihn nicht mit diesen Augen betrachten. Es wäre falsch und grausam, ihn auf diese Art zu benutzen, denn ich wusste genau, dass ich, sobald meine Lust befriedigt war, ihn wieder nur als Freund sehen würde. Dies war also keine echte Option. Ich legte den Hörer wieder auf und ging ins Bad, während ich mir wünschte, dass meine Erregung verklingen würde und ich endlich etwas Schlaf bekam.

Als wir uns zum Frühstück trafen, war die Röte auf meinen Wangen verblasst. Plato sah mich und meinte, dass ich müde aussehe, aber ich erklärte ihm, dass ich einfach nur die Straßen entlangspazieren und meinen Aufenthalt in New York genießen wollte. Es kam nicht infrage, dass meine Geilheit die Übermacht gewinnen durfte.

Wie ihr euch bestimmt gut vorstellen könnt, war ich kurz vor dem Verhungern und fühlte mich, als hätte ich in der Nacht mindestens zweitausend Kalorien verbrannt. Deshalb gönnte ich mir voller Vergnügen zwei Bagels mit Frischkäse, drei Schokoladendonuts, zwei Scheiben Vollkorntoast mit Marmelade und Erdnussbutter, eine Schale Müsli, zwei Äpfel, eine Banane und ein Croissant. Weil es das ist, was man tun muss, wenn der Körper allergisch auf Weizen reagiert, man füttert ihn trotzdem mit Weißmehl und fühlt sich die nächsten vierundzwanzig Stunden absolut mies. Aber es war die Sache wert. Plato beobachtete mich fassungslos, während er seinen frischen Obstsalat mampfte.

Wir verließen das Hotel gegen zehn und unsere übliche Plauderei kam nicht richtig in Gang. Doch Plato reagierte sehr verständnisvoll und so war unser Schweigen angenehm.

Wir marschierten in gleichmäßigem Tempo bis nach Greenwich Village.

Mein Herzschlag ging rascher als sonst, weil ich ständig befürchtete, dem Gentleman zufällig auf der Straße zu begegnen. Ich weiß, dass Manhattans Bevölkerungsdichte bei zwei Millionen liegt, aber letztlich ist dieser Stadtteil nicht größer als die Insel Guernsey, deshalb könnte es aller Wahrscheinlichkeit zum Trotz durchaus vorkommen, dass man jemandem begegnet, den man kennt. Ich habe keine Ahnung, was ich in einem solchen Fall sagen würde. Wie ich ihm das Zusammensein mit Plato erklärt hätte oder wie ich mit den Gefühlen zurechtkäme, die ein Wiedersehen zwangsläufig in mir auslösen würde, denn das würde doch geschehen, oder?

Als wir in Greenwich Village ankamen, hatte ich meine Frühstückskalorien bereits wieder verbrannt, fühlte mich ein wenig besser und allmählich kehrte auch wieder mein Humor zurück. Ich entschuldigte mich bei Plato für meinen mürrischen Start in den Tag, woraufhin er mir den Arm um die Schultern legte und mir sagte, dass ich nicht so albern sein sollte, mein Verhalten wäre vollkommen nachvollziehbar.

Gegen halb eins legten wir einen Zwischenstopp bei Katz's Delikatessen ein. Platos Frühstück war schmal ausgefallen, weswegen er nun die berühmte Pastrami auf Roggenbrot des Ladens ausprobieren konnte. Und wie durch ein göttliches Wunder war auch ich wieder mit einem ordentlichen Appetit gesegnet, als wir die Lunchbar betraten.

Wir bestellten Mineralwasser, Sandwiches, zwei Portionen Fritten und eingelegte Gürkchen und kämpften uns hingebungsvoll durch den Berg von Essen. Mein Sandwich war so lecker, dass es mir die Sprache verschlug. Ich genoss jeden Bissen, während mir das Fett nur so übers Kinn lief und auf den Teller tropfte. Am Schluss leckte ich mir genüsslich die Finger ab. Wir haben nicht gerade leise unsere Sandwiches verschlungen und was wir von uns gaben, waren keine Sätze, sondern gelegentliche Stoßseufzer à la »Omeingott« und »mannisdaslecker«. Als wir alles bis auf den letzten Krümel verputzt hatten, lehnten wir uns zufrieden zurück und nickten einander fünf Minuten lang zu, bevor wir wieder in der Lage waren, zu sprechen.

»Ich bin noch nie in meinem Leben so satt gewesen«, sagte Plato schließlich.

»Ich auch nicht«, erwiderte ich, »aber etwas sagt mir, dass ich noch eines davon essen sollte, während wir hier sind.«

»Liegt es vielleicht an dem Rhinozeros, das du in deinem Magen versteckt hast?« Ich brach in schallendes Gelächter aus, das allerdings nicht lange währte, weil es meinem Magen nicht guttat.

Dann streiften wir weitere drei Stunden lang durch die Stadt, bis ich mit Zufriedenheit feststellte, dass ich nun wenigstens ein Donut und ein paar Pommes verbrannt hatte. Plato war äußerst liebenswürdig zu mir und wir plauderten über Belanglosigkeiten wie unsere Schulzeit, während er mich hin und wieder auf Details hinwies, die ich noch nicht von New York kannte. Als wir durch die Canal Street kamen, probierten wir alberne Hüte auf und setzten uns riesige Sonnenbrillen auf. Zwei Paar hat er dann davon gekauft.

Ich mochte ihn gern beobachten, weil er mich zum Lachen brachte. Während unseres Streifzugs durch die Stadt erzählte er mir weitere lustige Geschichten, die verrückteste handelte von einer Hochzeit in Pakistan. Man hatte eine Dragqueen, einen Transvestiten, als Unterhalter engagiert, der Plato aus dem Publikum herausgepickt und über den ganzen Abend hinweg zum Objekt seines Spotts auserkoren hatte. Logischerweise war in diesen Kreisen kein Alkohol im Spiel, weswegen Plato Schwierigkeiten hatte, über die Sticheleien zu lachen. Außerdem trug nicht gerade zu seinem

Wohlbefinden bei, dass er plötzlich Durchfall bekam. Da die nächste Toilette meilenweit entfernt zu sein schien, wollte er sich mit zusammengepresstem Hintern einen Weg durch die Menge bahnen, was leider nicht der Aufmerksamkeit der Dragqueen entging, die daraufhin der gesamten Menge von über hundert Gästen befahl, Plato zu folgen. Mit blankem Entsetzen suchte er die Toilette auf und stellte nicht minder gedemütigt eine halbe Stunde später fest, dass die gesamte Gästeschar vor der Tür auf ihn gewartet hatte. Sie jubelten und lachten, als er wieder auftauchte.

Der arme Junge, er tat mir wirklich sehr leid. Aber als er so vor mir stand, wurde mir klar, dass diese Begebenheit nicht verwunderlich war. Er ist ein hochgewachsener, schlaksiger Mann, der sich nicht ganz wohl in seiner Haut zu fühlen schien. Wenn in seiner Nähe ein Festumzug die Straße entlangmarschieren würde, dann kann man sicher davon ausgehen, dass Plato über kurz oder lang hineingeraten und mitgerissen werden würde, bis ihn die Menge irgendwo wieder ausspuckt, ohne Brieftasche, ohne Handy und ohne die geringste Ahnung, wo er sich gerade befindet.

Die Stimmung zwischen uns war locker und entspannt, aber gegen fünf Uhr nachmittags war ich so erschöpft, dass ich nur noch zurück ins Hotel wollte. Auf dem Weg dorthin kaufte ich mir ein extrastarkes Mittel gegen die Schmerzen, die sich in meinem Verdauungstrakt breitmachten – die Rache für mein Weißmehlfrühstück –, und als ich auf meinem Zimmer ankam, gaben die Beine unter mir nach, und ich ließ mich ausgestreckt auf mein Bett fallen. Dort blieb ich regungslos dem Tiefschlaf verfallen, bis mich Plato gegen sieben mit seinem Anruf weckte.

Ich war putzmunter und fühlte mich dank unseres ausgiebigen Spaziergangs überraschenderweise nicht aufgebläht. Dann ließ ich mir schnurstracks ein Schaumbad ein und trällerte Evergreens der Filmmusik vor mich hin, während ich mir die Beine rasierte und mein Haar wusch. Ich war unglaublich aufgeregt. Mein erster großer Abend in New York, darauf hatte ich mich die ganze Woche gefreut.

Ich kleidete mich in mein spektakulärstes Outfit, schlüpfte in hochhackige Schuhe und behängte mich mit Schmuck. Ich war bereit für die Party!

»Dawn, du siehst absolut hinreißend aus«, sagte Plato, als ich aus dem Fahrstuhl trat. Ich vollführte eine kleine Pirouette für ihn, woraufhin auch der Portier meinte, dass ich sehr hübsch aussähe.

Nach einem erstklassigen Abendessen in Greenwich Village gingen wir in eine coole Kellerbar. (Ich muss mich dafür entschuldigen, dass ich keinen der Namen behalten habe, aber es waren so viele Eindrücke auf einmal zu verarbeiten). Nun war der Zeitpunkt für das Gespräch gekommen, das seit unserer Ankunft in New York unausgesprochen zwischen uns geschwelt hatte. Das große »Wir werden es nicht tun!«

Ich nahm an dem einzigen Tisch Platz, der noch frei war, während Plato an die Bar ging, um uns Getränke zu holen. Ich war zwar nicht nervös, aber mir war noch nicht klar, wie ich das Thema aufbringen sollte. Als er zurückkam, legte ich einfach los.

»Ich amüsiere mich prächtig.«

»Das geht mir genauso, Dawn, du bist eine tolle Begleitung.«

»Und ich hätte mir keinen besseren Freund wünschen können, um diesen Trip zu machen.«

»Ich mir auch nicht.«

»Vielen Dank übrigens, dass du mir ein eigenes Zimmer gebucht hast. Das war sehr lieb von dir.«

»Kein Problem. Ich wollte nicht, dass du denkst, ich hätte dich nur hierher geschleppt, um mit dir ins Bett zu gehen. So bin ich nicht.«

»Ich weiß, und das gefällt mir sehr gut an dir. Aber hör mal, ich muss das jetzt einfach loswerden. Die Zeit mit dir ist wirklich superstark gewesen und ich bin sehr glücklich, aber ich denke, dass es so zwischen uns bleiben sollte. Ich bete dich an, aber wenn ich mit dir schliefe, dann wäre es nur, weil ich mich dazu verpflichtet fühlte, verstehst du? Du hast mich mit nach New York genommen und ich möchte jetzt nicht unsere Freundschaft vermasseln, indem ich mit dir schlafe.«

»Dawn, ich finde dich sehr, sehr begehrenswert, und wenn etwas zwischen uns passierte, dann wäre ich der Letzte, der diese Chance nicht wahrnehmen würde. Aber ich werde dich nicht drängen und ich erwarte es nicht von dir. Wenn wir Freunde bleiben, dann bin ich mehr als zufrieden damit. Lass uns einfach nur Spaß haben.«

Auftrag erledigt, so einfach ging es. Er war wirklich so freundlich und liebenswürdig, wie ich es mir gedacht hatte. Schließlich hätte er alles Recht der Welt gehabt zu sagen: »Nun, warum, zur Hölle, fährst du mit einem Mann, den du über das Internet kennengelernt hast, bis nach New York, wenn du bei eurem ersten Date mit ihm geknutscht hast und jetzt aber nicht mit ihm ins Bett gehen willst?« Aber nein, das hat er nicht gesagt, und ich kenne eine ganze Menge Typen, die es getan hätten. Also drückte ich ihm einen dicken Kuss auf die Wange und stieß mit ihm auf den gelungenen Kurztrip an.

Als wir wieder auf der Straße waren, kamen wir an einem Café vorbei, in dem Leute sangen. Ich bestand darauf, hineinzugehen. Wie sich herausstellte, wurde hier Karaoke gespielt, und das erfüllte mich mit Begeisterung. Wenige Sekunden später hielt ich das Mikrofon in der Hand und sang alle meine Lieblingssongs für Plato. Einigen Gästen gefiel meine Stimme so gut, dass sie mich um bestimmte Titel baten. Wenn ich nicht sang, saß ich auf Platos Schoß und trank

Jack Daniels mit Cola light und Tequila. Ich fühlte mich wie im siebten Himmel, bis die Bar schließlich schloss, was ich sehr schade fand, denn ich wäre am liebsten die ganze Nacht dort geblieben. Plato versprach mir, dass wir am nächsten Abend wiederkommen würden, doch keiner von uns war so schlau, sich die Adresse zu merken.

Als wir wieder im Hotel waren, drückte ich ihn fest an mich und gab ihm einen dicken Gute-Nacht-Kuss auf die Wange. Ich fühlte mich ihm gegenüber viel befreiter als an all den Abenden zuvor. Doch mich plagten leichte Schuldgefühle, weil es erst halb zwei war und ich schon nicht mehr konnte. Nichtsdestotrotz wünschte ich ihm eine gute Nacht und ging, mit meinen Schuhen in der Hand, trällernd und lächelnd wie eine Verrückte auf mein Zimmer.

Kurz bevor ich einschlief, rief ich ihn an, um mich noch einmal für den Abend zu bedanken, aber es ging niemand ans Telefon. Er war noch einmal ausgegangen. Ich war fassungslos. Als erster Gedanke schoss mir durch den Kopf, dass er sich dort draußen den Sex suchte, den er von mir nicht bekam. Ich war einigermaßen durcheinander und schlief mit einem Gefühl der leichten Verwirrung ein.

Ich erwachte um acht Uhr und erinnerte mich an einen schrecklichen Traum, in dem mich Plato übel beschimpft hatte, weil ich nicht mit ihm schlafen wollte. Mir ging es so schlecht, dass ich ihn sofort anrief, um seine Stimme zu hören. Er hörte sich ein wenig erschöpft an, war aber so liebenswürdig wie immer, als er mir erzählte, dass er noch auf ein paar Drinks ausgegangen und gegen drei Uhr morgens stockbesoffen zurückgekommen war. Wir beschlossen, noch ein paar Stündchen zu schlafen und uns um elf zu treffen.

Wir erlebten den lustigsten Tag unserer gesamten Reise, da wir keinen Kater hatten, sondern immer noch völlig besoffen waren. Statt der üblichen Bagels und Donuts gingen wir zum Frühstücken in ein kleines Café gegenüber, wo wir

Porridge und Gemüsesaft als gesunde Alternative zu uns nahmen. Ich trug meine riesige Sonnenbrille und mein Haar war aufgebauschter als sonst. Plato sah völlig fertig aus und seine Brille hing ihm schief auf der Nase. In diesem Zustand kicherten wir ununterbrochen vor uns hin. Jedes Wort, das uns über die Lippen kam, war totaler Müll. Wir foppten uns unentwegt, rissen derbe Scherze auf Kosten des anderen und kommentierten uns gegenseitig, alles jedoch mit einem heiteren Unterton. Nun waren wir endgültig beste Freunde geworden. Mir war eine riesengroße Last von den Schultern gefallen, weil ich nun ohne Einschränkung freundlich zu ihm sein konnte und nicht befürchten musste, dass er einen falschen Eindruck bekam. Ich war immer noch so betrunken, dass ich ihn kaum richtig erkennen konnte – und er mich auch nicht, da ihm ständig seine Brille von der Nase fiel. Er muss sie über Nacht aufbehalten haben.

Wir hätten das wirklich nicht tun sollen, aber wir entschlossen uns, shoppen zu gehen. Es gibt nichts Schlimmeres, als in einem solchen Zustand unter Leute zu gehen, aber wir haben uns trotzdem der Herausforderung gestellt und sind an der 34. Straße in verschiedene Geschäfte gegangen. Ich habe mir ein paar hübsche Teile ausgesucht, aber der Gedanke, sie anzuprobieren, ließ meinen Magen revoltieren, also habe ich sie sofort wieder zurückgehängt. Ich glaube, wir standen gerade vor H&M, als er es sagte. Ein einfacher Satz, der so umwerfend komisch war, dass ich mir fast in die Hose gemacht hätte.

»Sag mal, äh, Dawn, stehst du eigentlich auf GAP?«

Die Tatsache, dass man dies auch mit »Abgrund« übersetzen könnte, auf dem man bekanntermaßen kaum stehen dürfte, brachte mich so stark zum Lachen, dass meine Beine fast unter mir nachgaben und ich mir zwischen die Schenkel fassen musste, um mir nicht auf offener Straße in die Hose zu pinkeln. Ich ließ mich gegen eine Hauswand fallen und verfiel in röhrendes Gelächter, das meinen ganzen Körper erschütterte. Ich hatte keine Kontrolle mehr über mich. Meine Augen tränten und ich war nicht mehr länger bei mir. Mein Lachanfall war so laut, dass sogar die Leute stehen blieben und uns anstarrten. Weder Plato noch ich wussten genau, was es gewesen ist, das diese Reaktion in mir zutage förderte, und als ihn die Leute fragten, was denn so komisch sei, antwortete er einer Frau: »Sie ist einfach nur betrunken!«

Was nicht gerade hilfreich für meinen Zustand war.

Es hat bestimmt zwanzig Minuten gedauert, bis ich wieder vernünftig laufen konnte. Wir gingen zu Macy's, wo ich gelegentlich stehen blieb und wieder in so starkes Gelächter ausbrach, dass ich mir erneut zwischen die Beine fassen musste, um nicht in die Hose zu machen. Ich muss das Bild einer völlig durchgeknallten Frau abgegeben haben, insbesondere da Plato keine Miene verzog. Er hatte sich rasch auf meine Stimmung eingestellt und ging neben mir, als verhielte ich mich völlig normal.

Das Gedränge bei Macy's sorgte schließlich dafür, dass ich mich zusammenriss. Es war so viel los in dem Kaufhaus, dass wir es allmählich mit der Angst zu tun bekamen. Entschlossen, einmal die Runde zu machen, damit ich später behaupten konnte, dort gewesen zu sein, hielten wir einander fest am Arm, als wir uns von Etage zu Etage kämpften. Nach einer halben Stunde hatte ich die Nase voll und wollte nur noch gehen. Wir waren gerade im Erdgeschoss angelangt, als ich aus dem Augenwinkel eine Halskette entdeckte, die so schön war, dass ich sprachlos davor stehen blieb. Sie bestand aus mehreren Strängen polierter Holzperlen, die wie ein Geschmeide das gesamte Dekolleté bedeckten. Ich blieb benommen davor stehen und starrte das gute Stück an, bis ich mich schließlich abwandte, denn das gute Stück sollte um die 200 Dollar kosten, was ich mir nicht leisten konnte.

Wir sehnten uns nach einem Mittagessen, das wir in Form einer riesigen Portion Salat zu uns nahmen, und gingen anschließend in einen hübschen Coffee-Shop, wo wir ins Leere starrten und uns anschwiegen.

»Ich denke, dass wir uns allmählich auf den Weg ins Hotel machen sollten, um noch etwas Schlaf zu bekommen«, sagte ich schließlich. »Sonst werden wir den heutigen Abend nicht überstehen.«

Plato war einverstanden und so kehrten wir zu unserer Herberge zurück. Doch ich hatte die Rechnung ohne die Wirkung von zwei starken Kaffees gemacht, die sich gerade deutlich zeigte, und so entschloss ich mich, die nächsten Stunden allein draußen zu verbringen.

»Geh ruhig zurück, ich werde die ganze Zeit in Boutiquen unterwegs sein, das ist sowieso nichts für dich«, erklärte ich Plato.

Und so trennten sich unsere Wege. Ich hatte keineswegs die Absicht, zu shoppen, sondern erinnerte mich, ein kleines Nagelstudio in der Nähe des Hotels gesehen zu haben, das auch Enthaarung mit Heißwachs, das sogenannte Waxing anbot. Mir war nach etwas Verwöhnungsprogramm und so betrat ich das Studio und bat um ein Bikini-Waxing, woraufhin mich eine Kosmetikerin lateinamerikanischer Herkunft in Empfang nahm. Da sie kein Wort Englisch sprach, erklärte ich dem Mann hinter dem Tresen, dass ich Brasilian-Waxing wollte, und er gab meinen Wunsch weiter.

Die Kosmetikerin führte mich in den hinteren Raum des Salons zu einer Liege, die auf einer Art Podest stand. Sie zog einen Vorhang zu, von dem ich sicher war, dass man hindurchsehen konnte, und ich zog meine Jeans und meinen Slip aus. Eigentlich war es eine dämliche Idee, sich einer Enthaarung der Schamgegend zu unterziehen, wenn man ständig so geil war wie ich während meines gesamten Aufenthalts in New York. Allein während der letzten drei Tage hat ein einfaches Übereinanderschlagen der Beine gereicht, um mich an den Rand eines Orgasmus zu bringen, wie sollte es dann erst werden, wenn ich zwischen den Beinen berührt wurde? Ich weiß schon, diese Lady würde mir das Schamhaar brutal ausreißen, und das ist bestimmt nicht erotisch, aber was sie danach mit mir angestellt hat, ließ mich wild werden.

Nach jedem Waxing-Vorgang blies sie sanft über meine Haut. Dabei hauchte sie nicht einfach über meinen Schamhügel, nein, sie starrte mir dabei auch noch unverwandt in die Augen. Der Herr sei mein Zeuge, ich sage wirklich die Wahrheit. Sie blickte mich immerfort an und blies dabei über meine Spalte. Da wir nicht dieselbe Sprache beherrschten, sprachen wir kein Wort miteinander. Durch den Vorhang sah ich den Typen, von dem ich vermutete, dass er ihr Ehemann war. Teilten wir etwa gerade einen intimen Moment oder dachte ich mir das nur aus? Ich wusste nicht, wie ich mich verhalten sollte. Meine Beine fingen an zu zucken und ich war versucht, meine Augen abzuwenden, aber es gelang mir nicht. Sie arbeitete bedächtig und mit großer Sorgfalt, damit ich den glattesten Venushügel aller Zeiten bekam, hauchte über meine Scham, bis sie glänzte.

Schließlich war die Prozedur beendet. Ich hatte den »Landestreifen« bekommen, nach dem ich verlangte, und war zudem äußerst erregt. Sie gab etwas Lotion auf einen Wattebausch und betupfte damit die enthaarten Stellen, um die Haut zu beruhigen. Das fühlte sich sehr gut an. Aber noch besser hätte es sich angefühlt, wenn sie damit die Stellen behandelt hätte, die nicht enthaart wurden. Das freche Luder wusste schließlich genau, was sie mir antat. Dann betrat eine weitere Kundin den Salon, woraufhin ihr Ehemann ihr etwas zurief, das ich nicht verstand, und sie sich beeilte, meine Behandlung zu beenden, indem sie kurz in die Hände klatschte.

Ich wollte noch nicht gehen, hätte aber für nichts garantieren können, wenn ich geblieben wäre. Auf die Schnelle fiel mir nur ein, sie um eine Maniküre zu bitten und abzuwarten, ob sich daraus etwas entwickelte. Während sie meine Nägel behandelte, saß sie allerdings neben ihrem Mann, und wir blieben stumm. Sie hat mich kein einziges Mal angesehen. Eine halbe Stunde später rannte ich förmlich zurück ins Hotel, damit ich das meiste aus der Erinnerung herausholen konnte, solange sie noch frisch war. Als ich jedoch auf meinem Zimmer ankam, konnte ich mich nicht gleich genüsslich auf das Bett werfen, weil jemand dort eine Schachtel platziert hatte. Auf der beiliegenden Karte stand: Für Dawn, von ihrem Freund.

War es ein Geschenk vom Gentleman? Hatte er meine Nachricht erhalten und mir eine Botschaft hinterlassen, wie ich ihn am besten erreichen konnte? Gespannt öffnete ich die Schachtel. Mittlerweile bedauerte ich es, ihm eine SMS geschrieben zu haben. Mir gefiel der Gedanke überhaupt nicht, ihm erklären zu müssen, dass wir uns nun doch nicht sehen könnten.

Aber das Päckchen war nicht von Gentleman, sondern von Plato, und es handelte sich dabei tatsächlich um die Halskette aus Holzperlen, die ich bei Macy's gesehen hatte. Ich war so glücklich, dass ich in Tränen ausbrach. Seine Aufmerksamkeit, die Mühe, die er sich gab, und die Überraschung waren einfach überwältigend. Ich legte die Halskette an und wählte die Nummer seines Zimmers, um mich zu bedanken. Plato meinte, ich hätte das Geschenk verdient, und so trug ich es stolz noch am selben Abend. Wir hatten uns für ein Dinner in Angie's Steakhouse entschieden, wo mich die Leute am Nachbartisch prompt auf meine hübsche Kette ansprachen. Ich fühlte mich wie eine Königin.

»Sie steht dir ausgesprochen gut«, wiederholte Plato bei jeder Gelegenheit.

In dieser Nacht habe ich mich mindestens eine Million Mal bei ihm bedankt.

Nach dem entspannten Abendessen, ein paar Drinks auf einem der Bettsessel in Duvet Bar und einer exzellenten Vorstellung im Gotham Comedy Club hatten wir einen weiteren grandiosen Abend zusammen verbracht. Zurück im Hotel, nahmen wir auf einem Sofa in der Hotelhalle Platz, umarmten uns wie verrückt und wünschten uns anschließend eine gute Nacht. Ich war sehr traurig, dass unser letzter Abend in New York vorbei war. Zwar sind wir beide geduldige Menschen, aber wir hatten trotzdem ein großes Risiko auf uns genommen, als wir gemeinsam verreisten. Es hätte in einem großen Fiasko enden können, stattdessen verlief der Trip perfekt.

Am Sonntag nahmen wir ein kleines Mittagessen ein und waren danach bereit für die Abreise. Als wir im Taxi auf dem Weg zum Flughafen saßen, wusste ich, dass ich New York wie verrückt vermissen würde, und meine Gedanken rasten, wann es mir wohl gelingen würde, zurückzukehren. Ich wusste, dass ich dies gern schon bald täte.

Was mein Date mit Plato angeht, muss ich wohl nicht mehr viel erklären. Ich habe mich nicht in ihn, sondern in diese unglaubliche Metropole verliebt und einen Freund fürs Leben gefunden. Wenigstens hoffe ich, dass es so ist. Was ich ihm nämlich während unserer gesamten Reise vorenthalten habe, ist, dass ich einen Vertrag für die Veröffentlichung meiner Tagebücher bekommen habe und er ganz groß darin vorkommen wird. Daher habe ich nicht vor unserem nächsten Treffen erfahren können, wie seine Reaktion darauf ausfiel …

MITTWOCH, 13. APRIL

Big Bumbino
Hungrig wie ein Rhinozeros!

Anzeige C

11. 04. 2005, 16:44 Uhr
Von: Big Bumbino
An: Dawn
Betreff: Italiener gefällig?

Hallo du,
was für eine nette und faszinierende Anzeige. Du hörst dich natürlich an – und sexy, obwohl du wenig von dir preisgibst. Wenn man also groß gewachsen, gut trainiert, gebildet und weltmännisch mit Stil ist und ein sexy Italiener mit dem entsprechenden Aussehen – ich spreche natürlich von mir –, dann fällt es schwer, nicht zu antworten!
Was ich sonst noch über mich sagen kann: Ich bin geistig gesund, aufrichtig und suche keine Liebesromanze, stattdessen liebe ich die Gesellschaft von Frauen und sie die meinige, wie es mir scheint. Ich bin für jeden Spaß zu haben, lasse aber nichts auf eine intensive, sexuelle Begegnung kommen, sogar (oder gerade deshalb) zwischen Fremden.
Ich bin 46 Jahre alt, recht groß (1,87) und ein ziemlich gut aussehender Typ, würde ich mal sagen.
Interessiert? Willst du mehr wissen? Das hoffe ich und würde mich über eine Antwort von dir sehr freuen, noch mehr über ein Foto.
Ciao Bella, x.

12. 04. 2005, 18:51 Uhr
Von: Dawn
An: Big Bumbino
Betreff: Italiener gefällig?

Nun, das hört sich doch alles sehr reizvoll an ...
Ich bin groß, elegant und weltklug (jedenfalls denke ich das von mir, meine Freunde mögen vielleicht widersprechen!). Ich schätze gute Weine, delikate Speisen, ausgezeichnete Gesellschaft und Gespräche über Themen, die mir neu sind.
Ich bin 26, für mein Alter recht reif. Außerdem lache ich für mein Leben gern und bin offen und gesprächsfreudig.
Ich schreibe gern, weil mir das viel gibt.
Der Altersunterschied zwischen uns ist zwar recht groß, aber das macht mir nichts aus, wenn es dich ebenfalls nicht stört.
Anbei findest du ein Foto von mir, ich hoffe, dass es dir gefällt.
Gegen ein gemeinsames Abendessen habe ich nichts einzuwenden ... an welches Restaurant hattest du gedacht?
Freu mich, wieder von dir zu hören.
D, x.

12. 04. 2005, 19:35 Uhr
Von: Big Bumbino
An: Dawn
Betreff: Italiener gefällig?

Hallo D,
stimmt, das hört sich in der Tat alles sehr reizvoll an – für mich auf jeden Fall. Freut mich zu lesen, dass wir auf einer Wellenlänge liegen.
Es stimmt, dass ich wohl nicht an dem interessiert bin,

was man gemeinhin als den traditionellen, altmodischen Weg des Ausgehens bezeichnet, weil ich das todlangweilig finde. Andererseits habe ich keine spezielle Vorgehensweise oder vorgefassten Plan. Ich möchte mich einfach gern mit einer interessanten, aufgeschlossenen Frau treffen und sehen, wohin uns das führt. Mir reicht zu wissen, dass du so denkst wie ich und der Möglichkeit nicht abgeneigt bist … keine Verpflichtung, kein Druck; entweder es passiert ganz spontan oder nicht, alles andere würde nicht zu uns passen. Wie du schon sagst, ist da der Altersunterschied zwischen uns, aber ich glaube nicht, dass uns das stören sollte, im Gegenteil, vielleicht erweist er sich als Vorteil. Und noch mal zum Thema Ausgehen: Kann sein, dass du anders denkst als ich, aber um eine zwanglose Beziehung aufzubauen, insbesondere eine, die sich über eine gewisse Zeit hinweg entwickelt, sollte es auch so gehen … denke ich jedenfalls.
So … uff, nach diesem ganzen Vorgeplänkel denkst du wahrscheinlich, »was für ein komplizierter Typ!« Nein, eigentlich bin ich das nicht! Ich möchte nur dafür sorgen, dass du mich verstehst und du dich ungezwungen fühlst. Obwohl du dich bereits recht selbstbewusst und lässig anhörst. Charakterzüge übrigens, von denen ich glaube, dass ich sie auch besitze.
Ich kann kaum glauben, dass meine E-Mail erst so lang werden musste, bis ich endlich dazu komme, dir Folgendes zu sagen: Ich finde dein Foto toll! Du bist bezaubernd. Ich wäre entzückt, dich bald zu treffen … lass uns also schleunigst essen gehen. Morgen Abend würde mir gut passen. In welchem Teil Londons lebst du?
Freue mich, wieder von dir zu hören, a presto.

12. 04. 2005, 19:42 Uhr
Von: Dawn
An: Big Bumbino
Betreff: Italiener gefällig?

Mein lieber Schwan, was für ein Roman.
Du hörst dich supernett an, ich fühle mich sicher genug, um dich für ein Dinner zu treffen. Mal schauen, ob wir uns dann wiedersehen wollen. Ich wohne um die Ecke der Edgware Road.
Wie aufregend x.

12. 04. 2005, 19:53 Uhr
Von: Big Bumbino
An: Dawn
Betreff: Italiener gefällig?

... ja, total spannend ... domani per certo! Muss dir das wahrscheinlich nicht mit »bis morgen, ganz sicher« übersetzen, möchte es aber nicht riskieren, dich nach diesem Mailwechsel doch nicht zu treffen. Immerhin bin ich schon das Risiko eingegangen und habe dir meine schlechteste Eigenschaft verraten (die Neigung, lange E-Mails zu schreiben), aber egal, wenn du erst einmal herausgefunden hast, dass das wirklich das Schlimmste an mir ist (ich habe mein Dasein als Serienmörder bereits vor Jahren aufgegeben), dann wirst du es hoffentlich nicht so tragisch finden.
Okay – Bridge House an der Westbourne Terrace Road, Nummer 13. Wie wäre es mit einem frühen Treffen? Halb acht oder acht? Später wird es dort immer ziemlich voll ...
Freue mich sehr auf morgen – und auf das Danach natürlich ...

12. 04. 2005, 23:10 Uhr
Von: Dawn
An: Big Bumbino
Betreff: Italiener gefällig?

Großartig, dann treffen wir uns dort ... halb acht.

xx.

Das Date

Nach einem herrlichen Spaziergang den Kanal entlang kam ich früh am Restaurant an. Ich freute mich sehr darauf, diesen Mann kennenzulernen, der mir von seinen E-Mails her sehr wortgewandt schien. Selbstbewusst, offen und charismatisch. Obwohl er mit seinen sechsundvierzig Jahren eigentlich etwas zu alt für mich war, gefiel mir die Idee, ihn als Lover zu haben. Insbesondere deshalb, weil ich schon einmal mit einem Italiener geschlafen hatte und sie genau wissen, wohin sie ihre Salami zu stecken haben, wenn ihr wisst, was ich meine ...

Ich stellte mich auf eine Bank, um über die Mauer hinweg auf den Kanal sehen zu können, während ich auf ihn wartete. Ein wunderschöner Anblick.

Ich wusste, dass nur er es sein konnte, kaum dass ich sah, wie er über die Brücke auf mich zustapfte. Während mich seine Fotos wenig beeindruckt hatten, war sein Anblick jetzt eine echte Überraschung. Die dunklen italienischen Locken, die mir recht gut gefallen hatten, waren nun grau und ein wenig verfilzt – entweder hatte ich es hier mit einem Exemplar von Mann zu tun, der sich dringend wieder um sein Aussehen kümmern sollte, oder er hat mir ein paar sehr alte Aufnahmen geschickt.

Sein Gang ähnelte einem hungrigen Kleinkind, da sein

Hals vorgereckt war und die Beine erst hinterherkommen mussten, als stürzte er sich auf das letzte Stück eines Geburtstagskuchens. Seine Füße konnten sich gar nicht schnell genug bewegen, um dem Wunschdenken seines Bauchs nachzukommen. Als er mich auf der Bank entdeckte, setzte er seinen Kickstarter in Gang und wollte förmlich auf mich zurasen, was in einem Stolpern und einer Nahtod-Erfahrung gipfelte, als er mit einem Kinderwagen zusammenstieß. Wenn ich zu diesem Zeitpunkt bereits gewusst hätte, was ich jetzt weiß, dann hätte ich vermutet, dass er versuchte, in den Kinderwagen zu hüpfen.

»Ich wollte eigentlich vor dir hier sein, um uns einen schönen Tisch auszusuchen«, sagte er, während er mich zur Begrüßung zart auf beide Wangen küsste. Seine Stimme war sehr sanft und ruhig, mit einem britischen Akzent, den ich nicht näher bestimmen konnte. Ich antwortete, dass er sich deswegen keine Gedanken zu machen bräuchte, und wir betraten das Lokal.

Es überraschte mich wirklich, dass er sein gutes Aussehen betont hatte, denn das besaß er nicht. Ich meine, das ist doch eine recht gewagte Behauptung. »Recht attraktiv«, »Es hat sich nie jemand beschwert« oder »Ich bin zufrieden«, wären durchaus passendere Äußerungen, um jemandem mitzuteilen, dass man nicht gerade wie eine Forelle aussieht, die ihr Maul in einen Turbopropeller gehalten hat. Aber zu sagen, dass man gut aussieht, ist zu gewagt, wie eine Frau, die von sich behauptet, schön zu sein. Erwartungen, die daraufhin geschürt werden, sind leicht zu enttäuschen.

Wir nahmen an einem Ecktisch Platz. Als er sein Jackett ablegte, kam darunter ein orangefarbenes Hemd zum Vorschein, dessen obere drei Knöpfe geöffnet waren und ein paar kärgliche Büschel graues Haar freilegten. Ich fühlte mich von dem Anblick zwar nicht belästigt, aber ich hätte nichts dagegen gehabt, wenn er einen weiteren Knopf geschlossen hätte, weil ich so immer darauf starren musste. Und das ruft häufig einen falschen Eindruck bei den Leuten hervor.

Als er die Weinkarte zur Hand nahm, war ich sehr auf seine Wahl gespannt, denn ich lerne gerne etwas über die einzelnen Sorten hinzu, und er hatte sich in seinen Mails angehört, als besäße er eine gewisse Sachkenntnis. Doch er starrte lediglich drei Minuten lang auf die Karte, ließ sie dann zuschnappen und bestellte den Rotwein des Hauses. Dann wackelte er mit dem Kopf, lächelte und gestand mir, dass er nichts von Weinen verstünde. Na gut, dann eben nicht …

Aber ich musste ihm darin recht geben, dass man sich gut mit ihm unterhalten konnte. Er war gebildet, kultiviert und sprach leidenschaftlich von seiner Tätigkeit als Galerist, die ihn an viele Orte der Welt geführt hatte. Er liebte seine Arbeit, das ging nicht nur deutlich aus seinen Erzählungen hervor, sondern auch aus der Art, wie seine Augen glänzten, wenn er darüber sprach.

Der Wein wurde serviert, und da wir uns mehr in einer Kneipe als in einem Restaurant befanden, gab man uns nicht die Gelegenheit, ihn vorher zu probieren. Mein Gegenüber schenkte uns zwei Gläser ein. Zwar besaß der Wein keine Topqualität, war aber trinkbar, wie ich fand. Er sah das anders und hatte vielleicht recht. Es war einfach noch nicht lange genug her, dass ich als mittellose Studentin der Theaterwissenschaften nichts Besseres als Essig zum Dinner getrunken habe, daher bin ich bei Hausweinen meist nachsichtig. Er brachte die Flasche zurück an die Bar und in diesem Moment sah ich es. Ein Anblick, der mir mysteriöserweise entgangen war, als wir uns draußen getroffen hatten. Ein Anblick, der so unerträglich war, dass ich rasch noch ein paar Schlucke von dem Wein trank, bevor mir das Glas entrissen wurde. Mein Verehrer hatte den größten, fettesten und absolut enttäuschendsten Hintern, den man sich vorstellen kann. Einfach riesig. Seine Schultern waren schmal, seine Hüften ausladend, aber sein Hintern glich der Titanic. Er sah aus wie Humpty Dumpty aus dem englischen Kinderreim. Kein Wunder, dass er mir nur Porträtfotos von sich geschickt hatte. Um diesen Hintern auf ein Foto zu bekommen, hätte er sich meilenweit von der Linse entfernen müssen. Er war so enorm, dass ich meinen Blick einfach nicht abwenden konnte. Peinlich wurde es, als er sich umwandte und mich dabei erwischte, wie ich ihn anstarrte. Ich wollte nicht, dass er sich meinetwegen unbehaglich fühlte. Mit einem ungelenken Schwung seiner Hüfte drehte er sich zur Bar um und stemmte sich eine Hand in die Seite. Als ich meinen Blick zu seinem Gesicht hob, entdeckte ich statt seiner verlegen geröteten Wangen ein freches Grinsen. Nun bin ich zwar keine Expertin in Sachen Körpersprache, aber ich hatte den untrüglichen Eindruck, dass er nicht seinen Hintern vor mir verbergen wollte, sondern mir seinen Genitalbereich präsentierte.

Das hatte ich wohl herausgefordert …

Er kehrte mit einer neuen Flasche Rotwein an unseren Tisch zurück und schenkte uns ein. Wir prosteten uns erneut zu und tranken einen Schluck, aber bevor ich überhaupt die Chance hatte, den Geschmack des Weines zu testen, nahm er mir das Glas aus der Hand und ging wieder an die Bar. Dort nahm er dieselbe Haltung ein und präsentierte sich mir mit vorgeschobenem Unterkörper.

Die leicht verwirrte Barkellnerin holte ihm eine weitere Flasche, deren Inhalt er probierte, bevor er sich zu mir umwandte, jetzt mit einem verlegenen Lächeln, da er offensichtlich nicht wusste, was er tun sollte. Schließlich sagte er, dass auch dieser Wein nach Korken schmeckte, und verlangte eine andere Sorte. Endlich bekam ich den Schluck Wein, nach dem ich mich verzehrte. Wie sich herausstellte, war die erste Sorte keineswegs verkorkt, sondern sie hatte ihm lediglich nicht geschmeckt.

Wir begannen ein Gespräch über New York, wo er schon einige Zeit als Twen gelebt hatte. Er benutzte Worte wie »magisch« und »atemberaubend«, die gut zu seiner Stimme passten. Er sprach langsam und schien über jedes Wort nachzudenken. Wie jemand, der seinen Blick auf einen unbestimmten Punkt am Horizont richtet und die Augen zukneift, weil er sich eines Details zu erinnern versucht. Dabei machte er keinen gestressten Eindruck, weil ihm etwas wirklich Wichtiges entfallen war, sondern es wirkte mehr, als hielte er schnuppernd die Nase in die Luft, um nach Worten zu schnuppern, die seinen Sätzen die richtige Bedeutung verliehen. Sobald er fündig wurde, senkte er den Kopf, schaute mir kurz in die Augen und richtete seinen Blick dann wieder ins Ungewisse.

Von seiner ersten Geschichte war ich etwas schockiert. Er erzählte, dass er an seinem ersten Abend in New York, als er gerade angekommen war, in einer Bar saß und eine Frau auf ihn zugekommen war. Sie sagte: »Ich habe Sie hier allein sitzen sehen und mir gedacht, dass wir das Wochenende gemeinsam verbringen könnten.«

Und das taten sie. Er hat drei Tage mit ihr verbracht, ging mit ihr in Bars, Ausstellungen … und ins Bett. Danach hat er sie nie wiedergesehen. Es ist offensichtlich, woher seine Vorliebe für zufällige Begegnungen mit Fremden herrührt; und er hat ohne Umschweife zugegeben, dass er auch ohne seine Online-Bekanntschaften schon »ziemlich viel« Spaß hatte.

Er war ein netter Mann, gebildet und gesprächsfreudig, aber trotzdem langweilig. Seine Stimme war so sanft, dass ich ihn häufig kaum verstand, und er brachte mich kein einziges Mal zum Lachen. Zwar erzählte er mir unterhaltsame Geschichten wie von der Dame in New York oder von einer

Freundin, die drei Monate lang dachte, dass der Name ihres Freundes Tom statt Tim lautete, bis dieser sich endlich traute, sie über ihren Irrtum aufzuklären. Er hatte sich jeglichen Winks mit dem Zaunpfahl bedient, seinen Ausweis offen herumliegen lassen, sogar seine Freunde gebeten, ihn laut mit Namen anzusprechen, doch sie hatte es einfach nicht kapiert. Das hätte mich eigentlich zum Brüllen bringen müssen, aber ich war vom Zuhören so erschöpft, dass ich nur noch ein Gesicht wie aus der »Ooo«-Serie zustande brachte, nachdem er geendet hatte.

Ich beobachtete ihn, während er sprach. Seine Gesichtszüge verrieten nicht, wie alt er wirklich war, denn seine Haut war so glatt wie bei einem Baby, und seine Wangen waren von einem rosigen Hauch überzogen. Doch seine schmalen grünen Augen lagen tief zwischen seinen vorgewölbten Brauen und den dunklen, geschwollenen Augenrändern. Seine Nase war schmal und gekrümmt, was ihm das Aussehen eines Märchenzauberers verlieh, und die Haut um seine dünnen Lippen war an einigen Stellen gerötet, vermutlich hatte er sich beim Rasieren geschnitten.

Ich würde nicht behaupten, dass er ein gepflegtes Äußeres besaß. Seine Kleidung war eher schlicht, er trug dünne Cordhosen, die ihm einen Tick zu kurz waren – was wahrscheinlich daran lag, dass sich der Stoff über seinem riesigen Hintern spannte –, und das orangefarbene Hemd war viel zu aggressiv im Vergleich zu der Persönlichkeit seines Trägers. Das passte irgendwie nicht zusammen. Wie ich bereits sagte, war sein Haar zu lang und leicht verfilzt, und seine Fingernägel hatte er abgeknabbert.

Er saß aufrecht auf seinem Stuhl, die Füße gerade auf dem Boden, und seine Hände lagen, zu Fäusten geballt, auf seinem Schoß. Gelegentlich hob er eine Hand, um sich die Augen zu reiben – eine beängstigend kindlich wirkende Geste, die mich an seine Art zu gehen erinnerte.

Mir wurde klar, dass seine gesamte Gestik ziemlich ungewöhnlich war. Seine Finger waren bis auf den Daumen und kleinen Finger zu Fäusten geballt, wenn er sich die Augen rieb wie ein Baby, nach dem es geweint hatte oder gerade aufgewacht war. Dann bemerkte ich, dass er sich hin und wieder auf seinem Stuhl wiegte, während er die Füße auf dem Fußboden hatte. Er bewegte seinen fetten Hintern vor und zurück, sodass ich befürchtete, der Stuhl würde unter ihm nachgeben.

Während ich mir bei der Auswahl meines Gerichts Zeit ließ, spürte ich unterschwellig, wie er ungeduldig wurde.

»Willst du nichts essen?«, fragte ich, da er nicht in die Speisekarte blickte.

»Doch«, antwortete er mit heftigem Kopfnicken. »Ich nehme eine Bratwurst mit Kartoffelpüree. Das ist mein Lieblingsgericht auf der Karte und ich habe alles davon probiert.«

O ja, sogar zweimal, wenn man ihn genau betrachtete!

»Ich mag Frauen«, erklärte er, als ich ihn nach seinen Online-Verabredungen fragte, »aber ich möchte keine Beziehung. Ich habe viele Freundinnen, die jünger sind als ich. Mit Männern komme ich hingegen nicht so gut aus.«

Das überraschte mich nicht. Er war sehr einfachen Gemüts. Kindlich, und seine überaus erfolgreiche Karriere passte einfach nicht zu seinem Charakter. Denn er war nicht draufgängerisch oder unverzagt, sondern wirkte so wenig energiegeladen, dass ich ihn am liebsten geschüttelt hätte. Ich fragte mich, ob diese jungen Freundinnen ihm gegenüber eine mütterliche Rolle einnahmen, denn er sagte so Sachen wie: »Meine Freundin Sally ist so nett und wäscht für mich. Sie holt die Wäsche jeden Freitag ab und bringt sie montags wieder zurück.« Oder: »Ich habe eine wunderbare Freundin namens Caroline, die mir gern am Kanal etwas vorliest. Das ist sehr entspannend.«

Loggt er sich etwa ins Internet ein, weil er eine Köchin, eine Putzfrau oder jemanden sucht, der ihm die Windeln wechselt? Dieser Gedanke löste in mir lebhafte Erinnerungen an eine Folge der Skandal-Show von Jerry Springer aus. Erwachsene, die sich wie Babys benehmen ... das ist heftig!

Im Verlauf des Abends stach dieser Charakterzug von ihm weiter heraus. So schnitt er sich beispielsweise seine Bratwurst erst in kleine Häppchen, bevor er sie verspeiste, was ich ziemlich irritierend fand. Der Typ war mordshungrig, aber er konnte nicht anfangen zu essen, bevor er nicht alles klein geschnitten hatte. Dann legte er sein Messer zur Seite und schaufelte mit der Gabel alles in sich hinein. Und zwar sehr schnell. Ich erwartete fast schon, dass er sich die Serviette vor den Latz wickeln würde, aber im Lauf der Jahre muss er wohl gelernt haben, darauf zu verzichten. Genau genommen hat er sich die Serviette noch nicht einmal auf den Schoß gelegt, aber das war auch nicht nötig, weil er sich so dicht über seinen Teller beugte, dass zwischen ihm und dem Tisch keine Lücke mehr war, durch die ein Bissen hätte fallen können.

Ich war froh, dass meine Portion recht klein war (zum ersten Mal in meinem Leben), weil ich sonst wahrscheinlich stundenlang allein mit Essen beschäftigt gewesen wäre.

Als wir unsere Mahlzeit beendet hatten, sagte ich ihm, dass ich kurz auf die Toilette verschwinden würde. Ich hatte mich wirklich beeilt, doch als ich an unseren Tisch zurückkehrte, saß er da und las ein Buch. Das fand ich sehr seltsam, als hielte er es nicht aus, wenn er nicht permanent unterhalten würde. Dabei war es so sinnlos, er dürfte gerade mal eine halbe Seite geschafft haben.

»Die Kellnerin hat uns entweder eine weitere Flasche Wein oder zwei Desserts auf Kosten des Hauses angeboten, weil wir so lange auf unser Essen warten mussten. Was möchtest du lieber haben?«, fragte er.

Ich entschied mich für den Wein, woraufhin sich seine Mundwinkel nach unten verzogen und er sehnsüchtig zum Nachbartisch hinüberstarrte, wo man gerade einer Portion Mousse au Chocolat den Garaus machte. Bevor er noch anfangen würde, in Tränen auszubrechen, fügte ich rasch hinzu: »Ach was, lass uns einfach noch etwas zu essen bestellen.« Seine Antwort war ein extrem breites Grinsen.

Wir bestellten Streuselkuchen mit Apfel und einen Käseteller, die wir teilten, während wir uns über unsere Lieblingsgerichte unterhielten. Das war ein Gesprächsthema, bei dem ich mich sehr wohl fühlte – schließlich könnte ich den ganzen Tag lang über Essen reden. Vor mir stand der Teller mit dem Kuchen, er hatte den Käse vor sich, doch irgendwie schien uns jeweils das Gericht des anderen mehr zu interessieren, also bediente ich mich von dem Käse. Zum Schluss tauschten wir und ich wollte den Streuselkuchen aufessen ... das hatte ich mir wenigstens so gedacht. Doch nachdem der Käse vertilgt war und mein Gegenüber bereits mehrfach die Bemerkung hatte fallen lassen, dass es nicht genug davon gegeben hatte, beugte er sich zu meiner Seite des Tisches herüber und begann wie ein Verrückter die letzten Krümel von dem Kuchenteller zu kratzen, obwohl diese sich kaum ablösen ließen. Er war wie besessen, völlig außer Kontrolle. Es waren wirklich nur noch ein paar Krümel übrig, aber friss oder stirb, er war fest entschlossen, sich ihrer zu bemächtigen.

Es war beängstigend. Nicht nur, weil ich ihn darum beneidete, dass es ihm gelungen war, die Reste tatsächlich vom Teller zu lösen, sondern auch, weil er ständig mit seinem Ellbogen über meinen Nippel rieb und darüber hinaus mir das Kratzen seiner Gabel Zahnschmerzen verursachte.

Ein paar Minuten später, als mir schon fast schlecht wurde, legte er endlich die Gabel beiseite und lehnte sich zurück. Gütiger, war ich erleichtert.

Ernüchtert wurde mir klar, dass ich nicht auf ihn stehe, also bestand keine Veranlassung mehr zu bleiben. Wir zogen uns die Jacken über und verließen das Restaurant.

Als wir auf der Straße standen, bot er mir an, mich nach Hause zu begleiten. Ich hatte mich eigentlich schon auf einen Spaziergang allein durch Little Venice gefreut, aber es war schon recht spät, sodass ich im Hinblick auf meine eigene Sicherheit das Richtige tat und seinen Vorschlag akzeptierte. Es gab einen Weg, der den Kanal entlangführte und den wir lieber nehmen wollten, als an der Straße entlangzugehen. Es war hübscher dort, friedlich, und auf allen Kähnen hatte man Blumenkübel befestigt. Er verfiel wieder in seinen seltsamen Stolpergang, der Kopf meilenweit vor seinem fetten Hintern unterwegs, und seine Arme hingen so gerade und unbeweglich von den Schultern herab, dass er mich stark an einen leicht unterentwickelten Primaten erinnerte.

Es dauerte nicht lange und wir gelangten an das Ende des Pfads, wo uns ein Torgitter den Weg zurück auf die Straße versperrte. Wir hätten natürlich einfach umdrehen können, aber ich fand unser Gespräch eher schleppend und wollte nur noch nach Hause. Also schlug ich vor, über das Torgitter zu springen.

Er versuchte es als Erster und stellte einen Fuß auf einen Stein am Boden, während er sich mit den Händen an zwei der scharfen Zinken festhielt, die am oberen Rand des Gitters befestigt waren. Wie er so versuchte, seinen fetten Hintern über den Zaun zu hieven, bot er einen furchterregenden Anblick. Ich beugte mich vor, um ihm zu helfen, zwar war ich ganz sicher nicht darauf aus, seinen Arsch zu berühren, aber ich dachte, ich könnte wenigstens seinen Rücken stützen oder so etwas in der Art. Doch als ich näher trat, wurde ich von einer toxischen Gasexplosion zurückgeworfen, die sich direkt aus seinem Dickdarm entlud. Und das stank! Das Geräusch war nicht gerade leise gewesen, aber er schien über jeden Kommentar erhaben zu sein und wirkte dabei nicht gerade so, als würde er das Geschehen vertuschen wollen, nein, es schien ihm einfach nicht das Geringste auszumachen. Ich war wie benommen. Kein Lufthauch regte sich und der Gestank wollte sich einfach nicht verziehen. Ich war gefangen in einer stinkenden Furzwolke, während der Dickwanst vor mir immer noch versuchte, den Zaun zu überwinden. Mir wurde kotzübel, denn je heftiger er sich bemühte, desto häufiger musste er furzen, was zwar nicht mehr so schlimm war wie beim ersten Mal, aber ausreichte, um mir weiterhin stinkende Gase ins Gesicht zu blasen, und ich war ziemlich sauer, dass er nicht damit aufhörte.

Schließlich gab er auf und ich nutzte die Gelegenheit, aus der Schusslinie zu fliehen. Mit einem Fuß stellte ich mich auf den Stein, schwang mein anderes Bein über den Zaun, zog mich mit den Armen hoch und sprang in einer einzigen, geschmeidigen Bewegung auf der anderen Seite herunter. Dann war er wieder an der Reihe. Diesmal war ich entspannter, weil ich auf der anderen Seite mehr Bewegungsfreiheit hatte. Doch ihm gelang es, meine Bewegungen nachzuahmen, und so landete er mit einem dicken Plumps neben mir, und wir konnten endlich unseren Weg fortsetzen.

Er war stumm geworden und atmete schwer. Als ich ihn anschaute, begann er mit hoher Stimme zu summen, während er sich mit seinem Schal die Innenfläche seiner Haut betupfte. Erst dachte ich, er würde vor sich hin trällern, doch dann begegnete er meinem Blick, hielt an und streckte mir seine linke Hand entgegen. An der Innenseite befand sich eine drei Zentimeter lange Wunde, die blutete.

»Oh, verdammt, warum hast du nicht gleich etwas gesagt?«, fragte ich.

»Es geht mir gut, es geht mir gut«, plärrte er und bemühte sich, den Augenkontakt zu mir aufrechtzuerhalten, damit er nicht in Ohnmacht fiel.

Mittlerweile war sein Schal blutgetränkt und es schien nicht weniger zu werden. Die Wunde musste dringend desinfiziert werden. Ich drängte ihn daher, schneller zu gehen, weil ich hoffte, in einem der Läden an der Edgware Road fündig zu werden. Er hat sich ziemlich erbärmlich aufgeführt und rumgejammert. Ich hätte ihn am liebsten zum Notdienst eines Krankenhauses geschickt, befürchtete aber, dass er es allein nicht schaffen würde. Scheinbar war er auf meine Hilfe angewiesen.

Wir betraten verschiedene Geschäfte und ich fragte nach einem Antiseptikum. Er dackelte mir einfach nur hinterher, schien aber nicht zu wissen, was ein Desinfektionsmittel war. Offensichtlich hatte der Typ keine Ahnung, wie er allein zurechtkommen sollte, und wiederholte ständig: »Danke, dass du dich um mich kümmerst.«

Ich kam mir wie seine verdammte Mutter vor und sämtliche Theorien, die ich über sein kindliches Dasein aufgestellt hatte, wurden bestätigt, und es überraschte mich, wie ein erwachsener Mann so unselbstständig sein konnte. Mir war klar, dass er Schmerzen hatte, aber das war kein Grund, sich so dämlich anzustellen und die Unterlippe vorzuschieben.

Als ich ein Antiseptikum ergattert hatte und ich wieder auf die Straße trat, hatte er sich inzwischen auf das Pflaster gehockt, saugte an seiner Wunde und spuckte das Blut aus. Dann erhob er sich und Blut tropfte ihm über das Kinn. Ich konnte nur denken: Ich danke dem Schöpfer dafür, dass ich jetzt einen guten Vorwand habe, um ihn zum Abschied nicht küssen zu müssen.

Doch dann überfiel mich Panik, wir kamen meiner Wohnung immer näher und ich wollte absolut nicht, dass er sah, wo ich lebte, oder mich fragen würde, ob er sich bei mir die Hände waschen dürfe. Also schüttete ich ihm das Jod über die Wunde. Er quiekte auf und jammerte, aber er wusste, dass das Antiseptikum helfen würde. Ich bleib einfach stehen und beobachtete, wie er von einem Bein aufs andere hüpfte und lang gezogene »Ahhhs« ausstieß, bis er irgendwann aufhörte herumzutänzeln und zugab, dass es nicht mehr wehtat.

Die Blutung hatte aufgehört, aber der Schnitt war trotzdem ziemlich tief. Ich winkte ihm ein Taxi heran und schickte ihn zum Notdienst, wo sich jemand anderes um ihn kümmern würde. Ich bin eindeutig nicht bereit für Kinder.

Mamma Mia!

Das Paar: Fünf

15. 04. 2005, 12:08 Uhr
Von: Dawn
An: Gillian

Hi, Gillian,
es tut mir so leid, dass ich mich letzte Zeit kaum gemeldet habe, ich habe ein schlechtes Gewissen. Mein Leben war ein wenig auf den Kopf gestellt, aber jetzt hat sich alles wieder beruhigt.
Freue mich auf Mailwechsel, wenn du noch magst.
Was sagst du? Interessiert?
Hoffe, es geht dir gut, x.

15. 04. 2005, 14:06 Uhr
Von: Gillian
An: Dawn

Hi, Dawn,
wie schön, von dir zu hören. Hoffe, es war nichts Schlimmes, das dein Leben auf den Kopf gestellt hat. Ich wäre sehr froh, wenn wir wieder öfter mailen würden, ja, ich bin sehr daran interessiert.
Lass mich wissen, wie deine Termine so aussehen, und dann machen wir ein Treffen aus.
Freue mich, wieder von dir zu hören.
Gill, x.

15. 04. 2005, 14:13 Uhr
Von: Dawn
An: Gillian

Nein, überhaupt nichts Schlimmes. Ein paar neue Aufträge und ein großer Umzug. Ich habe mich in einer

völlig neuen Umgebung niedergelassen. Wirklich nichts Übles – sondern sehr, sehr gut.
Es könnte sein, dass ich in nächster Zeit in den Urlaub fahre, daher sollten wir uns besser danach treffen.
Ich werde wunderbar gebräunt sein und es nicht abwarten können, dir ... ALLES zu zeigen!
Es ist toll, wieder mit dir zu chatten, lass uns dabei bleiben.
Sorry noch mal für die Funkpause. Ich bin froh, dass du das Interesse nicht verloren hast. xx.

15. 04. 2005, 16:13 Uhr
Von: Gillian
An: Dawn

Deine Urlaubspläne hören sich nach einer guten Idee an. Ich habe mit Gavin gesprochen und er freut sich ebenfalls sehr, dass du dich wieder gemeldet hast. Wir versuchen bereits seit einiger Zeit, ein Treffen mit Onlinedates auszumachen, aber es sind einfach zu viele Scherzbolde dabei. Leute, die lediglich vorgeben, jemand zu sein, der sie aber nicht sind. Es tut echt gut, jemanden zu treffen, der authentisch ist.
Sehr aufregend, ich kann es kaum erwarten! x.

15. 04. 2005, 16:16 Uhr
Von: Dawn
An: Gillian

Das kann ich mir gut vorstellen, aber keine Sorge, Süße, ich mache niemandem etwas vor. Ihr beiden scheint so offen und ehrlich zu sein, dass ich mich ganz sicher fühle ...
Ich lasse wieder von mir hören. Freut mich, dass Gavin es kaum abwarten kann, zu ... xxx.

17.04.2005, 19:20 Uhr
Von: Gillian
An: Dawn

Das hört man gern. Wir hatten von Anfang an den Eindruck, dass du ernsthaft interessiert bist, aber als wir dann nichts mehr von dir hörten, hielten wir es doch für einen schlechten Scherz. Es ist gut zu wissen, dass das nur vorübergehend war und wir nun wieder auf einer Wellenlänge sind, sozusagen! Wir sehen mit Freude deiner Bräune entgegen. Ich werde leider blass sein wie immer, denn bei meinem Teint werde ich selten braun. Ich würde gern etwas mehr über dich wissen und habe so viele Fragen. Gut, ich weiß zwar, wie du aussiehst, aber es ist schwer, mehr herauszubekommen, ohne zu fragen. Sag mir offen, wenn du mich zu neugierig findest, ich nenne es selbst gern inquisitorisch! Bist du Engländerin? Wie alt bist du? Was machst du beruflich? Das soll für den Moment erst einmal reichen, schließlich will ich dich nicht völlig mit Fragen bombardieren. Ich kann ja beim nächsten Mal noch mehr herausfinden. Gavin ist übrigens 33, ich bin kürzlich 27 geworden. Ich arbeite als Sekretärin, Gavin ist in einem Lagerhaus angestellt. Du kannst uns gern fragen, was dir einfällt.
Wir sprechen uns bald.
xx.

17.04.2005, 19:37 Uhr
Von: Dawn
An: Gillian

Hey, was meinst du mit Scherzbolden? Leute, die euch erst anmachen und dann nicht zu den Treffen erscheinen, oder was?
Keine Sorge wegen der Neugierde, wir werden uns noch

recht gut kennenlernen, denke ich, da macht es mir nichts aus, mehr von mir zu erzählen!
Ich bin Engländerin, geboren in Schottland, aufgewachsen in Guernsey. Jetzt lebe ich in London und arbeite von zu Hause aus. Ich mache hier und da ein wenig PR für eine Firma, die Online-Spiele vertreibt, aber hauptsächlich beschäftige ich mich mit meinem ersten Buch, das schon zur Hälfte fertig ist – ich werde euch davon erzählen, wenn wir uns treffen.
Ich bin 26 Jahre alt, knapp 1,80 Meter groß und habe Kleidergröße 40. Außerdem würde ich mich als selbstbewusst beschreiben, experimentierfreudig und noch vieles mehr!
Ich finde, dass ihr echt mutig seid, indem ihr euch hier präsentiert, und dass ihr es genau richtig macht. Ich meine, es könnte sich doch leicht ordinär anhören, aber so redegewandt, wie ihr euch ausdrückt, käme ich mir schon unhöflich vor, wenn ich nicht …

17. 04. 2005, 20:33 Uhr
Von: Gillian
An: Dawn

Nun, wir haben ziemlich viele E-Mails von verschiedenen Leuten bekommen und dann Fotos ausgetauscht. Es wirkte immer so, als würden die Leute sich gern mit uns treffen wollen, aber dann haben sie den Kontakt plötzlich abgebrochen. Ich bin mir wirklich nicht sicher, wie ich das deuten soll. Entweder haben sie kalte Füße bekommen, oder die Fotos zeigen jemand anderes. Ich weiß es nicht. Manchmal gab es auch Antworten von Singlemännern, doch danach haben wir nicht gefragt. Es wird allmählich frustrierend.
Bisher hatten wir ein Erlebnis mit einer Freundin von mir

vor ungefähr einem Jahr. Wir haben es beide sehr genossen und wünschen uns seither, dass wir dies entweder wiederholen oder weiter experimentieren könnten. Deshalb sind wir auf der Suche nach einem Pärchen oder einer Singlefrau. Ich bin mir nicht so sicher, wie ich zu zwei Typen stehe im Moment. Vielleicht wird das eines Tages passieren, momentan jedenfalls nicht.
Wow, ein Buch? Das möchte ich zu gern lesen.
Ich denke, dass du meine Größe von den Fotos erkennen kannst, aber falls nicht, kann ich dir sagen, dass ich Größe 38 trage, wenn ich Glück habe, meistens ist es eine 40. Ich bin 1,63 Meter groß. Und experimentiere, wie gesagt, ebenfalls gern. Gavin scheint eine Seite von mir hervorzubringen, die ich bislang mit keinem meiner Freunde ausgelebt habe. Er ist 1,87, gut trainiert und hat einen hübschen, dicken Schwanz!
Danke übrigens, ich hatte mich schon gefragt, ob wir auf dem richtigen Weg sind. Der Kontakt mit dir hat mich wieder überzeugt. Schließlich habe ich keine Ahnung, wie die Leute reagieren, wenn man sie in einer Bar oder sonst wo anspricht? Wir würden wahrscheinlich am Ende dastehen und jemand hätte seinen Drink über uns ausgeschüttet. Ich weiß, dass wir auf recht viele Menschen verdorben wirken, aber ich finde, wenn alle Beteiligten sich wohl fühlen, dann ist es doch wunderbar. Jeder Mensch ist anders und hat dementsprechend sexuelle Wünsche, die variieren. Ich denke nicht, dass die einzelnen Vorlieben deshalb gut oder falsch sind. Einige von uns experimentieren eben lieber als andere.
Erzähl doch mal, wie oft hast du ähnliche Situationen schon erlebt? Ich erinnere mich, dass du mir mal erzählt hast, dass du zwar Freunde hattest, aber recht gern einmal die Nacht mit einer Frau verbringen möchtest, richtig? Hattest du schon mal eine Beziehung zu einer

Frau? Bist du eigentlich Single im Moment? Falls nicht, hat dein Freund nichts dagegen, dass du dich hier zeigst? xx.

MONTAG, 18. APRIL

Das Erdhörnchen

Traue nie einem Mann mit einer Katze ... und schon gar nicht, wenn er drei davon besitzt!

Anzeige A

11. 04. 2005, 13:50 Uhr
Von: Erdhörnchen
An: Dawn

Hallo du,
ich habe deine Anzeige gelesen. Ich heiße *** und lebe in London. Bin berufstätig und 36 Jahre alt. Ich liebe die Vorstellung, eine hübsche Lady zum Abendessen auszuführen. Was sind deine Lieblingsspeisen? Wenn du interessiert bist, melde dich.

11. 04. 2005, 13:52 Uhr
Von: Dawn
An: Erdhörnchen

Oooo, Sushi, immer und jederzeit!
*** ist ein interessanter Name ... wo kommst du her?

11. 04. 2005, 14:43 Uhr
Von: Erdhörnchen
An: Dawn

Noch mal hallo. Ich bin Brite, aber meine Vorfahren kommen aus Südamerika. Ich habe dir ein Foto drangehängt, damit du entscheiden kannst, ob du dich mit mir treffen möchtest oder nicht. Nachdem das Foto

gemacht wurde, fing ich an, eine Brille zu tragen, weil ich ständig vor dem PC hocke! Ich verschwende keine Zeit und erwarte dasselbe von dir.
Beste Grüße

15. 04. 2005, 11:42 Uhr
Von: Dawn
An: Erdhörnchen

Wow, bist du das wirklich auf dem Foto? Sieht aus wie das Bild eines Filmstars ...
Was meinst du mit Zeitverschwendung?
Hast du schon viele Online-Verabredungen gehabt?

15. 04. 2005, 13:22 Uhr
Von: Erdhörnchen
An: Dawn

He du, danke für die E-Mail. Ja, ich habe schon schlechte Erfahrungen gemacht, manche Leute sind eben die reine Zeitverschwendung. Wenn du aber nächste Woche einen Nachmittag frei bist, dann würde ich mich freuen, mit dir bei einem netten Japaner vorbeizuschauen. Wir können uns auch abends treffen, wenn dir das besser passt.
Also, pass auf dich auf und melde dich, wenn du Zeit hast.
Danke auch für das Kompliment. Ich bin definitiv kein Filmstar! Sondern ein glücklicher Mensch unter der Sonne.

15. 04. 2005, 13:26 Uhr
Von: Dawn
An: Erdhörnchen

Ein Nachmittag oder Abend nächste Woche wäre bezaubernd ...

15. 04. 2005, 14:34 Uhr
Von: Erdhörnchen
An: Dawn

Wenn du nächsten Montag Zeit hättest, könnten wir zu einem japanischen Restaurant in Kew Garden gehen. Sollen wir uns um halb zwölf treffen? Gleich neben der U-Bahn-Station ist ein ganz netter Laden. Kommst du mit dem Wagen? Und könnte ich bitte ein Foto von dir bekommen, damit ich dich auch erkenne?
Sag einfach Bescheid ... danke.

15. 04. 2005, 14:37 Uhr
Von: Dawn
An: Erdhörnchen

Ich habe kein Auto, aber ich werde es finden. Montag ist perfekt!

15. 04. 2005, 15:00 Uhr
Von: Erdhörnchen
An: Dawn

Danke. Du siehst sehr hübsch aus, muss ich sagen! Erzähle mir doch bitte mehr von dir. Was machst du so und woher kommst du? Darf ich auch fragen, wie du heißt? Bist du berufstätig oder bist du eine Dame der Gesellschaft?

15. 04. 2005, 15:03 Uhr
Von: Dawn
An: Erdhörnchen

Mein Name ist Dawn.
Ich arbeite von zu Hause aus und bin Schriftstellerin. Ich bin 26, knapp 1,80 groß, selbstbewusst und gern unter Leuten. Was möchtest du noch von mir wissen, mein Freund?

15. 04. 2005, 15:07 Uhr
Von: Erdhörnchen
An: Dawn

Hallo, meine Freundin!
Ich mag kreative Frauen und du hörst dich sehr danach an. Übrigens habe ich vor drei Monaten angefangen, eine Brille zu tragen, weil ich so viel vor dem Computer hocke. Wenn man ständig vor dem Monitor sitzt, verdirbt man sich die Augen.

15. 04. 2005, 15:13 Uhr
Von: Dawn
An: Erdhörnchen

Das hast du mir bereits erzählt ... offensichtlich musst du dich noch an deine Brille gewöhnen, haha.
Erzähl mir doch ein wenig mehr von dir.

15. 04. 2005, 15:23 Uhr
Von: Erdhörnchen
An: Dawn

Über mich: Mir gehört eine Firma, die mit Diamanten handelt. Ich reise viel, bin einmal um die ganze Welt gekommen und habe interessante Leute kennengelernt. Ich mag die Gesellschaft von netten, kreativen Frauen genauso sehr, wie ich mich für Mode interessiere und andere schöne Dinge. Ich habe ziemlich hohe Moralvorstellungen und setze diese auch in meiner Firma um. Diese guten Charaktereigenschaften haben sich bei allem bewährt, was ich anpacke, weil ich die Menschen mit größtem Respekt und würdevoll behandle, so wie ich ebenfalls behandelt werden möchte.

Übrigens hast du ein bezauberndes Lächeln und verführerische weiße Zähne! Hahaha.
Mein Sternzeichen ist Wassermann, darf ich deins erfahren? Ich glaube an Astrologie und denke, dass die Planeten uns beeinflussen. Manchmal können sie sehr aufschlussreiche Dinge über unser Verhalten enthüllen und darüber, wie sich unser Lebensweg entwickelt.

15. 04. 2005, 15:37 Uhr
Von: Dawn
An: Erdhörnchen

Mein Sternzeichen ist auch Wassermann ... was hat das zu bedeuten?

15. 04. 2005, 15:44 Uhr
Von: Erdhörnchen
An: Dawn

Uns wird nie der Gesprächsstoff ausgehen. Wir werden beide viel von dem anderen lernen und so sollte es sein.
Ich fühle mich geehrt, dass ich dich getroffen habe!
Dank des Internets. xx.

15. 04. 2005, 15:46 Uhr
Von: Dawn
An: Erdhörnchen

Ein großes Lob auf das Internet!
Und Dank an denjenigen, der diese großartige Website ins Leben gerufen hat ...
Ich muss mich jetzt verabschieden, mein Kätzchen braucht Aufmerksamkeit von seinem Frauchen – wir sehen uns Montag. x.

15. 04. 2005, 15:54 Uhr
Von: Erdhörnchen
An: Dawn

Ach, du hast eine Katze? Ich habe drei: Max, Louis und Oli – vielleicht können sie eines Tages deine Katze kennenlernen?
Okay, dann sehen wir uns um halb zwölf am Montag in Kew Garden. Passt mir hervorragend, solange du einverstanden bist. Ich freue mich schon auf unser Treffen am Montag um halb zwölf an der U-Bahn-Station von Kew Garden. Komm bitte einfach nur die Treppe hoch, ich werde davor parken. x.

15. 04. 2005, 15:55 Uhr
Von: Dawn
An: Erdhörnchen

Alles klar! Du brauchst nicht zu antworten – unsere Verabredung steht ... halb zwölf ... bis dahin. xxx.

Das Date

Ich war mir einfach nicht sicher, ob ich mich auf das Date freute oder nicht. Seine E-Mails waren allesamt äußerst freundlich und auf dem Foto sah er aus wie der junge David Hasselhoff. Er hatte beide Fäuste in die Hüften gestemmt und sah sehr lässig aus mit seinen prächtigen Locken. Der Hintergrund war allerdings etwas unscharf und das Foto wirkte etwas verblichen. Aber etwas in seiner Wortwahl deutete auf die Möglichkeit, dass sich ein Treffen lohnen würde. Eigentlich stehe ich nicht auf Doppelgänger von David Hasselhoff, aber für einen Nachmittag voller Leidenschaft konnte ich gut damit leben.

Sein Gerede über Astrologie war irgendwie recht amüsant. Ich selbst halte nicht allzu viel davon, aber viele meiner Freundinnen stehen darauf, und mir gefällt schlicht die Tatsache, dass es so etwas gibt. Außerdem neige ich dazu, mir regelmäßig die *Sun* zu kaufen, einfach um nachzulesen, was deren Hausastrologin Mystic Meg für ihre Leser in petto hat. Allerdings kümmere ich mich nicht um die Dinge, die ich nicht hören will. Ich amüsiere mich immer sehr, wenn ich folgenden Dialog erlebe:

»Bist du vom Sternzeichen Jungfrau?«

»Nein, ich bin Wassermann.«

»Ah ja, du bist ein ganz typischer Wassermann!«

»Aber ich dachte, du hieltest mich für … ach, vergiss es!«

Ich denke, dass es dann etwas albern wird, aber hier gefiel mir der Ton dieses Mannes, also hatte ich nichts dagegen, wenn er mich zu überzeugen versuchte, dass mehr als heiße Luft hinter Horoskopen steckte.

Ich nahm den Zug nach Kew Gardens und entdeckte seinen Wagen, kaum dass ich auf die Straße trat. Zuerst sah es so aus, als säße niemand hinter dem Steuer, aber je näher ich kam, desto größer und größer wurde etwas, das ich zunächst als weißen Punkt identifiziert hatte und das sich als Gebiss entpuppte. Sie wurden immer länger und wuchsen förmlich in mein Blickfeld, als ich mich dem Fahrzeug näherte. Der Kloß in meinem Hals, an den ich mich allmählich gewöhnte, rutschte tiefer, als ich mich zum Fenster des Fahrersitzes hinabbeugte, um ihn zu begrüßen.

»Wow, tolles Auto«, waren die einzigen Worte, die ich hervorbrachte.

»Mein ganzer Stolz und meine Freude«, erwiderte er und bedeutete mir einzusteigen. Ich ging um die Kühlerhaube und sah wie das Opfer eines Schlaganfalls aus, mein Gesicht war auf groteske Weise zu einer Maske der Enttäuschung verzogen.

Das war nicht er. Das war keinesfalls der sexy Typ von dem Foto. Ich war fassungslos. Schließlich hatte ich mich auch wegen des Fotos mit ihm treffen wollen. Ja, normalerweise entscheide ich aufgrund der E-Mails und seine waren sehr süß gewesen, aber in diesem Fall hatte mich der Gedanke an einen heißblütigen Latinlover sehr gereizt, der mir auf einer Blumenwiese in Kew Gardens meinen nackten Körper streicheln würde. Aber nein, dieser Typ konnte nicht weiter von meiner Fantasie entfernt sein.

Ich schaffte es nicht, ihn anzusehen, sondern starrte unbewegt gerade aus dem Fenster, meine Hände waren fest ineinander verschränkt und zwischen meine Knie gepresst. Mein Unterkiefer versuchte immer noch, Kontakt mit dem Fußboden aufzunehmen, und meine Stirn hatte ich so stark gerunzelt, dass ich wie ein chinesisches Faltenhündchen aussah.

Er fuhr wie ein Rentner und parkte zehn Minuten später an der gleichen Straße. Während der kurzen Fahrt sprachen wir die ganze Zeit nur davon, wo er parken sollte. Ich kannte mich nicht besonders gut aus, aber da wir zu einem Restaurant gleich in der Nähe des Bahnhofs gehen wollten, war ich im Begriff vorzuschlagen, dass wir den Wagen einfach dort stehen ließen, wo wir waren. Da ich ihn aber immer noch nicht ansehen konnte und alle weiteren Themen lieber vermeiden wollte, erging ich mich lieber darüber, wie schlimm das Anwohnerparken in dieser Straße war, obwohl es mich nicht im Geringsten interessierte.

Schließlich parkte er den Wagen irgendwo im Stil eines Sonntagsfahrers, wir stiegen aus und liefen das Stück zum Bahnhof zurück. Nun musste ich ihn zwangsläufig ansehen, mich damit abfinden, wie mein Date der Stunde aussah, und das Beste daraus machen.

»Wow, Kew ist sehr hübsch. Ich bin hier noch nie gewesen«, sagte ich.

»Ja, das ist es. Und warum triffst du Verabredungen über das Internet?«

Gütiger, er machte wenig Aufhebens um Worte.

»Ähm, um Freunde zu treffen«, antwortete ich und hoffte, dass ihn gleichzeitig die Botschaft »Und keine Liebhaber!« meiner Worte erreichte.

Ich hatte den Eindruck, dass er religiös war, und hielt es daher für angebracht, ihm nichts von meinen unanständigen Abenteuern zu verraten. Ich erwähnte lediglich, dass ich ein paar Leute getroffen hatte. Manche waren gut gewesen, andere weniger.

»Ja, viele Menschen gehen nur online, weil sie einen One-Night-Stand suchen. Ich verstehe diese Einstellung nicht. Ich meine ... warum?«, angewidert hob er die Hände.

»Ja, ich weiß ... schrecklich! Verstehe ich auch nicht«, sagte die Frau, die gerade erst am Morgen ihr Fell getrimmt hatte bei der Aussicht auf ein Liebesspielchen im Gras ...

Es war erst halb zwölf, aber ich war wieder einmal kurz vor dem Verhungern und sehr erleichtert, als er ein frühes Mittagessen vorschlug. Bei dem Gedanken an das nette Sushi-Restaurant in der Nähe des Bahnhofs, das er zuvor erwähnt hatte, lief mir das Wasser im Munde zusammen. Aber nein, wieder hielt er sich nicht an seine Worte, und wir nahmen im Wintergarten eines kleinen Cafés Platz, das Aufläufe, Quiches und gebackene Kartoffeln anbot. Grundsätzlich war das kein Problem, es war ein hübscher Ort, aber als mir auffiel, dass es hier weit und breit kein Sushi-Restaurant gab, fragte ich mich doch besorgt, weshalb er mir um alles in der Welt das Gegenteil weisgemacht hatte.

Offensichtlich bestand seine Taktik darin, auf Teufel komm raus ein Date zu bekommen. Der Trick mit dem Foto und die Aussicht auf leckeres Essen hatten leider gewirkt. Und als ich ihn nach dem Diamantengeschäft fragte, das er angeblich »besaß«, und herausfand, dass es ihm mitnichten gehörte, sondern er lediglich die Buchhaltung machte, war ich nicht überrascht.

Wir bestellten unser Essen am Tresen. Ich entschied mich für ein großes Stück Quiche, was im Hinblick auf meine Weizenmehlallergie leichtsinnig war, aber ich hatte das Gefühl, mich belohnen zu müssen. Er nahm eine überbackene Kartoffel mit Krabben. Wir setzten uns an einen Tisch und ich blickte ihn an. Jetzt hatte ich meine Enttäuschung überwunden und war nur noch reichlich genervt.

Er ähnelte deutlich mehr Gordon, dem Erdhörnchen, als David Hasselhoff. Sein Gebiss bestand aus großen und langen Zähnen, wobei die Schneidezähne auch noch schief waren und auf seiner Unterlippe auflagen, wo sie bereits zwei Einkerbungen hinterlassen hatten.

Als mein Appetit gestillt war, hatte ich etwas Mitleid mit ihm und fragte mich, warum er glaubte, ständig lügen zu müssen. Er sah alles in allem nicht völlig abscheulich aus und war offensichtlich bis zu einem gewissen Grad erfolgreich. Er fuhr einen schönen Wagen, war recht freundlich und intelligent, wusste mit Besteck umzugehen usw. Also beschloss ich, ihm einen Gefallen zu tun und ein wenig mehr über ihn zu erfahren. Ich fragte ihn nach seinen Erlebnissen beim Online-Dating. Er hatte genau eines gehabt.

Dabei handelte es sich um eine Frau, die er über eine amerikanische Website kennengelernt hatte. Sie kamen ins Gespräch und stellten viele Gemeinsamkeiten fest. Er mochte den Klang ihrer Stimme, sie den seinigen. Über Monate hinweg hatte sich ein Kontakt aufgebaut, sie tauschten Fotos aus und hatten lange Gespräche am Telefon und verliebten sich ineinander, soweit man das von jemandem behaupten kann, den man weder beschnuppert, getroffen oder berührt hatte. Schließlich beschlossen sie, sich endlich zu treffen. Sie wollte ihn besuchen kommen. Er traf alle Vorbereitungen für ein schönes Wochenende und richtete ein

Bett in seinem Gästezimmer für sie her, falls sie doch nicht mit ihm schlafen wollte. Er war sehr aufgeregt, füllte seinen Kühlschrank, besorgte ein paar gute DVDs, ging zum Friseur usw. Sie waren sich so nahe gekommen, dass er eine lang anhaltende Beziehung für möglich hielt.

An dem Tag ihrer Ankunft fuhr er nach Heathrow, um sie abzuholen. Der Flug hatte Verspätung und so platzte er fast vor Neugier, als er in der Ankunftshalle darauf wartete, dass die Liebe seines Lebens durch die Schiebetüren trat. Schließlich landete endlich das Flugzeug. Seine Nerven waren zum Zerreißen gespannt, während Passagiere dabei waren, ihr Gepäck vom Band zu nehmen. Die Türen glitten auf und die ersten Passagiere kamen heraus. Er versuchte, ruhig zu bleiben, trippelte aber unruhig auf den Zehenspitzen, während er versuchte, über die Köpfe der anderen Leute hinweg einen ersten Blick auf seine Liebe zu werfen. Und dann sah er sie, das Gesicht, auf das er sehnsüchtig gewartet hatte. Erst war es nur ein ferner Punkt, der sich immer stärker vergrößerte, je näher sie kam. Ihr Lächeln wandelte sich in ein Strahlen, als sich ihre Schritte vergrößerten – und ihr Umfang. Dieser ferne Punkt wuchs, wuchs und wuchs, bis ihre Gestalt nur noch wenige Zentimeter vor ihm stand. Er sah das schöne Gesicht, auf das er gewartet hatte – und dazu ungefähr 140 Kilo schwabbelnden Fetts, das an ihr herabhing.

Er blickte zu Boden. »Sie hatte mich angelogen. Ich hatte Fotos von ihr im Badeanzug gesehen, wo sie nie und nimmer diesen Körperumfang gehabt hatte. Ich fühlte mich total gedemütigt und betrogen.«

Nun bin ich bestimmt kein Genie, aber saß vor mir nicht der Typ, der mir das Foto eines Mannes geschickt hatte, der mindestens zehn Jahre jünger war, mehr Haare auf dem Kopf hatte, als die Wurzeln meines Gegenübers jemals hervorbringen könnten, und mit einer völlig anderen Gebisskonstellation?

Ich hatte keinen blassen Schimmer, was ich dazu sagen

sollte. Glaubte er etwa, dass mir die starken körperlichen Unterschiede zwischen ihm und seinem Alter Ego auf dem Foto entgangen waren? Oder hatte er tatsächlich gehofft, dass ich mich selbst davon zu überzeugen versuchte, dass der Fotograf ein echtes Genie und durch einen mysteriösen Kameratrick imstande war, aus ihm den äußerst attraktiven Latinlover zu machen, der schlichtweg aus einem besonders vorteilhaften Blickwinkel heraus fotografiert worden war?

»Und, wie bist du mit der Situation umgegangen?«, schien mir die beste Frage unter diesen Umständen zu sein.

»Ich habe sie auf die Wangen geküsst und bin zu einem Hotel gefahren. Dort habe ich ein Zimmer für sie gebucht und sie für den Rest ihres Aufenthalts sich selbst überlassen.«

»Du meinst, dass du das Wochenende nicht mit ihr verbracht hast?«

»Nein! Wo ich herkomme, gehört es sich nicht, andere Leute anzulügen und auf diese Weise zu täuschen.«

Okay, nun war ich wirklich verwirrt. Was, zum Teufel, spielte dieser Typ für ein Spiel?

»Und was hat sie dazu gesagt? War sie nicht verletzt?«

»Sie hat eigentlich gar nichts gesagt. Ich denke, sie wird gewusst haben, warum ich so aufgebracht war. Sie hat es eigentlich ganz gut hingenommen.«

Das überraschte mich nicht, schließlich hatte das arme Mädchen gedacht, es hätte sich einen David Hasselhoff an Land gezogen …

Wir beendeten unser Mittagessen und gingen in Kew Gardens spazieren. Obwohl ich mich noch nie großartig für Botanik interessierte, habe ich bei dem Anblick, der sich mir bot, endlich verstanden, warum man so ein Aufhebens darum macht. Er hatte keine Lust, mich auf einem Schul- und Lernpfad zu begleiten, der auch ein Zirkeltraining beinhaltete. Das hat mich ziemlich gestört, denn die Jugendlichen sahen aus, als amüsierten sie sich prächtig.

Es war ein milder Tag und ich freute mich auf den Spaziergang, da das riesige Stück Auflauf mein System bereits in Wallung brachte.

»Ich gehe sehr gern spazieren, es ist gut für die Bewegung«, sagte er.

Ich stimmte ihm zu, da ich ebenfalls jede Möglichkeit nutze, die sich mir in dieser Hinsicht bietet. Es ist in der Tat gute Bewegung, allerdings nur, wenn man nicht wie eine Schnecke vorankriecht. Das verbrennt nämlich ungefähr genauso viele Kalorien, als würde man ein Stück Kuchen essen. Ich neige vielmehr dazu voranzustürmen, aber mir war durchaus klar, dass ich mich eben nicht im Zirkeltraining befand. Also beschränkte ich mich auf kleine Schritte, damit er nicht hinter mir zurückblieb. Ich war zu Tode gelangweilt, und je weiter wir uns vom Eingang fortbewegten, desto klarer wurde mir, dass wir die ganze Strecke auch wieder zurückkriechen mussten.

Ich erzählte ihm alles, was ich mit jemandem zu teilen bereit war, den ich nie wiedersehen würde, doch er fragte ständig nur: »Und … was noch?«

Es fing an, mir gehörig auf die Nerven zu gehen. Ich plauderte über so Sachen wie Guernsey, das Leben in London, die Schauspielschule und meine Katze. Unser Gespräch war zwar nicht gerade angeregt, aber es blieb im Fluss, passend zu unserer Umgebung und dem gemäßigten Tempo, mit dem wir uns vorwärts bewegten.

Aber er sagte es trotzdem ständig und das vermieste mir die Laune gehörig. Es war, als würde man vergnügt eine Straße entlanglaufen, die Arme vollbeladen mit tollen Sachen, die man sich gerade gegönnt hat, und irgendein dämlicher Idiot meinte, einem ein »Lach doch mal!« entgegenwerfen zu müssen. Oder ein »Kopf hoch, Teuerste, sonst klappt es nie!«

In solchen Fällen bekomme ich sofort übelste Laune und möchte am liebsten schreien: »Was soll ich bitteschön tun, verdammte Scheiße? Wie ein dämlicher Clown mit einem breiten Grinsen durch die Gegend rennen, als hätte ich gerade ein Kilo Speed eingeworfen oder eine Million im Lotto gewonnen, oder was?« So etwas konnte ich wirklich nicht ausstehen. Und sein ständiges »Und … was noch?« hatte einen ähnlichen Effekt. Ich hatte ihn ununterbrochen mit Geschichten aus meinem Leben unterhalten, aber sobald auch nur die kleinste Gesprächspause aufkam, gab er mir das Gefühl, todsterbenslangweilig zu sein. Ich hätte ihn am liebsten geschüttelt und ihm gesagt, dass man die Ruhe auch genießen könne, denn ich tat es, Teufel noch mal.

Ich wandte mich ihm zu und starrte ihn an. Ich hörte auch nicht mehr auf das, was er sagte, und hatte jegliche Lust auf ein Gespräch verloren. Meine Gedanken schweiften ab, aber ich meine mich zu erinnern, dass er mir irgendwann von seinen Vögeln erzählte, die er besaß, und dass er gelegentlich gern einen Brandy auf Eis trank. Ihr könnt euch sicherlich vorstellen, dass dieses träge Dahinplätschern meine Meinung über ihn keineswegs änderte.

»Da vorn ist eine Bank, lass uns dort hinsetzen und ein wenig ausruhen.«

Ausruhen? Hatte er wirklich ausruhen gesagt? Wir waren erst drei Meter gegangen und das hatte bereits eine halbe Stunde gedauert! Ich wollte nur noch nach Hause, doch gleichzeitig verbot mir mein Anstand, unhöflich zu werden. Also setzte ich mich für eine Weile neben ihn.

»Und … was sonst?«

»Wie, was sonst? Was willst du denn noch wissen?«

»Erzähl doch mal von den anderen Männern, die du über das Internet getroffen hast.«

Okay, da ich schon mal hier auf dieser Bank saß, konnte ich mich auch mit ihm unterhalten, wenigstens hatte er ein Thema angeschnitten, für das ich mich leidenschaftlich erwärmen konnte. Ich würde ihm ein paar lustige Anekdoten erzählen und freute mich darauf, seinen Geist ein wenig für die Welt zu öffnen. »Nun, es gibt sehr viele Männer, die einfach nur jemanden brauchen, mit dem sie reden können. Ich habe mich oft in der Rolle der Ratgebenden wiedergefunden. Da geht man mit einem Mann essen und er berichtet mir stundenlang von seiner Scheidung. Ich möchte ihn dann am liebsten schütteln und sagen: ›Das ist aber nichts, worüber ich gern bei einem ersten Date sprechen möchte!‹«

Ich lachte.

»Dann reden die Männer also viel davon, wie sie in der Vergangenheit verletzt wurden?«

»Ja, über das kleinste Detail. Keine gute Idee!«

Er brauchte ein paar Sekunden, bis er es sich auf unserer Bank bequem gemacht hatte, bevor er mir minutiös und in Einzelheiten davon erzählte, wie seine Frau nach fünfzehn Ehejahren eines Tages nach Hause gekommen war, ihm eröffnet hatte, dass sie ihn verlassen würde, und damit sein ganzes Leben zerstört hatte. Ich konnte nicht glauben, was er da tat. Hatte ich ihm nicht gerade erklärt, wie abtörnend so etwas war? Doch das hinderte ihn keineswegs daran, mir ein volles Geständnis seines Herzeleids abzulegen. Ja, es war traurig, und er tat mir auch ein wenig leid, aber ich hatte nun einmal überhaupt keine Lust, die leidvoll Anteilnehmende zu spielen, die er gern gehabt hätte.

Meine Augenlider wurden schwer und ich beschloss, dass es deutlich unhöflicher war, auf der Stelle einzuschlafen, als mich jetzt unter einem Vorwand zu verabschieden. Doch mein Delirium hatte mich bereits voll unter Kontrolle, sodass ich es äußerst schwierig fand, mir auf die Schnelle einen Notplan auszudenken. Schließlich raffte ich meine letzte Energie zusammen und sagte: »Oh, Mist, mir ist gerade eingefallen, dass ich dringend nach Hause muss, um meinen Staubsauger zu füttern.«

Sofort wurde ich mir meines Fehlers bewusst, wiederholte

ihn aber leider trotzdem, als ich zu einem zweiten Versuch ansetzte. Das brachte mich zum Lachen, was allerdings unter den gegebenen Umständen äußerst unhöflich war. Prompt konnte er auch nichts Lustiges daran erkennen und ich hatte wirklich ein schlechtes Gewissen, bestand aber trotzdem darauf, auf der Stelle zu gehen, weil ich eben noch besagten Staubsauger zu füttern hätte.

Den Rückweg bewältigten wir in regelrechtem Turbotempo, verglichen mit dem Dahinlatschen von vorhin. Ich konnte gar nicht schnell genug von ihm wegkommen. Der Arme war offensichtlich sehr verletzt worden und versuchte, sein Leben wieder auf die Reihe zu bekommen, aber ich war nicht diejenige, die ihm helfen konnte, und es war besser, einen schnellen Abgang zu machen, bevor er noch einen gänzlich falschen Eindruck von mir bekam.

Er brachte mich zum Bahnhof, und ich verabschiedete mich mit einem Küsschen auf die Wange. Ich hätte nicht fröhlicher sein können, weil ich endlich verschwinden durfte. Dieses Treffen entsprach überhaupt nicht dem, was ich mir erhofft hatte. Kein David Hasselhoff in Sicht, und wenn wir beide typische Vertreter des Sternzeichens Wassermann waren, dann hatten sich ein paar schwerwiegende Fehler in die astrologische Lehre eingeschlichen!

DIENSTAG, 19. APRIL

Herr Fingers
Das kleine Ferkel ...

Anzeige C

12. 04. 2005, 17:16 Uhr
Von: Herr Fingers
An: Dawn

Hallo du, ich habe kürzlich etwas Ähnliches getan. Ich war geschäftlich in New York und beschloss spontan, über das Wochenende zu bleiben.
Habe das Geschäftliche mit dem Vergnügen und den guten Dingen des Lebens kombiniert.
Dann habe ich eine Anzeige aufgegeben, um herauszufinden, ob es jemanden gibt, der Lust hat, mir die Stadt zu zeigen, mit mir auszugehen und Spaß zu haben. Ich habe eine sehr nette Frau kennengelernt, hatte ein Superwochenende und habe ein paar sehr schöne Erinnerungen mit nach Hause genommen. Um eine lange Geschichte kurz zu machen, ich würde dieses Erlebnis gern wiederholen und mich vergewissern, dass so etwas tatsächlich funktioniert und ich nicht nur von Anfängerglück gesegnet war. Ich bin Deutscher, 34 Jahre alt, 1,98 groß, gut gebaut, offen für alles, locker und entspannt usw., usf.
Lass mich wissen, ob du Lust hast ...

12. 04. 2005, 18:19 Uhr
Von: Dawn
An: Herr Fingers

Wow, 1,98, das ist riesig!!! Wenn ich mit dir ausginge, könnte ich ganz stolz meine Stilettos tragen – ich bin ungefähr 1,78 groß, vielleicht etwas weniger, aber ich bin definitiv auch groß!
Freut mich, dich kennenzulernen, ich heiße Dawn, x.

13. 04. 2005, 09:07 Uhr
Von: Herr Fingers
An: Dawn

Hey ... und da hatte ich immer gedacht, dass es auf die Größe nicht ankommt ...!
Sollte ich dich zu einem gemeinsamen Abenteuer überreden können, wären hohe Absätze überhaupt nicht hinderlich. Du machst mich neugierig. Apropos, was hat das Fehlen deines Fotos zu bedeuten, kleiner Frechdachs? Jetzt sag bloß nicht, dass du schüchtern bist!
Wo in London wohnst du?

13. 04. 2005, 09:14 Uhr
Von: Dawn
An: Herr Fingers

Oh, sorry, dass ich dir noch kein Foto geschickt habe ... hier ist es ... ich wohne übrigens im West End.
Also, was hat es mit dem Abenteuer auf sich?

13. 04. 2005, 09:27 Uhr
Von: Herr Fingers
An: Dawn

Wow, du siehst richtig toll aus!

Ich komme aus Deutschland, wohne aber schon seit sieben Jahren in London.
Okay, jetzt zum Abenteuer! Das ist knifflig, weil ich nicht genau weiß, worauf du stehst. Erster Versuch. Dinge etwas aufpeppen, nicht wahr? Hier ist das Szenario: Wir treffen uns auf einen Drink und einen Happen zu essen. Wir verstehen uns prächtig, lachen viel und fühlen uns wohl miteinander. So wohl, dass wir beschließen, zum Flughafen zu fahren und spontan einen Flug nach Irland zu buchen. Wir verbringen die Nacht auf einem wunderschönen Schloss, in einer Suite, mit Champagner und Kerzen ... Am nächsten Morgen gehen wir an der frischen Luft spazieren, umgeben von einer bezaubernden Landschaft, bevor wir am späten Nachmittag wieder zurückfliegen!
Wie hört sich das an?

13. 04. 2005, 10:56 Uhr
Von: Dawn
An: Herr Fingers

Ich bin begeistert von deiner Idee – ganz schön gewagt. Hört sich nach einem echten Abenteuer an!
Wie könnte ich einem solchen Angebot widerstehen?

13. 04. 2005, 11:10 Uhr
Von: Herr Fingers
An: Dawn

Nun muss ich mir aber etwas anderes ausdenken, sonst geht die Überraschung flöten. Das sollte aber nicht schwer sein. Ich bin sehr kreativ ... oder gewagt, wie du es auszudrücken beliebst.

13. 04. 2005, 11:15 Uhr
Von: Dawn
An: Herr Fingers

Ja, findest du es nicht auch einfach toll, Leute übers Internet kennenzulernen? Es hat so etwas Verschwörerisches ... das gefällt mir gut!
Ooo, noch mehr Ideen? Lass hören, xx.

13. 04. 2005, 11:29 Uhr
Von: Herr Fingers
An: Dawn

Die Partner-Verschwörung, das hört sich gut an. Ich weiß, was du meinst. Das Element der Überraschung lässt alles noch aufregender erscheinen. Was ist, wenn sich die betreffende Person als kompletter Alptraum entpuppt? Aber lieber einmal zu viel ausgegangen, als zu Hause zu sitzen und Eastenders anzuschauen. Wir haben nichts zu verlieren, nicht wahr?
Ich werde meine Ideen ab jetzt für mich behalten, das macht es nur spannender!
Wie kann ich dich dazu verleiten, dass du dich mit mir triffst ...?

13. 04. 2005, 11:33 Uhr
Von: Dawn
An: Herr Fingers

Haha, das musst du schon selbst herausfinden, Mister!
Komm schon ... versuch dein Bestes!

13. 04. 2005, 11:45 Uhr
Von: Herr Fingers
An: Dawn

So funktioniert das aber nicht, Frechdachs!
Triff mich in einer lounge-ähnlichen Bar irgendwo in London und überlass mir den Rest. Nimm deinen Ausweis mit, nur für den Fall ... und eine Zahnbürste. Ich werde mich um alles kümmern!

Okay, wie wäre es mit Dienstag, dem 19.04, um halb sieben in der Bar Soho ... in der Old Compton Street?

13. 04. 2005, 12:12 Uhr
Von: Dawn
An: Herr Fingers

Gebongt!

13. 04. 2005, 12:15 Uhr
Von: Herr Fingers
An: Dawn

Nur zur kurzen Wiederholung ... was sollst du mitbringen?

13. 04. 2005, 12:17 Uhr
Von: Dawn
An: Herr Fingers

Mich? Meinen Ausweis und eine Zahnbürste ...

13. 04. 2005, 12:19 Uhr
Von: Herr Fingers
An: Dawn

Cool, dann treffen wir uns dort ... auf einen Drink, mehrere Drinks und gute Gespräche, x.

13. 04. 2005, 12:45 Uhr
Von: Dawn
An: Herr Fingers

Genau ... und den Rest!

13. 04. 2005, 12:50 Uhr
Von: Herr Fingers
An: Dawn

Am meisten freue ich mich auf den »Rest« ...

Das Date

Die Idee war zwar ganz hübsch, aber ich machte mir nicht die Mühe, meinen Pass einzustecken. Ich war mir eigentlich ziemlich sicher, dass er es nicht ernst gemeint hatte. Außerdem wohnte ich ganz in der Nähe von Soho und hätte den Ausweis leicht holen können, falls ich ihn doch brauchen sollte. Zusammen mit meiner Zahnbüste, einer frischen Unterhose und einer Wagenladung Kondome.

Dabei stellte ich keine sonderlich hohen Erwartungen an den Abend. Ich litt nämlich stark unter einem prämenstruellen Syndrom. Dies äußerte sich nicht etwa in Stimmungsschwankungen, sondern ich fühlte mich eher so, als sei ich kurz davor, einen Fünfjährigen zur Welt zu bringen. Außerdem waren meine Brüste derart empfindlich, dass es sogar schmerzte, wenn ich einfach nur zum Kühlschrank ging, was ich ungefähr alle drei Minuten tat. Ich hoffte, dass die Wirkung des Alkohols den Schmerz betäuben würde und mich den roten Fluch vergessen ließ, der mich in ungefähr zwei Tagen heimsuchen würde.

Ich wollte aber trotzdem ausgehen, da ich aus irgendeinem seltsamen Grund in dieser Phase meines Zyklus extrem scharf bin.

Als ich die Bar betrat, gab es keinen Zweifel, mit wem der Anwesenden ich verabredet war, weil er alle anderen wie Zwerge aussehen ließ. Meine Güte, der Typ war ein echter Goliath!

Er schien nicht recht zu wissen, wie er sich angemessen verhalten sollte. So führte er beispielsweise seine Bierflasche an die Lippen, trank aber nicht daraus. Und als wir unsere Bestellungen an der Bar abgeben wollten, kämpfte er mit sich, ob er seine Ellbogen auf der Bar abstützen oder lieber gerade stehen sollte. Dann versuchte er, sich mit dem Hintern an den Tresen zu lehnen und die Aufmerksamkeit der Kellnerin dadurch zu erregen, dass er sie über die rechte Schulter hinweg anblickte. Diese Haltung taugte nichts, weil man das Geschehen an der Bar nur halb so gut überblicken konnte. Die Kellnerin hatte keine Eile, uns zu bedienen, und so streckte ich schließlich den Arm aus und gab ihr ein Zeichen, dass wir als Nächste an der Reihe waren. Endlich wurden wir bedient. Er besorgte uns eine Flasche Weißwein und wir nahmen in einer Ecke der Kneipe Platz.

»Das ist der beste Sitzplatz im ganzen Laden«, dröhnte mir seine Stimme entgegen. Was sollte man auch erwarten von einem Mann, dessen Lungen zehn Meter vom Mund entfernt sind. Ich hatte es hier mit einem ernst zu nehmenden Resonanzkörper zu tun. Wenn dieser Typ sich entschloss, an der Lustgrotte einer Frau zu summen, dann würde sie heftiger kommen als jede Pornodarstellerin.

Dabei war es eigentlich ein total bescheuerter Platz, denn die Füllung der Kissen quoll unter uns hervor, und das Licht war zu grell, aber der Tisch stand etwas abseits, und das war eindeutig der Grund, weshalb er meinem plumpen Gegenüber gefiel. Offensichtlich hatte er keine Skrupel, mir sein sexuelles Verlangen zu zeigen. Erst fragte er mich, was ich gern zum Frühstück aß, dann schlug er tatsächlich vor, dass ich meinen BH ausziehen sollte – wir hatten erst vor ein paar Minuten Platz genommen.

Ich trug ein eng anliegendes Babydoll-Oberteil mit einem knielangen Jeansrock und Cowgirl-Stilettos. Unter dem Oberteil verbarg sich ein trägerloser BH, der mir zu schaffen machte. Ich versuchte, ihn unbemerkt hochzuziehen, aber das entging seiner Aufmerksamkeit keineswegs. Nur wenige Sekunden nach meinem routinierten BH-Manöver lagen seine Hände auf meinem Rücken, und er versuchte, mir den BH zu öffnen. Wir rangelten einen Moment lang miteinander, dann gelang es mir schließlich, ihm zu entkommen, bevor die Haken meines BHs aufsprangen. Aber ich wusste, dass er sich davon nicht entmutigen lassen würde, denn seine Hände schienen ein Eigenleben zu führen. Während der Rest seines Körpers geruhsam neben mir saß und er über seinen Job sprach, fuhren seine Hände unablässig über meinen Körper, wie Ratten, die jeden Schlupfwinkel erforschten.

Als es mir endlich gelang, ihn abzuschütteln, konnte er seine Enttäuschung nur schlecht verbergen, und seine Augen starrten unablässig auf meinen Busen. Es gibt da diesen Witz über Männer, die statt mit der Frau mit deren Brüsten reden, und er war der Prototyp dieser Pointe. Außerdem ließ er keine Gelegenheit aus, offen zu sagen, wie reizvoll er meinen Busen fand. Darüber wollte ich mich allerdings nicht beschweren, schließlich hört man dergleichen gern.

Ich erzählte ihm, dass ich Schriftstellerin war, woraufhin er vorschlug, dass ich doch ein Buch mit Dating-Regeln für Männer schreiben sollte. Ich stimmte ihm zu, dass das eine hervorragende Idee sei, und er versprach, dass er es definitiv lesen würde. Ich sagte ihm, dass das ebenfalls eine ganz hervorragende Idee sei …

Doch er gefiel mir. Er war eine recht unterhaltsame Begleitung und er hatte Humor. Klar, er ging ziemlich zur Sache, aber letztlich befanden wir uns bei einem Date, und ich fühlte mich nicht von ihm bedroht. Eigentlich war seine Entschlossenheit auch ein wenig bewunderungswürdig, denn mir gefiel, wie er offen zugab, Sex zu mögen und ihn mit mir haben zu wollen. Gütiger, wie hätte ich ihm das verübeln sollen?

Er sah übrigens nicht gut aus. Hässlich konnte man ihn zwar auch nicht nennen, doch mir gelang es nicht, ihn wirklich einzuordnen. Er wäre mir auf offener Straße vermutlich wegen seiner Größe aufgefallen, aber selbst dann hätte ich ihm wahrscheinlich keinen zweiten Blick gegönnt. Er besaß ein Allerweltsgesicht, das in jeder Menge verschwand, und er hatte keine herausragenden Züge. Weder beeindruckende Augen noch verführerische Lippen, eine große Nase oder einen schicken Haarschnitt. Er war eben einfach nur groß. Das sollte man nicht unterschätzen, ich finde es sogar ganz toll, aber die Körpergröße allein ist eben nicht sonderlich stimulierend. Das alles gilt natürlich mit Ausnahme seiner Finger. Verdammt, sie verliehen dem Ausdruck »Fingerfick« eine ganz neue Bedeutung. Jeder Einzelne war wie ein kleiner Penis, über den ich im Alter von sechzehn Jahren völlig aus dem Häuschen geraten wäre. Lang und flink und mit einer dicklichen Spitze, waren diese Finger allzeit im Einsatz, um Vergnügen zu bereiten.

Manchmal, wenn ich die Dinge zu lange betrachte, kommen sie mir vor wie Cartoons. Das passiert mir gelegentlich, und in diesem Fall, als er mir grölend etwas über Frankfurt erzählte, sah ich zehn hungrige Schwänze, die über meinen Körper hinwegglitten und eine äußerst kreative Version von »Versteck das deutsche Würstchen« spielten.

Ich weiß, dass ich sagte, ich würde ihn nicht sonderlich attraktiv finden, trotzdem möchte ich betonen, dass er auch nicht unattraktiv war, aber er hatte eben keine sinnliche Ausstrahlung. Keinen Sex-Appeal, obwohl er ganz offensichtlich Sex mochte und sehr viel Selbstbewusstsein besaß. Ihm fehlte jenes gewisse Maß an Sensibilität, das mir wichtiger ist als alles Aussehen. Aber ich genoss den Flirt mit ihm, hatte nichts dagegen, wenn sich die Stimmung aufheizte.

Er wurde schnell betrunken, obwohl man berücksichtigen muss, dass wir für unsere vier Flaschen Weißwein immerhin zwei Stunden brauchten. Was danach geschah, verschwimmt ein wenig in meiner Erinnerung. Doch ich weiß noch, wie er sagte: »Ich vertrage Wein nicht besonders gut«, und ein Geräusch von sich gab, das man aus einer durchschnittlichen Kehle als Schluckauf bezeichnen würde, bei ihm jedoch als ausgewachsenen Rülpser.

Wir haben uns nicht von unserem Tisch fortbewegt und ich glaube, dass unser heftiges Knutschen ungefähr nach Flasche drei begann. Das Licht hatte man mittlerweile gedämpft, sodass wir so etwas wie eine Privatsphäre in unserer abgeschiedenen Nische hatten – ein Liebesnest, das seinen Zweck gut erfüllte.

Die Leute am Tisch gegenüber hatten uns zwar eine Zeit lang komplett im Blickfeld gehabt, doch als sie gingen, nutzte mein Begleiter seine Chance und fuhr gleich mit fünf lüsternen Penis-Fingern mein Bein hoch und schob sie allesamt wie hungrige Ferkelchen unter meinen Slip. Jeder Finger durfte einmal in mich gleiten, manchmal versuchte er, zwei gleichzeitig in mir unterzubringen, was etwas knifflig war, doch ich tat mein Bestes, um so entgegenkommend wie möglich zu sein. Mitten in einem Pub von jemandem befingert zu werden, auf den man noch nicht einmal besonders scharf war, und das, nachdem man zu viel in zu kurzer Zeit getrunken hatte, erinnerte mich an die Zeit, als ich sechzehn war. Und genau aus diesem Grund ließ ich ihn gewähren und genoss das Gefühl, etwas Unanständiges zu tun.

Allerdings war er allmählich so betrunken, dass er sich nicht darauf konzentrierte, mir Lust zu verschaffen, sondern nur noch darauf aus war, so viele seiner Finger in mir unterzubringen wie möglich. Er leckte mir regelrecht das Gesicht ab, als wollte er es säubern. Ich versuchte daher, das Küssen ein wenig zu reduzieren, mit weniger Zungenkontakt und nur leicht geöffneten Lippen. Denn jedes Mal, wenn er seinen Mund öffnete, konnte ich fast meinen ganzen Kopf hineinstecken. Vor meinen Augen tat sich ein schwarzer Abgrund auf, den ich lieber vermeiden wollte, um nicht vollends hineinzustürzen.

Da ich deutlich weniger angetrunken war als er, beschloss ich nach zehn Minuten Intensivbehandlung durch diesen geilen Riesentrampel, den Körperkontakt zu unterbrechen, indem ich seine Hand aus meinem Slip zog. Es war eine Erleichterung, muss ich gestehen. Ich fühlte mich in meiner Annahme bestätigt, dass er es an Sensibilität vermissen ließ und einer dieser Typen war, die eine hübsche Spalte lediglich als Loch betrachteten, in das man einfach nur etwas hineinstopfen musste. Glaubt mir, Männer, wenn das der Fall wäre, dann würde ich mir Sprungfedern um die Füße schnallen und zur Hauptverkehrszeit an den Parkbuchten der Autobahnen aufkreuzen. Aber es braucht mehr als bloßes Eindringen, um meine Säfte zum Fließen zu bringen.

Nachdem ich mich endlich losgeeist hatte, bemerkte ich ein Geräusch, das in meinen Ohren nachhallte. Es war ein rhythmisches Brummen, das an Geschwindigkeit und Emotion zunahm, während sich unsere Köpfe voneinander lösten. Ich identifizierte es als Ausdruck von Jubel oder Anerkennung, und als sich mein Begleiter zurückfallen ließ, sah ich den Auslöser des Trubels: Es handelte sich um eine Gruppe von Leuten, die den freien Tisch auf der gegenüberliegenden Seite besetzt und uns seit geraumer Zeit beobachtet hatte.

Ich lachte auf und versteckte mein Gesicht hinter der vorgehaltenen Hand. Doch ich fühlte mich keineswegs beschämt, sondern genoss die Situation. Allerdings nicht auf sexy, exhibitionistische Weise – was mir ohnehin schwergefallen wäre, da ich das vergangene Intermezzo äußerst unerotisch gefunden hatte –, sondern einfach, weil es lustig und auch ein bisschen albern war, auf diese Weise erwischt zu werden.

Als Ignorant, der er war, saß er in seliger Unwissenheit neben mir, stützte die Ellbogen auf das Regal hinter sich und ließ den Kopf hängen. Es war Zeit zu gehen. Ich trank den letzten Rest Wein aus und wollte ihn auf die Beine ziehen, aber er fiel immer wieder zurück auf seinen Stuhl.

Ratlos setzte ich mich neben ihn.

»Wach schon auf, komm, lass uns etwas essen, das macht uns nüchterner.«

»Ssgeht mir gut hier, hol mehr Wein.«

»Nein, komm schon, wir sollten besser gehen, bevor wir noch rausgeschmissen werden.«

Ich erhob mich wieder und versuchte abermals, ihn auf die Füße zu zerren, aber ich hatte kein Glück. Dann kam mir einer der Männer von gegenüber zu Hilfe und gemeinsam richteten wir ihn auf.

»Danke«, sagte ich, ohne ihm in die Augen zu blicken.

»Kein Problem«, erwiderte er lachend. »Sieht so aus, als hättest du heute Nacht noch eine Menge Spaß.«

Klar doch, verdammt wollte ich sein.

Ich schlang meinem Begleiter einen Arm über die Schulter und führte ihn nach draußen auf die Old Compton Street.

Vor der Kneipe ließ er sich gegen die Hauswand fallen und zog mich mit sich.

»Oh, du bist so sexy, lass uns zu dir gehen und ordentlich ficken.«

Nun habe ich auch schon Sex in verschiedenen Stadien des Betrunkenseins gehabt, aber dieser Mann hier konnte nicht einmal mehr auf zwei Beinen stehen, geschweige denn einen hochkriegen.

»Warum holen wir uns nicht irgendwo einen Happen zu essen und sehen, ob es uns dann besser geht?«

Er war einverstanden und so führte ich ihn zur Dean Street zu einem hübschen kleinen Chinarestaurant, wo die Bedienung bei unserem Anblick den Kopf schüttelte und die Tische zu klein für meinen Begleiter waren.

Er setzte sich in gekrümmter Haltung hin und seine Knie ragten über die Tischkante, während seine Arme schlaff an den Seiten herabhingen. Ihm gelang es immer noch nicht, den Kopf gerade zu halten, nun hing er ihm seitlich auf der Schulter und seine linke Wange zeigte nach oben.

»Was möchtest du essen?«

»Dich«, antwortete er und bemühte sich tapfer, nüchtern zu wirken. Ein starres Grinsen überzog sein Gesicht, als er gegen die Schwerkraft ankämpfte, die ihm den Kopf zur Seite drückte. Währenddessen blieben seine Augen zu neunzig Prozent geschlossen.

»Möchtest du Reis oder Nudeln?«

Damit hatte ich ihn offensichtlich locken können, denn nun setzte er sich ruckartig auf und riss mir die Speisekarte aus der Hand. Mit zusammengekniffenen Augen versuchte er, krampfhaft zu entziffern, was sich ihm als bloße Schnörkel darbot. Die Kellnerin kam an unseren Tisch und knurrte meinen Begleiter wütend an. Ich entschuldigte mich bei ihr für seinen Zustand und versicherte ihr, dass es ihm nach einer Mahlzeit besser gehen würde. Dann bestellte ich Nudeln mit Rindfleisch für ihn, woraufhin er »Reis!« grölte.

»Ich denke, dass er lieber Reis hätte«, bemerkte die Kellnerin und bemühte sich redlich, bei seinem Anblick nicht zu lachen.

»Ja, ich denke auch, dass wir diesem Mann hier eine Portion Reis beschaffen sollten. Und für mich bitte das Knoblauchhühnchen mit einer Extraportion Knoblauch. Die brauchen Sie nicht mitzukochen, es reicht, wenn Sie mir zwei Zehen gehackt dazugeben, danke.«

Was soll ich sagen? Mein Körper fühlte sich an wie in einer Schwangerschaft und ich musste ihm geben, wonach er verlangte.

Dann startete ich einen mutigen Versuch, mit meinem betrunkenen Kameraden zu plaudern. »Himmel, ich werde danach unglaublich nach Knoblauch stinken.«

»Das tust du jetzt schon. Du stinkst danach«, erwiderte er in fehlerfreiem Englisch und brach anschließend in grölendes Gelächter aus.

»Tue ich das?«, fragte ich leise und hielt mir die Hand vor den Mund.

»Ja, das war das Erste, was mir an dir aufgefallen ist. Du riechst nach Knoblauchdressing.«

Sein dröhnendes Gelächter durchdrang den gesamten Laden. Ich bestellte mir eine Flasche Wein und begann, sie allein auszutrinken.

Mistkerl!

Dann wurde uns das Essen serviert und es gelang ihm, alles bis auf den letzten Bissen zu verspeisen. Ich entwickelte allmählich Hassgefühle für ihn. Nicht nur, dass er mein gesamtes Gesicht mit seinem Sabber überzogen und meine Spalte befingert hatte, als wollte er ein Hühnchen stopfen, und ich mir außerdem fast die Schulter ausgerenkt hatte, als ich ihn aus der Kneipe befördern musste, nein, jetzt wagte er mir zu sagen, dass ich stank.

Ich hatte zwar das meiste von drei Flaschen unseres gesamten Alkoholkonsums intus, war aber praktisch nüchtern geblieben. Nun fing mein Unterleib an, sich in Krämpfen zusammenzuziehen, was meine beginnende Periode ankündigte, und mittlerweile roch mein Atem in der Tat nach

Knoblauch. Es kam also überhaupt nicht infrage, dass wir miteinander Sex haben würden.

»Fertig?«, fragte ich mit sarkastischer Stimme, als er mit einem seiner penisartigen Finger das letzte Reiskorn von seinem Teller aufstippte und sich den Finger in den Mund steckte.

»Ja. Jetzt lass uns endlich gehen und vögeln.«

Ich hatte ihn zu diesem Zeitpunkt noch über meinen letzten Beschluss im Unklaren gelassen. Wir verlangten die Rechnung, zahlten und verließen das Restaurant – das hieß, ich ging mit verschränkten Armen voraus, einen mordlustigen Ausdruck im Gesicht, während er über alles stolperte und jeden Stuhl mitnahm, der ihm im Umkreis von drei Metern im Weg stand.

Draußen ließ er sich wieder gegen eine Hauswand fallen und zog mich an sich. Ich küsste ihn, wohl wissend, dass mein Atem horrend stank, aber das war mir vollkommen egal.

»Also … wo wohnst du?«

»Nicht weit von hier, aber ich werde heute Nacht allein nach Hause gehen. Nimm es nicht persönlich, aber ich glaube, dass ich gerade meine Tage kriege.«

»Macht mir nichts aus.«

»Ja, mir aber schon. Sorry.«

»Hey, wir können doch ein Handtuch unterlegen.«

Himmel, was haben die Deutschen bloß immer mit ihren Handtüchern?

»Nein, ich möchte allein sein. Nächstes Mal.«

»Ich kann warten!«

Ich küsste ihn noch einmal und ging dann fort. Ich sah mich noch einige Male nach ihm um und stellte fest, dass er sich nicht von der Stelle gerührt hatte. Er lehnte immer noch an der Hauswand, hatte die Hände in seine Hosentaschen gesteckt und beobachtete, wie ich die Straße entlanglief. Er versuchte, einen bewundernden Blick heraufzubeschwören, war aber viel zu besoffen dafür. Nur der liebe Gott weiß, wie er nach Hause gekommen ist. Es könnte sogar sein, dass er noch immer an derselben Stelle steht, denn er sah nicht so aus, als würde er sich in absehbarer Zeit irgendwohin begeben.

Ich ging die Oxford Street entlang und hinterließ eine Spur von Knoblauch. Mit einer Hand hielt ich mir das Kreuz, mit der anderen strich ich mir über den Bauch wie eine Schwangere im neunten Monat.

Ich war unglaublich erleichtert, von ihm wegzukommen. Ganz offensichtlich hatte meine prämenstruelle Geilheit heute Abend nicht punkten können. Ich kam in meiner Wohnung an, machte mir eine Wärmflasche zurecht, legte mich ins Bett und verfluchte alle Männer, die ich kannte, bis ich einschlief. Am nächsten Morgen war meine Periode eingetreten und ich fühlte mich absolut fantastisch.

Ah, es geht doch nichts über die Freuden des weiblichen Daseins!

Das Paar: Sechs

23. 04. 2005, 18:29 Uhr
Von: Dawn
An: Gillian

Hallo, meine Hübsche,
danke vielmals für deine E-Mail. Ich habe das ganze Wochenende mit Schreiben verbracht und war jeden Abend der vergangenen Woche besoffen, daher hatte ich heute leichte Konditionsschwierigkeiten. Fühle mich, als flösse Essig durch meine Adern. Heute Abend muss ich schon wieder ausgehen und hoffe, dass ich mich bis dahin wieder normal fühle ...
Ich sollte dir mal ein paar Fragen beantworten, nicht wahr? Also, ich denke immer noch, dass ihr die Sache richtig anpackt, es klappt bestimmt nicht, wenn man durch die Kneipen zieht und auf ein solches Abenteuer hofft. Ich weiß, dass sich das lächerlich anhört, als wäre eine solche Website irgendwie besser, aber dort kann man die Antworten wenigstens filtern und genauer nach jemandem suchen, der einem gefällt. Außerdem ist es völlig anonym. Ihr beiden habt ganz offensichtlich eine enge Beziehung, ein Treffen zu dritt sollte davon nicht berührt werden, damit es alle genießen können. Auch wenn ich denke, dass es mit einer Freundin Spaß bringen könnte, besteht gleichzeitig das Risiko, dass es knifflig wird.
Ich? Ich bin so sehr Single, dass es mich erstaunt ... he, he, könnte nicht freier sein, auch wenn ich es ändern wollte. Es ist mein ausdrücklicher Wunsch, muss ich hinzufügen – mit meinem Buch wäre ein fester Freund zurzeit unmöglich.

Ich würde lügen, wenn ich behauptete, dass ich keine Liebhaber hätte, aber daran sind keine Gefühle geknüpft ... so klappt es ganz gut im Moment.
Und ja, ich hatte schon mal einen Dreier, aber, ähnlich wie du, mit Freunden. Diese Erlebnisse waren sehr sexy, aber ich bin gespannt auf ein Treffen, das natürlicher ist und nicht im Rausch geschieht. Es bringt mir Spaß, hier und da ein wenig herumzuexperimentieren. Und dies mit einer Frau zu tun, ist eine tolle Sache, auch wenn ich mich selbst nicht als bisexuell bezeichnen würde. Ich habe nicht den Wunsch, mit einer Frau eine Beziehung zu führen, aber viele meiner Fantasien haben mit anderen Frauen zu tun. Trotzdem liebe ich nichts mehr als einen schönen, dicken Schwanz und von jemandem in den Arm genommen zu werden, der größer ist als ich.
Teufel noch mal!
XX

24. 04. 2005, 20:18 Uhr
Von: Gillian
An: Dawn

Hallo, sexy Frau,
ja, ich weiß, was du meinst. Ich war auch etwas besorgt wegen der Freundschaft nach meinem Dreier, aber zum Glück können meine Freundin und ich beide sehr gut damit umgehen, und es ist uns im Nachhinein nicht peinlich. Ich weiß, dass sie es sehr genossen hat, aber sie möchte das Erlebnis nicht wiederholen, seit die Beziehung zu ihrem Freund enger geworden ist.
Ich bin schon gefragt worden, ob ich bisexuell sei, und habe seltsamerweise eine ganz ähnliche Antwort gegeben wie du. Obwohl ich über keine ausreichenden Erfahrungen verfüge, um es mit Sicherheit sagen zu

können. Trotzdem weiß ich, dass ich keine Beziehung zu einer Frau haben möchte. Ich bin da eher so wie du: Ich finde Frauen ungemein attraktiv und glaube, dass ich einfach gern sexuell herumexperimentiere. Ohne Männer könnte ich jedoch nie leben.
Ich wünschte nur, es wäre ebenso einfach, eine Gespielin zu finden wie einen Typen, denn ich wünsche mir schon seit Ewigkeiten, das Experiment aus dem letzten Jahr zu wiederholen. Gavin und ich sprechen viel davon und stacheln uns gegenseitig an. Jetzt bist du auch Teil unserer Fantasien geworden und er erzählt mir, was wir mit dir anstellen würden, wenn du bei uns wärst. Es macht mich so scharf, dass ich es kaum erwarten kann, dich endlich zu treffen. Heute hat er mir ein paar anzügliche SMS geschickt, was fies war, denn wir waren nicht beieinander. Er schrieb: Ich hätte euch liebend gern zusammen auf einem Bett, ihr bückt und küsst euch, während ich euch feucht mache und auf meinen großen, harten Schwanz vorbereite. Dann spielt ihr an euch herum, während ihr abwechselnd an meinem Schwanz saugt.
Er ist ziemlich dominant im Bett (sonst auch!) und wir haben fast alles ausprobiert. Gibt es etwas, das du nicht magst? Wir möchten dich bestimmt nicht abschrecken. Zu unserer Ausstattung gehören Handschellen, Augenbinden, ein Hundehalsband und eine Leine, Krankenschwester-Outfits, Vibratoren, und das alles wird regelmäßig benutzt. Wir würden gern etwas davon mit dir zusammen benutzen, wenn du magst?
Hast du noch weitere Fotos von dir? Ich liebe die Fotos, die du geschickt hast, aber weitere wären noch besser. Ich habe dir noch eins von mir angehängt, das erst kürzlich aufgenommen wurde, als ich mit ein paar Freundinnen abends unterwegs war. Du dürftest mich erkennen

können, ich sitze faul in der ersten Reihe, während alle anderen stehen müssen!
Nun, jetzt habe ich dir wieder eine lange Mail geschrieben! Tut mir leid, es ist manchmal nicht leicht, mich zum Schweigen zu bringen!
Hoffe, du hattest ein schönes Wochenende,
Gill, xxx.

DIENSTAG, 26. APRIL

Master Pendant
O ja, tu es – stranguliere mich, Daddy!

Ich hatte auf seine Anzeige in der Rubrik »Mann sucht Frau« geantwortet. Diese klang ungefähr so:

> *Vielleicht hast du gerade eine lange Phase der Unabhängigkeit für beendet erklärt. Oder du stehst heimlich auf ältere Männer, willst das vor deinen Freunden aber nicht zugeben. Möglicherweise bist du bisexuell und findest keinen Mann, der versteht, dass du deine Beziehungen zu Männern und Frauen getrennt hältst. Oder ist dir schon seit längerem klar, dass es mehr in puncto Beziehungen und Sex gibt als die langweilige Blumen-Sofa-und-DVDs-Kiste?*
>
> *… aber du hast keine Lust, in die Kneipe zu gehen und irgendeinen Typen für eine Suffnummer aufzureißen. (Das heißt, eigentlich hättest du nichts dagegen, wenn die Stimmung passt, aber du möchtest niemanden eifersüchtig machen.) Wenn du intelligent, sexy, schlank und zwischen 20 und 28 Jahre alt bist, dann schick mir eine Mail. Fotos können wir später austauschen, wenn es dir lieber ist.*
>
> *Ich bin 38, Engländer, gescheit, attraktiv, offen, sehr wortgewandt und sarkastisch. Bin außergewöhnlich intelligente, sexuell aufgeschlossene Frauen gewohnt. Ich verschwende keine Zeit und bestehe auf meiner Unabhängigkeit.*

21. 04. 2005, 14:15 Uhr
Von: Dawn
An: Master Pendant

Mir gefällt die fehlende Verzweiflung in deinem Text – das ist eine sehr reizvolle Anzeige, ein wenig forsch, aber gut auf den Punkt gebracht ... sehr nett!
Ich bin intelligent, sexy, schlank und 26 ...
Ich bin sehr gern Single und möchte das keinesfalls ändern, stehe den Dingen außerdem unkonventionell gegenüber ...
Ich denke, dass man mich durchaus auch als ungewöhnlich bezeichnen kann, da ich mein Leben gern besonders gestalte.
Also, äh ...??

21. 04. 2005, 14:47 Uhr
Von: Master Pendant
An: Dawn

Hmmm, lass mal sehen: ungewöhnlich, unkonventionell, besonders.
Da frage ich mich doch glatt, ob du mir etwas mitteilen möchtest :-) ... lass mich raten ... du stehst nicht auf »gewöhnliche« Beziehungen ... du stehst auf selbstbewusste und interessante Männer ... du bist eventuell auf der Suche nach »Freunden mit einem gewissen Nutzen« ... und du hältst nach jemandem Ausschau, der dir hilft, deine Grenzen ein wenig zu überschreiten ...
Lass uns ein Spiel spielen. Sag mir drei Dinge über dich. Interessante, spannende Dinge. Aber eins davon muss eine Lüge sein ...
Wenn du dann noch ein Foto für mich hättest ...

21. 04. 2005, 14:52 Uhr
Von: Dawn
An: Master Pendant

Das ist nicht gerade wenig verlangt ...
Aber okay ...

Ich bin Schriftstellerin
Ich bin Voyeurin
Ich stehe auf Schmerzen

Und du?

21. 04. 2005, 17:35 Uhr
Von: Master Pendant
An: Dawn

Ich vermute, dass du Exhibitionistin bist und keine Voyeurin ...

Jetzt bin ich dran:

Ich hatte schon Sex in der Öffentlichkeit
Ich bin niemals eifersüchtig
Ich bin devot

21. 04. 2005, 17:37 Uhr
Von: Dawn
An: Master Pendant

Ich könnte beides sein ...
Kann mir nicht vorstellen, dass du auch nur eine Sekunde lang devot bist ...

22. 04. 2005, 02:02 Uhr
Von: Master Pendant
An: Dawn

Nun, in diesem Fall wäre es extrem unhöflich, wenn ich dir nicht die Gelegenheit gäbe, herauszufinden, inwieweit deine Vorstellungskraft mit der Realität übereinstimmt ... Ich schlage vor, dass wir uns am Samstagnachmittag auf einen Kaffee treffen, oder auf einen Drink nächsten Dienstag ...

23. 04. 2005, 13:01 Uhr
Von: Dawn
An: Master Pendant

Da musst du mir schon ein bisschen mehr von dir erzählen, bevor ich mich mit dir treffe, Mister!

23. 04. 2005, 14:25 Uhr
Von: Master Pendant
An: Dawn

Du willst mehr von mir erfahren. Aber dir gefallen auch das Geheimnisvolle und die Unwissenheit ...

23. 04. 2005, 15:18 Uhr
Von: Dawn
An: Master Pendant

Das kann ich schlecht abstreiten!

23. 04. 2005, 15:41 Uhr
Von: Master Pendant
An: Dawn

Hab ich mir gedacht. Dann lass uns den Dienstagnach-

mittag festlegen. Es hat etwas äußerst Unkonventionelles, wenn man sich tagsüber trifft … man schafft sich eine eigene kleine Welt, während der Rest der Welt arbeitet …
Wann hättest du Zeit?
Willst du anonym bleiben oder verrätst du mir deinen Namen?

23. 04. 2005, 15:45 Uhr
Von: Dawn
An: Master Pendant

Ich stimme dir vollen Herzens zu, was konspirative Treffen am Tag angeht …
Ich habe den ganzen Nachmittag Zeit – wo wohnst du, ich in Marylebone x.
Und, äh, … ich würde gern anonym bleiben … weil ich ja weiß, dass dich das Geheimnisvolle und die Unwissenheit erregen.

23. 04. 2005, 16:15 Uhr
Von: Master Pendant
An: Dawn

Ich habe dunkle Haare & Augen, ein sardonisches Grinsen, bin 1,81 groß und wiege 73 Kilo. (Das sind 160 Pfund, falls du Amerikanerin sein solltest.)
Wie wäre es mit dem Globe Pub? Gegenüber der U-Bahn-Station Baker Street? 14:00 Uhr?

23. 04. 2005, 16:51 Uhr
Von: Dawn
An: Master Pendant

Hört sich perfekt an. Ich bin 60 Zentimeter groß mit dunklem Haar (am ganzen Körper), vorgerecktem Unterkiefer, großen Zähnen, schwarzen Pfoten mit Lederhaut und einem gestreiften Hinterteil, das ich ganz allerliebst finde. Du kannst mich nicht verfehlen.

23. 04. 2005, 18:43 Uhr
Von: Master Pendant
An: Dawn

Ich halte mich mit einem Urteil über die Schönheit deines Allerwertesten zurück, bis wir uns treffen ...
Ich werde wahrscheinlich graue Jeans und ein schwarzes Jackett tragen. Freue mich auf das Treffen.

Das Date

Mir gefiel das Geheimnisvolle an diesem Treffen, daher hatte ich noch nicht einmal ein Foto sehen wollen. Er schien wissend zu sein, wenn auch etwas zwielichtig und düster, und dazu noch clever und intuitiv. Er hatte mit seinen Vermutungen, wonach ich suchte, ziemlich den Nagel auf den Kopf getroffen. Und nach der Art zu urteilen, wie er die unterschiedlichen Lebenslagen seiner Mitmenschen in der Anzeige beschrieb, war er ein Freidenker und offen. Er schien außerdem recht viel Selbstbewusstsein zu haben und ich kann nicht verleugnen, dass ich seine E-Mails sehr sexy fand.

Das Globe liegt ungefähr zehn Minuten zu Fuß von meiner Wohnung entfernt. Als ich mich dorthin begab, konnte ich nicht umhin zu überlegen, ob ich wohl in ein paar Stunden gemeinsam mit ihm zu meiner Wohnung zurückkehren würde. Er faszinierte mich und das machte mich ziemlich scharf.

Als ich den Pub betrat, stand er mit dem Rücken zu mir an der Bar. Er trug graue Jeans und einen schwarzen Blazer, wie er es angekündigt hatte, doch was er mir verschwiegen hatte, war das grellrote Emblem auf dem Rücken des Blazers. Dies war ziemlich anstößig, wenn auch kein Totenschädel mit gekreuzten Knochen, aber so etwas in der Art.

Ich hielt für einen kurzen Moment inne und überlegte, ob ich wieder gehen sollte. Er hatte schließlich keine Ahnung, wie ich aussah, daher würde er mich nicht erkennen, wenn er sich umdrehte. Aber ich zwang mich zu bleiben, es wäre unfair, ihn wegen seines düsteren Outfits voreilig zu verurteilen. Ich entsann mich seiner E-Mails und tippte ihm schließlich auf die Schulter. »Hallo?«

Er wandte sich um, um mich zu begrüßen, und ich wurde einen Augenblick lang von den hereinfallenden Sonnenstrahlen geblendet, die sich in einem großen, runden Silberanhänger spiegelten, den er um den Hals trug.

Unter dem Jackett hatte er ein schwarzes T-Shirt mit einem weißen Schriftzug an. Ich konnte nicht erkennen, wie er lautete, vermutete aber, dass es sich um den Namen einer Band handelte. Seine Lippen waren üppig, seine Haut blass und seine Wangen von einem rosigen Hauch überzogen. Seine runden braunen Augen standen vor wie bei einem Kaninchen mit Augenpest und seine Nase war groß und unverwechselbar jüdisch. Er trug sein braunes Haar kurz geschnitten. In der Hand hielt er ein Glas Weißwein, das überhaupt nicht zu ihm passte.

»Du siehst überhaupt nicht so aus, wie ich es erwartet hätte«, begrüßte er mich mit einer Stimme, die mich sofort an Mr Bean erinnerte. Ihr wisst schon, sehr tief und näselnd, was zweifellos daran lag, dass er unablässig sein fliehendes Kinn nach hinten drückte.

Ich bestellte mir einen Tomatensaft und wir nahmen an einem der hinteren Ecktische Platz.

Dann begannen wir unser Gespräch mit der üblichen Frage, »Hast du schon viele Erfahrungen mit dem Online-

Dating gesammelt?« Bei ihm war das tatsächlich der Fall. Er sprach von seinen »Freundschaften mit Frauen«, die er auf diese Weise kennengelernt hatte. Aber etwas sagte mir, dass weitaus mehr dahintersteckte als reine Freundschaft. Obwohl er nicht gut aussah, umgab ihn eine intensive sexuelle Ausstrahlung.

Es gefiel ihm überhaupt nicht, dass ich mich für ein alkoholfreies Getränk entschieden hatte, und er beklagte sich, dass wir nun nicht den ausschweifenden Nachmittag erleben würden, den er ursprünglich geplant hatte. Sein ausgeprägtes Selbstbewusstsein, wenn nicht sogar ein leichter Anflug von Arroganz trat deutlich hervor. Ich meinte, Typen wie ihn zu kennen. Superintelligente, düstere Menschen, die haufenweise philosophische Werke lasen, sich für Bands wie Pink Floyd begeisterten, alles ablehnten, was nach Mainstream klang, ob zeitlos berühmt oder gerade angesagt, und ziemliche Rechthaber waren. Das wiederum lag daran, dass sie sich selbst nie eine Ausnahme von der Regel erlaubten.

Er war weit herumgekommen, was bei mir nicht der Fall ist. Er hörte gern psychedelische Rockmusik, die ich verabscheute. Er liebte Mathematik und Naturwissenschaft, ich konnte damit nichts anfangen. Er trank Wein, ich gerade nicht. Er mochte das Unkonventionelle – und ich auch, weshalb ich blieb und darauf hoffte, dass wir vielleicht, wenn auch nur ganz vielleicht, eine Gemeinsamkeit entdecken würden.

Nach ungefähr fünfundzwanzig Minuten waren wir bei unserem zweiten Getränk angelangt: Weißwein für ihn, was seine Wangen noch mehr leuchten ließ, ein weiterer Tomatensaft für mich. Ich erzählte ihm von meiner Wohnung und davon, dass ich meinem Schlafzimmer bislang noch keine persönliche Note hatte verleihen können.

»Klar, du musst noch den Haken an die Decke schrauben.«

»Wie bitte?«

»Für die Schaukel?«

Ich lachte nervös auf und trank einen Schluck von meinem Saft. »Dann fehlen mir noch ein paar hübsche Bilder an den Wänden, ich werde wohl noch ein paar Regale umstellen müssen und so etwas in der Art.«

»Sicher, und ein Himmelbett mit Pfosten fürs Anketten.«

Er griff nach seinem Glas und warf mir einen wissenden Blick zu. Ich war ziemlich verwirrt über die plötzliche Wendung des Gesprächs in Richtung Fesselspiele.

»Also, ich brauche ja eigentlich nicht zu fragen, aber welche der drei Aussagen von dir war nun die Lüge?«

Es wunderte mich in der Tat, dass er mich das fragte.

»Dass ich auf Schmerzen stehe, natürlich.«

Er verschluckte sich an seinem Wein und seine gesamte Körperhaltung wechselte von entspannt zu extrem unbehaglich.

»Warum, was hattest du denn gedacht?«, fragte ich.

»Dass du eine Voyeurin bist?«

»Und du hast dich trotzdem mit mir getroffen?«

Mit flammendroten Wangen stürzte er den Rest seines Weins hinunter. »Entschuldige mich bitte.«

Er stand rasch auf und stürmte zu den Toiletten, warf dabei einen Stuhl um und brauchte die Hilfe der Kellnerin, um ihn wieder aufzurichten.

Während seiner Abwesenheit trank ich aus und schlüpfte in meinen Mantel. Ich war überrascht, wie schlecht es ihm gelang, seine Enttäuschung darüber zu verbergen, dass wir den Nachmittag wohl nicht mit gemeinsamen Spielchen à la »Nagle mich mit deinen spitzen Stiefeln« verbrachten. Er hatte sich offensichtlich bereits in seine Vorfreude hineingesteigert.

Als er von der Toilette zurückkam, stand ich neben dem Tisch und war bereit, mich zu verabschieden. Er griff nach unseren leeren Gläsern und stellte sie am Tresen ab. Dann blieb er kurz stehen, um mir mit einer Geste den Vortritt zu lassen.

Vor der Kneipe verabschiedeten wir uns unbeholfen mit einem Küsschen auf die Wange und gingen nach Hause. Es kam schlichtweg überhaupt nicht infrage, gar darüber nachzudenken, ob es mit uns funktioniert hätte.

MITTWOCH, 27. APRIL

Flash
Er führte dich ins Nobu aus ... hat er dich auch rumgekriegt?

Anzeige C

12. 04. 2005, 21:11 Uhr
Von: Flash
An: Dawn

Hallo,
ich bin 40 und habe eine eigene Firma in der City Londons. Mein Problem ist das genaue Gegenteil: Ich bin ständig in tollen Restaurants und Bars unterwegs, bräuchte aber eine neue, aufregend attraktive Begleitung, um es richtig zu genießen. Habe eine ziemlich gute Kondition, bin nicht hässlich und schicke dir gern ein Foto von mir. Lass uns ein Treffen arrangieren – erst Cocktails, dann Dinner –, meine Lieblingsläden sind Blue Bar, Zeta Bar und Home House für Cocktails und Nobu. Zuma, Sketch oder Hakkasan fürs Dinner. Such dir aus, was dir gefällt, ich lade dich ein.
Vor allem solltest du unterhaltsam und lustig sein (oh, und natürlich fabelhaft aussehen).
Spring über deinen Schatten und du wirst es nicht bereuen.

12. 04. 2005, 22:33 Uhr
Von: Dawn
An: Flash

Nun, wenn du es mir schon so großzügig anbietest, dann entscheide ich mich für das Nobu.
Doch erst die Basisarbeit, bitte ...

Schick mir doch das Foto und ein paar Eckdaten zu deiner Person ...
Ich habe auch ein paar Bedingungen: Du solltest lustig sein, aufgeschlossen und ein entspannter Begleiter. Sonst gibt es keine Regeln, das heißt, eine Sache hätte ich da noch: abgesehen von den tollen Restaurants und deinem flotten Aussehen ... warum sollte ich mit dir ausgehen?

13. 04. 2005, 07:33 Uhr
Von: Flash
An: Dawn

Bin mir nicht sicher, ob ich mich auf mein Foto verlassen kann, um dich zu überzeugen, oder ob ich es mit der harten Verkaufsmasche versuche. Nun ja, in Anbetracht der Tatsache, dass ich völlig unfotogen bin, gehe ich lieber auf Nummer sicher.
Also, ich bin 1,80 groß, muskulös gebaut – das heißt, keinen Bauchansatz! Ich habe keinen behaarten Rücken oder andere Makel, die abtörnen (wenn man von meinen Piercings absieht – kleiner Scherz!). Ich arbeite im Zentrum Londons als eine Art Finanzier – ohne Riesenego –, bin intelligent und geistreich, komme aber aus einer Arbeiterfamilie und bin daher kein Snob, sondern einfach nur ein extrem gut aussehender und reicher Normalo!
Warum solltest du dich mit mir treffen wollen? Nun, abgesehen von den netten Restaurants, dem tollen Essen und ebensolchen Cocktails, denke ich, dass dir mein Humor und mein Charme gefallen könnten. Es wird lustig werden! Übrigens, wenn du gern Ski fährst oder Sonnenbäder magst, ich besitze ein paar Feriendomizile und bin leicht für einen Kurzurlaub zu begeistern (den wir alle brauchen). Oh, außerdem fahre ich einen Maserati, erwarte aber nicht, dass dich ein solches Angeber-

geschwafel in deiner Entscheidung beeinflusst (kann dir aber trotzdem gern ein paar hübsche Fotos schicken!). Jetzt drehe ich den Spieß um und möchte wissen, wonach du wirklich Ausschau hältst und was mir an dir am besten gefallen wird?

13. 04. 2005, 10:45 Uhr
Von: Dawn
An: Flash

Hey, nettes Foto!
Du hast ein freundliches Gesicht, das muss man sagen, und wenn ein Mann mit einem freundlichen Gesicht mich ins Nobu einlädt, dann finde ich es schwer, abzulehnen ...
Okay, ich bin ungefähr 1,78 groß, gelegentlich auch 1,83. Ich habe schulterlange, dunkle Haare, die ich mir gewöhnlich aufstecke, weil ich gern Volumen in meine Frisur bringe – ich kann es nicht leiden, wenn die Haare einfach nur herabhängen.
Ich trage Größe 40 ...
Außerdem bin ich selbstbewusst und schreikomisch ... klaro?
Tja, ich gehöre zur Sparte der Freiberufler, bin im Medienbereich tätig und Schauspielerin, was heißen soll, dass ich mal eine entsprechende Ausbildung gemacht habe. Ich liebe Katzen (meine Siamkatze Lilu ist wie ein Kind für mich), Klamotten und flotte Flitzer (ganz besonders Maseratis).
Wir sollten also definitiv miteinander essen gehen, allerdings sage ich lieber gleich, dass ich keine Frau für eine Nacht bin – also behalte deine Patschepfötchen schön brav bei deinen Sushi, wenn du verstehst, was ich meine ...
Haha, entschuldige, das war ein wenig dämlich, aber ich möchte keine falschen Erwartungen wecken, verstehst du?

16. 04. 2005, 12:30 Uhr
Von: Flash
An: Dawn

Okay, im Anhang findest du ein Foto meiner Geschwindigkeits-Raubkatze, die ich allerdings nur zu bestimmten Gelegenheiten aus der Garage hole (kaum zu glauben, dass ich tatsächlich versuche, dich mit meinem Wagen zu locken!).
Du scheinst recht groß zu sein? Muss ich etwa meine Tango-Schuhe anziehen? Mit 1,80 blicke ich möglicherweise zu dir auf (hübscher Gedanke!), doch stünde ich auf meiner Brieftasche, wäre ich viel größer (ich scherze!).
Okay, dann essen wir im Nobu zu Abend – aber erst will ich ein Foto sehen –, was nur fair ist und aus einer bitteren Erfahrung mit einem Transsexuellen resultiert. Hat mich ein Abendessen gekostet, aber wenigstens habe ich rechtzeitig kapiert, was abging.
Komm schon, sei mutig!
Wo arbeitest/lebst du? Ich arbeite in Soho und lebe in Victoria, zentraler geht es in London kaum!
Keine Sorge wegen der ersten Nacht, ich bin da ganz entspannt, solange wir uns amüsieren, aber wenn du dich mir an den Hals wirfst, dann werde ich dich auch am nächsten Morgen noch respektieren! Doch fürs Erste kann ich mich auch mit dem Geschmack von Sushi und Cocktails begnügen!
Okay, wo ist das Foto? Wenn du mir mit »Ich habe keins« antwortest, würde ich dich gern auf einen Kaffee einladen, irgendwann nachmittags, als risikominimierende Maßnahme.
Du bist an der Reihe.
Übrigens, wie darf ich dich eigentlich anreden?

18. 04. 2005, 11:03 Uhr
Von: Dawn
An: Flash

Mein Name ist Dawn – hey ... wir können unsere Verabredung in den Terminkalender eintragen. Wie wäre es mit Mittwoch, dem 27. April?

20. 04. 2005, 13:03 Uhr
Von: Flash
An: Dawn

Okay, Baby, ein Tisch im Nobu ist für nächsten Mittwoch, acht Uhr, reserviert – poliere also schon mal deinen Partyzylinder und vergiss nicht, mir vorher noch deine Telefonnummer zu geben!
Wow, ich habe schon den Geschmack des schwarzen Misodorschs auf der Zunge!

21. 04. 2005, 09:30 Uhr
Von: Dawn
An: Flash

Hey, hey, hey – das ist ja so aufregend!
Acht Uhr passt mir ausgezeichnet – ich werde mich herausputzen, aber flache Schuhe tragen.
Schließlich will ich dich nicht überragen, hehehe, xxx.
Meine Nummer ist übrigens die ***********

22. 04. 2005, 07:22 Uhr
Von: Flash
An: Dawn

Freches Luder!
Okay, dann lass uns in der Blue Bar im Barclay Hotel treffen – die Cocktails dort sind große Klasse und die

Atmosphäre ist sehr angenehm. Manchmal sieht man den einen oder anderen Topmanager, der sich mit einer Babynutte trifft und so tut, als sei sie seine Nichte oder so ähnlich!
Die Adresse lautet 1 Wilton Place SW1. Nimm dir ein Taxi und gib mir anschließend die Quittung – ich lade dich gern ein.
Wow, ist das aufregend, nur noch eine Woche!

Das Date

Ich hasse es, oberflächlich zu sein, aber sein Maserati hatte es mir tatsächlich angetan. Ich bin sicher kein Boxenluder, aber ihr hättet das Foto von der Kiste sehen sollen. Es hat mich direkt durch meinen Computer angesprochen, sich in meinem Kopf eingenistet und mir eingeflüstert, dass ich sein Herrchen dringend kennenlernen sollte.

Ich mochte Flash wegen seiner Selbstsicherheit und ich fand, dass er sich galant anhörte, verspielt und höflich. Er hat mich nicht gedrängt und etwas an ihm sagte mir, dass er kein Mann war, der eine Beziehung suchte, sondern dass er einfach nur Spaß haben wollte, genau wie ich.

Er sprach offen über seinen Reichtum, aber machte mir keine anzüglichen Offerten. Stattdessen präsentierte er sich einfach als sehr reicher Mann, der seine Zeit gern mit hübschen Frauen verbrachte und sie verwöhnte. Das wusste ich durchaus zu schätzen. Wenn ich eine steinreiche Frau wäre, dann würde ich mein Geld und meine Zeit auch für hübsche Männer aufwenden.

Ich hatte also ein gutes Gefühl, was ihn anging, und rieb mich daher von Kopf bis Fuß mit Selbstbräuner ein und enthaarte meine Bikinizone, für den Fall, dass sich die Dinge zwischen uns entwickelten.

Er rief mich am Morgen unserer Verabredung an und darüber freute ich mich. Seine sanfte Stimme klang freundlich und unser Gespräch war weder unbeholfen noch bemüht, was mich entspannt dem Abend entgegensehen ließ. Ich hoffte allerdings, dass er kein »Schlüsselklimperer« war. Kennt ihr solche Typen? Idiotische Reiche, die Leinenanzüge und Slipper aus echter Schlangenhaut tragen, ihre Goldzähne aufblitzen lassen und ständig mit ihren Wagenschlüsseln klimpern. Eine Angewohnheit, die übrigens häufig unter Neureichen verbreitet ist und die ich aus tiefstem Herzen verabscheue. Zum Glück schien er nicht in diese Kategorie zu fallen und wirkte auch nicht arrogant oder schleimig. Als ich ihn fragte, wie aufgeputzt ich denn zu unserem Date erscheinen sollte, antwortete er mir, dass von einer Jeans bis zu einem Cocktailkleid alles ginge.

»Und was wirst du tragen?«, fragte ich ihn.

»Ach, nur einen langweiligen Anzug.«

»So ein Quatsch!«

»Doch, aber keine Sorge, ich sehe großartig darin aus.«

Nicht schlecht gekontert, so was liebe ich!

Ich rief ihn an, als ich in der Hotelhalle angekommen war. Er trat aus der Doppeltür der Blue Bar heraus, strahlte mich an und breitete die Arme aus, um mich zu begrüßen. Sein herzliches Willkommen machte mir auf der Stelle klar, dass ich diesen Abend sehr genießen würde.

»Du hast tolle Beine«, waren die ersten Worte, die er zu mir sagte, als wir uns mit Wangenküsschen begrüßten. Ich trug wieder den geschlitzten schwarzen Rock, der praktisch meinen gesamten rechten Oberschenkel entblößte.

»Haha, netter Spruch«, erwiderte ich, bevor wir uns setzten.

Ich bestellte einen Jack Daniels mit Cola light, er entschied sich für einen Cocktail.

Er saß mir gegenüber, hatte einen Fuß auf das andere Knie

gelegt und die Arme weit ausgebreitet auf der Rückenlehne des Stuhls abgestützt. Seine Körpersprache war elegant, fast tuntig, aber nicht sehr. Okay, ich verstehe, dass sich das etwas verwirrend anhört. Was ich meine, ist, dass es zu ihm passen würde, wenn er die Handgelenke manieriert angewinkelt hätte, was er nicht tat, oder beim Anheben des Glases den kleinen Finger abgespreizt hätte, was er ebenfalls nicht tat. Er war kein Macho, aber genau das gefiel mir. Ich bin eine Frau, die es schätzt, wenn Männer mit überschlagenen Beinen dasitzen, Männer also, die bis zu einem gewissen Grad mit ihrer weiblichen Seite im Reinen sind. Nichts ist schlimmer für mich als extrem machohaftes Getue von grobschlächtigen Typen, die mit ihren Schaufelhänden alles zerquetschen, was ihnen zwischen die Finger kommt. Oder Männer mit so kräftigen Muskeln, dass ihre Arme meilenweit von ihren Körpern abstehen, als hielten sie unsichtbare Basketbälle. Übermäßig männliche Männer sind nicht mein Geschmack. Ich stehe auf Körper, die sich sanft anfühlen, ich mag keine extrem geformten Muskelpartien und ich mag nicht mit jemandem schmusen, der einen bretttharten Bauch hat. Daher gefielen mir sein sanft anmutendes Äußeres, seine gerundete Körpermitte und kräftige Brust. Er war knuddelig und ich hätte mich am liebsten auf der Stelle an ihn geschmiegt, doch mir war klar, dass die anderen Gäste der Bar dies möglicherweise als störend empfinden würden.

Ich sonnte mich in dem Blick, mit dem er meinen Oberschenkel betrachtete, und freute mich sogar noch mehr, als er ihn berührte. Es ist richtig gut, wenn man jemanden trifft, mit dem man sich nicht nur prima unterhalten kann, sondern sich auch keinerlei Beschränkungen auferlegen oder irgendwie taktisch vorgehen muss. Manchmal kommt es vor, dass man von jemandem berührt wird, den man kaum kennt, und es fühlt sich unangenehm und aufdringlich an, aber gelegentlich hat man Glück und das Gegenteil ist der Fall. Das genieße ich dann umso mehr.

Ich schwärmte für ihn, und das nicht nur rein körperlich, sondern auch wegen der Leichtigkeit, die ihn umgab. Sein graues Haar begeisterte mich nicht sonderlich, ebenso wenig tat dies seine vorgewölbte Oberlippe. Auch der Duft seines Managerparfüms machte mich wenig an, oder seine kurzen Finger. Aber seine Art zu plaudern, sein Humor und seine lockere Art nahmen mich sofort für ihn ein. So war ich gewillt, es auf einen Versuch ankommen zu lassen, obwohl etwas an ihm eine Sirene in meinem Kopf losgehen ließ, die »Kleiner Schwanz!« schrie. Doch ich hoffte, dass mein Schwanzradar in diesem Fall ausnahmsweise irrte.

Es scheint Standardthema bei Treffen mit Online-Dates zu sein, dass man zunächst davon spricht, dass man sich über das Internet kennengelernt hat. Am besten bringt man das Thema gleich zu Beginn hinter sich, indem man es anspricht und abwartet, wie das Gegenüber reagiert. Flash hatte keine Probleme damit. Er hatte schon jede Menge Leute auf diese Weise getroffen, Freunde und Gespielinnen gefunden, sogar Beziehungen gehabt. Er war geschieden, hatte zwei Kinder und liebte diese mehr als alles andere auf der Welt, kam immer noch fantastisch mit seiner Exfrau aus, hatte einen großen Freundeskreis, ziemlich viel Geld und genoss das Leben aus vollen Zügen. Wie er mir davon berichtete, kam ich mir ein wenig langweilig vor. Er war ständig zu irgendwelchen Abenteuerurlauben unterwegs, liebte Extremsportarten und reiste durch die Weltgeschichte. Sein ganzes Leben bestand aus vielen bunten Seifenblasen und er glitzerte mittendrin.

Als es ums Ausgehen ging, war er sehr aufgeschlossen. Ich hatte nicht den Eindruck, dass er polygam lebte, sondern einfach die Gesellschaft netter Menschen genoss, weil er selbst zu dieser Kategorie gehörte. Vor mir saß sicherlich kein Mann, der es nötig hatte, Leute über das Internet kennenzulernen, weil er es im echten Leben nicht schaffte, er war jemand, der diesen Weg wählte, weil er gern so viele interessante Leute wie möglich in sein Leben ließ. Das ist eine großartige Einstellung!

Was mir jedoch auffiel, war, dass er es liebte, sein Gegenüber zu beeindrucken. Als ich ihm erzählte, dass mich einer meiner Kavaliere nach New York entführt hatte, wollte er ihn auf der Stelle übertrumpfen. Ich sah förmlich, wie es hinter seiner Stirn ratterte, wohin er mich wohl mitnehmen könnte. Hinzu kam, dass er plötzlich ganz still wurde und mir mit einem »Sch« zu verstehen gab, dass er gerade nachdachte. Ich lachte und sagte, dass wir vielleicht erst einmal zusammen zu Abend essen sollten, bevor er die Planung für ein gemeinsames Wochenende in Angriff nahm.

Wir hatten zwei Drinks in der Blue Bar und gingen dann rüber ins Nobu. Sobald wir saßen, bestellte er eine Flasche Wein für uns und bat mich, das Essen auszusuchen. Darüber war ich mehr als hocherfreut.

»Ich sollte dich besser warnen, dass ich einen sehr gesunden Appetit habe.«

»Dann bestellst du eben alles, was auf der Karte steht.«

Ich blickte ihn an und brach in Gelächter aus, als hielte ich den Vorschlag für absurd, dann warf ich jedoch einen weiteren Blick in die Karte und entschied, ihm beim Wort zu nehmen.

Ich bestellte vier Vorspeisen, drei Hauptgerichte (eins davon war natürlich der schwarze Misodorsch. Jeder, der ihn schon mal im Nobu gegessen hat, schwärmt davon!), ein paar Beilagen wie Algengemüse und Misosuppe und zwei Portionen Sushi und Sashimi.

Die Kellnerin warnte mich, dass meine Bestellung sehr üppig sei und ich es dabei.bewenden lassen sollte. Ich blickte auf und entdeckte einen Ausdruck auf Flashs Gesicht, der besagte: »Verdammt, wenn du das alles aufisst, hast du dir eine Medaille verdient!«

Überflüssig zu erwähnen, dass ich Unmengen vertilgte. Als unsere Teller leer gegessen waren, erschien die Kellnerin wieder an unserem Tisch und bat um letzte Bestellungen, da die Küche bald schließen würde. Er entdeckte das Leuchten in meinen Augen und bestellte daraufhin eine weitere Portion Sushi und Sashimi. Ich war ihm äußerst dankbar und verspeiste diese ebenso rasch.

Das Dinnerdate mit ihm war sehr amüsant. Wir spielten eine Art von »Wer-ist-im-besten-Restaurant-gewesen«-Pingpong, das ich gewann, als ich ihm erzählte, dass ich in der Woche zuvor im Hell's Kitchen gegessen hatte. Das Restaurant steht nämlich im Mittelpunkt einer Reality-Show.

»Klar, du hast vielleicht die Kohle, aber ich habe die Kontakte«, sagte ich lachend, und wir amüsierten uns, was wir doch für zwei Angeber waren, bevor wir uns wieder unserem Essen zuwandten.

Er war unterhaltsam und fesselnd, aber was ich am meisten an ihm schätzte, war seine Aufgeschlossenheit. Wir diskutierten nicht über Drogen oder zurückliegende Teenagerjahre, daher weiß ich nicht, welche Erfahrungen er in dieser Zeit gemacht hat. Ich hatte auch keinen Bedarf an Kindheitsgeschichten, wollte nichts über seine Eltern oder vergangene Beziehungen wissen. Stattdessen sprachen wir fast die ganze Zeit darüber, wie unterschiedlich das Zusammensein mit verschiedenen Leuten ausfallen kann.

Er war einer Meinung mit mir, dass man niemals nie sagen sollte, wenn es darum geht, bestimmte Situationen einzuschätzen. Weil der Zeitpunkt, die Rahmenbedingungen und die jeweiligen Menschen über unser Verhalten entscheiden, nicht unbedingt die Moral. Das gefiel mir, da es sehr viele Leute gibt, die andere vorschnell verurteilen, obwohl sie in deren Position genau das Gleiche tun würden.

Flash war unglaublich unvoreingenommen. Ich erzählte ihm ein paar Geschichten, um ihn zu testen, (nein, euch werde ich sie nicht erzählen!), und er antwortete mir besonnen und klug. Außerdem war er stets bemüht, eine Erklärung zu bekommen, bevor er voreilig urteilte.

Wir haben auch über die Freuden des Lebens gesprochen. Dabei hatte er glücklicherweise keine Plattitüden à la »Das Leben ist dazu da, um Spaß zu haben« oder »Ich betrachte immer die Sonnenseite des Lebens« vom Stapel gelassen. Er war authentisch und wir beide waren uns darin einig, dass man nicht immer das Positive in allem sehen kann, aber dass man genug Menschen um sich haben sollte, die einen lieben und helfen, wenn die Melancholie zuschlägt. Das entsprach genau meiner Auffassung. Man sollte nie das Leben allein bezwingen wollen. Wir stießen auf gute Freunde an, von denen wir beide offensichtlich eine Menge besaßen.

Mir gefiel auch, wie offen er von seinem Vermögen sprach, statt sich über das Thema auszuschweigen, wie es reiche Leute häufig tun. Das habe ich nie verstanden und daher fand ich es erfrischend aufrichtig, jemandem zu begegnen, der sich nicht schämte zuzugeben, dass er stinkreich war, weil er einen Job hatte, der ihm Millionen einbrachte – und dann war es eben so!

Warum, zur Hölle, auch nicht? Flashs Reichtum hatte wenig Bedeutung für ihn. Er erwähnte immer wieder, wie albern es ihm vorkam, dass er für eine relativ geringe Arbeit derartige Riesensummen verdiente. Als er mir erzählte, dass er in Kürze seinen Job aufgeben würde, um zu reisen, dass er mehr Geld besaß, als er jemals ausgeben könnte, und sein Leben nicht in einem Büro damit verbringen wollte, seinen Kontostand weiter in die Höhe zu treiben, verehrte ich ihn nur noch mehr.

Nach einem durch und durch wunderbaren Essen schlug er vor, ins Annabelle's tanzen zu gehen. Vor zwei Stunden wäre ich davon noch so begeistert gewesen wie von einem Bissen Sashimi, aber nach unserer Völlerei war die Wahrscheinlichkeit, mich auf die Tanzfläche zu bekommen, ungefähr so groß, wie mich dazu zu bewegen, einen Big Mac zu essen.

Daher schlug ich das Windows of the World vor, das sich nebenan im Hilton befand. Er war noch nie dort gewesen und nahm die Idee begeistert auf.

Der Vier-Minuten-Spaziergang tat mir sehr gut. Das Tolle an Sushi ist, dass man davon essen, essen und noch mal essen kann und das Völlegefühl erträglich ist. Als wir den Aufzug betraten, der uns in den 28. Stock katapultierte, fühlte ich, wie die Energie in meinen Körper zurückkehrte. Daher war die heiße Knutscherei, die zwischen uns einsetzte, sobald sich die Aufzugtür mit einem *Ping!* geschlossen hatte, kein Problem.

Ich kann nicht sagen, wer den ersten Schritt getan hatte. Aber ich bin mir recht sicher, dass das Manöver von beiden Seiten beabsichtigt war. Ich stand gegen die Spiegelwand des Aufzugs gelehnt, während er sich an mich drückte. Er hielt meine Hände hinter meinem Rücken fest, was ich sehr sexy fand. Trotzdem war es nicht so, dass mir seine Küsse Wonneschauer über den Rücken jagten.

Aber ich genoss es, ja, das tat ich wirklich. Seine Lippen waren weich und sinnlich. Ab und an rückte seine Zunge zwar so weit in meinen Mund vor, dass ich befürchtete, sie würde in meinem Magen landen, aber gut, ich sog dann so stark, bis er sie wieder zurückzog. Da nicht wenige Männer auf diese Art zu küssen stehen, hatte ich mich allmählich daran gewöhnt. Alles in allem haute er mich jedoch nicht vom Sockel. Ich hatte das auch nicht erwartet, aber es hätte mir trotzdem gefallen. Wie ich bereits sagte, ist das Knutschen mit ihm ganz reizend gewesen, und ich mochte sowohl damit fortfahren, als es auch bei Gelegenheit wiederholen.

Als wir aus dem Aufzug traten, war sein Mund mit glänzendem Lipgloss verschmiert, während meine Lippen etwas geschwollen waren – witzig! Der Kellner am Empfang wusste genau, was wir angestellt hatten, und ich lächelte ihm verschwörerisch zu. Ich liebe solche Momente!

Nachdem wir uns gesetzt hatten, bestellte ich ein Glas Shiraz. Er beglückwünschte mich zu meiner Wahl und tat es mir gleich.

»Also ich denke immer noch darüber nach, wie ich deinen New-York-Trip übertrumpfen kann.«

»Ach, sei doch nicht albern. Das brauchst du doch nicht. Es reicht, wenn du dir etwas Gleichwertiges überlegst.«

Ich lachte wie eine Schwachsinnige über meinen eigenen Witz, bis er mich unterbrach.

»Okay, dann lass uns nächste Woche dorthin fliegen.«

Das ließ mich schlagartig verstummen. Gütiger, was konnte das Windows of the World nicht alles bewirken.

Ich bin erst zweimal dort gewesen und jedes Mal ist für mich dabei ein Trip nach New York herausgesprungen. (Kleine Gedankennotiz: Künftig alle Dates dorthin schleppen.)

»Aber ich lasse mich nicht auf getrennte Zimmer und so eine platonische Scheiße ein«, meinte er. »Der Typ muss verrückt gewesen sein.«

»Nein, das war er überhaupt nicht. Er war hinreißend«, sagte ich mit einem Anflug von Verteidigung.

»Klar, weiß ich doch. War nur ein Scherz. Ich kann dich verstehen, mir ginge es wohl genauso. Es ist ein großes Vergnügen, wenn man sich in so reizender Gesellschaft befindet. Daher kann ich mir gut vorstellen, dass er glücklich war. Ob mit Sex oder ohne.«

»Ja, ich denke, das kann man so sagen. Wir haben eine sehr schöne Zeit miteinander verbracht.«

»Trotzdem, wenn du mit mir verreist, wird es keine getrennten Zimmer geben …«

Meinetwegen. Ich wusste, dass ich großes Glück mit Plato gehabt hatte. Die Chancen, dass man vier Tage mit einem Mann verreiste und es ihm nichts ausmachte, dass es keinen Sex gab, waren verschwindend gering. Das machte ihn in meinen Augen noch wertvoller und ließ mich zweimal darüber nachdenken, ob ich die Einladung eines anderen Mannes annehmen sollte.

Wir schlossen das Thema mit dem Vorsatz ab, am nächsten Tag über Termine zu sprechen. Ich wollte noch eine Nacht darüber schlafen, weil in meiner Brust bildlich gesprochen zwei Seelen tobten.

Er brachte mich in einem Taxi nach Hause und wir knutschten wie die Verrückten auf der Rückbank während der kurzen Fahrt nach Marylebone. Ich habe diese Küsse viel mehr genossen, denn sie waren erotischer. Aber das Vergnügen war nicht so groß, als dass ich ihn mit nach oben gebeten hätte. Wobei ich glaube, dass er ohnehin nicht akzeptiert hätte, da er am nächsten Morgen einen Termin um sieben Uhr hatte. Und, um ehrlich zu sein, war er ein reifer Mann von vierzig Jahren, steinreich und mit Häusern in London, Surrey und Spanien. Er wäre ihm bestimmt nicht recht gewesen, für ein bisschen Sex, so bezaubernd dieser auch wäre, mit in meine Wohnung zu kommen, wo meine beiden Mitbewohner hausten und die Gefahr bestand, dass eine spontane Hausparty bis in die frühen Morgenstunden gefeiert wurde. Wir knutschten ein letztes Mal leidenschaftlich, dann schlüpfte ich ins Haus und freute mich über den himmlischen Abend, wobei ich mich gleichzeitig fragte, wohin er mich wohl führen würde.

DONNERSTAG, 28. APRIL

VHR
Ein **v**erdammt **h**ässlicher **R**iese!

Anzeige E

26. 04. 2005, 11:57 Uhr
Von: VHR
An: Dawn

Betreff:
Der Frau, die eigentlich alles hat, fehlt etwas …
irgendwelche rettenden Einfälle?

Vielleicht kann ich behilflich sein. Jagst du noch?

26. 04. 2005, 12:02 Uhr
Von: Dawn
An: VHR

Die Jagd schreitet voran …
Wer bist du?

26. 04. 2005, 13:06 Uhr
Von: VHR
An: Dawn

44, Brite, weiß, amüsant, gebildet, gute Gesellschaft und sehr sozialkompetent. Geboren in Manchester und von Beruf Autor. 1,90 groß, fit, kurz geschorener Schädel und – nicht zu vergessen – mit ordentlich was in der Hose.
Und du? Hast du einen Namen?

26. 04. 2005, 13:08 Uhr
Von: Dawn
An: VHR

Kurz geschorener Schädel?

26. 04. 2005, 13:11 Uhr
Von: VHR
An: Dawn

Ähm ... ja! Bin ich jetzt draußen?

26. 04. 2005, 13:12 Uhr
Von: Dawn
An: VHR

Nein, aber heißt es nicht kurz geschorenes Haar? Nicht Schädel ... hört sich etwas seltsam an ...

26. 04. 2005, 13:34 Uhr
Von: VHR
An: Dawn

Wenn ich Haare hätte, die man schneiden könnte, würde ich sie kurz scheren, so muss ich mich aus reinem Vergnügen mit dem Schädel begnügen.

26. 04. 2005, 14:18 Uhr
Von: Dawn
An: VHR

Entschuldige, da war ich wohl etwas kompliziert.
Mein Name ist Dawn, ich bin 26 Jahre alt und schreibe gerade an einem Roman ... was verfasst du so?
Ich bin ungefähr 1,80 groß, fit, sozialkompatibel, begeisterungsfähig und erfahren ...

Lebe in London.
Verrätst du mir mehr von dir?

26. 04. 2005, 14:21 Uhr
Von: VHR
An: Dawn

Oooh, Dawn, jetzt zappele ich an deiner Angel. Eine Kollegin. Mysteriös und belesen!
Das ist zu schön, um wahr zu sein. Als Nächstes verrätst du mir noch, dass du brünett bist, Kurven hast und toll küssen kannst.
Ich schreibe vieles.
Lebe im Randbezirk.
Und du?

26. 04. 2005, 14:24 Uhr
Von: Dawn
An: VHR

Ich bin brünett, habe tolle Kurven und meine Küsse sind preisverdächtig!
Lebe im West End.
Foto?
Du bekommst eins, wenn ich auch eins kriege, xxx.
Warum machst du Online-Dating?

26. 04. 2005, 14:32 Uhr
Von: VHR
An: Dawn

Weil ich eine 26-jährige, brünette Romanautorin suche, die im West End lebt und wie eine Weltmeisterin küssen kann. Und weil ich es zuerst bei ihr versucht habe. Glück gehabt, was?

26. 04. 2005, 17:34 Uhr
Von: Dawn
An: VHR

Ja, haha, sieht aus, als wäre deine Suche beendet!

26. 04. 2005, 17:37 Uhr
Von: VHR
An: Dawn

Gibt es jemanden, der dir in der Mittagspause tief in die Augen blickt? Oder darf ich das übernehmen? Verspüre ein überwältigendes Bedürfnis, dich zu sehen! Oder wenigstens deine Stimme zu hören. Wie wäre es mit einer Tasse Tee? Um drei oder vier Uhr in Soho?
Valerie Patisserie in der Old Compton Street.

27. 04. 2005, 10:07 Uhr
Von: Dawn
An: VHR

Perfekt. Wie lautet deine Telefonnummer? Dann rufe ich dich jetzt an, x.

Das Date

Er ging sofort an den Apparat und ich fiel fast vom Stuhl, als mir die lächerlichste und affektierteste Stimme aller Zeiten entgegenschlug. »Oh, Daaahhhling, Dawn. Du rufst an, wie hiiiimlisch.«

Ich dachte, dass er sich einen Spaß erlaubte, aber er hörte nicht auf.

»Ich unterliege da gewissermaßen einer substanziellen Ohnmacht in Anbetracht der Inferiorität, die mich überkommt, wenn ich den Weg einer bestialischen Schönheit der Meisterschöpfung kreuze, wie du es bist.«

»Du tust, was?«

»Einem Weib begegnen, das mich derartig gefangen hält, und das nach einer bloßen Hand voll blumiger E-Mails.«

»Wer?«

»Es gibt gar wenige weibliche Schriftstellerinnen, deren Schönheit so vielfältig ist, sei sie physischer oder intellektueller Natur. Dies ist mit deutlicher Akkuratesse gesagt, eine betäubende Empfindung.«

»Äh, richtig, wie sieht es aus, sollen wir Kuchen essen gehen?«

Also wirklich! Dieses Gesülze war doch total überflüssig! Okay, der Typ war Autor, aber das bin ich auch, und das heißt noch lange nicht, dass ich jedes Wort des englischen Dudens in meine Sätze einbaue, oder? Das wäre schlichtweg bar jeglichen Menschenverstands und obsolet in extremis, ganz zu schweigen von der kolossalen Verschwendung meiner physischen Kapazitäten, nicht zu vergessen deren neurologische Prozesse.

Unser Telefonat dauerte noch fünf Minuten. Ich sprach wenig, aber allem, was ich sagte, folgte eine andächtige Pause, dann erging er sich lang und breit darüber, wie wunderbar ich sei, und benutzte dabei Worte, von denen ich sicher bin, dass er sie sich ausgedacht hatte.

Seine Stimme war sehr tief und monoton und seine lang gezogenen Sätze waren völlig übertrieben. Er war so unglaublich affektiert, dass ich kaum verstand, was er sagte. Hinzu kam, dass er am Ende jedes Satzes die Stimme plötzlich senkte und ich schließlich nur noch eine Art Gurgeln vernahm.

Warum hatte ich also zugestimmt, ihn zu treffen, wenn ich doch wusste, dass er auch noch hässlich war? (Das hatte mir sein Foto verraten.) Und ein Kauderwelsch von sich gab, dass ich eher noch Behördenenglisch kapiert hätte? Nein, es lag bestimmt nicht daran, dass er mit seinem Gemächt angegeben hatte, sondern weil er Autor war, und das fand ich amüsant. Obwohl er offensichtlich völlig durchgeknallt war, gefiel mir die Idee, einen Literatenschnösel zu treffen.

Ich beeilte mich, in die Valerie Patisserie zu kommen, damit ich mir ein schönes Stück Sahnetorte gönnen konnte. Er hatte sich ins obere Stockwerk gesetzt, wie wir es abgemacht hatten. Ich hatte zwar schon ein Foto von ihm gesehen, aber sein Anblick traf mich trotzdem völlig unvorbereitet. Er war noch hässlicher als hässlich und ich fühle mich nicht schäbig, wenn ich dies sage, weil er es selbst mir gegenüber zugegeben hatte.

Als ich an den Tisch trat, telefonierte er gerade auf seinem Handy und warf mir eine entschuldigende Geste zu, die »zwei Minuten noch« bedeutete. Also setzte ich mich ihm gegenüber und versuchte, mich an dieses Bild der Abscheulichkeit zu gewöhnen.

Er war riesig und hatte sich mit dem Rücken zur Wand gesetzt. Sein rechter Arm ruhte auf dem Tischchen, der Rest seines Körpers quoll darum herum. Jede Einzelheit seiner Erscheinung war enorm, soweit ich dies überblicken konnte. Er hatte einen so riesigen Zinken, dass es mich nicht gewundert hätte, wenn er nach vorn übergekippt wäre. Ich weiß, dass man einen derartigen Riechkolben gern als Skipiste bezeichnet, und habe mir den Kopf zerbrochen, um eine originellere Beschreibung zu finden, aber es gelang mir nicht, weil seine Nase eben ganz genau so aussah. Wobei hier nicht von einer Piste der schwarzen Kategorie die Rede ist, nein, dieses riesige Knorpelgebilde schien besonders für den Typ »Bin noch nie Ski gefahren und außerdem Frührentner« geschaffen worden zu sein, die sich gemächlich ihres Weges begeben. Es handelte sich um einen langen und geraden Abhang, der sich meilenweit entlangzog, bevor er in einem schwachen und unbedeutenden Bogen endete. Ich stellte mir winzige Leute vor, die seine Nase, mit Skistöcken und Rucksäcken bewaffnet, emporkletterten und erschöpft hofften, dass sie eines schönen Tages endlich die Augenbraue erreichten.

Trotz der unendlichen Weite seines Nasenabhangs war noch genug Platz auf seinem Gesicht, um beispielsweise die Augen zu beherbergen, die permanent halb geschlossen waren aufgrund des Drucks seiner mehrschichtigen Lider. Seine kurzen, geraden Wimpern zeigten streng nach unten und folgten der Linie seiner Nase. Er hatte blassgrün gesprenkelte Augen, an deren Rändern gelblicher Schleim klebte, während die Haut um seine Augen einen violetten Ton aufwies und von roten Äderchen durchzogen war.

Bevor ich fortfahre, sollte ich erwähnen, dass er während seines Gesprächs stumm die Worte »Möchtest du etwas essen?«, formte. Und es gab keinen Zweifel, dass meine Antwort »Nein« lautete.

Das Telefonat dauerte an und ich bekam allmählich den Eindruck, dass er es darauf anlegte, mich als Zuhörerin zu haben. Aber ich starrte ihn nur gebannt an und bekam nichts davon mit.

Seine Ohren waren wie riesige Holzlöffel, die an den Seiten seines Kopfes hervorstachen, und er hatte die längsten Ohrläppchen, die ich jemals gesehen habe. Fleischig, schlaff und ohne jegliche Kontur. Ein kleiner, schwarzer Punkt wies darauf hin, dass er einmal einen Ohrring getragen haben musste, und er spielte ständig mit den Fingern daran herum.

Auf seinem überwiegend kahlen Schädel befanden sich hier und da ein paar Borsten, die sich den Platz mit geröteten Flecken und eitrigen Pusteln teilten. Seine Lippen waren schmal und wiesen nach unten, sodass sich seine sämtlichen Gesichtszüge in perfekter Abfolge dem Boden zuzubewegen schienen. Seine langsamen Bewegungen und die schleppende Stimme waren bar jeglicher Energie und ich konnte bildlich gesprochen mitansehen, wie seine Aura zu Boden floss und mich mit sich riss.

Endlich beendete er das Gespräch und stand auf, indem er seine riesigen Hände auf dem Tischchen abstützte. Ich blieb sitzen und beobachtete, wie sich dies Ungetüm vor mir aufrichtete. Dann tat er einen Schritt auf den Gang neben unseren Tisch und winkte mich zu sich heran. Ich gehorchte und er presste mich an seine Brust, drückte meine Arme hinter seinen Rücken.

Sein Oberkörper war extrem dünn, sodass ich seine Rippen durch die Kleidung spüren konnte. Dann hielt er mich von sich weg, fasste mich an den Oberarmen und küsste mich auf beide Wangen.

Er roch nach Räucherstäbchen.

»Du bist ganz und gar die Erscheinung meiner Vorstellung.«

»Danke. Entschuldigung, könnten Sie mir wohl bitte einen Pfefferminztee bringen?«, rief ich der Kellnerin zu. Alles, was nur die Spur eines Milchprodukts war, hätte mich jetzt zum Kotzen gebracht.

Er blickte mir kein einziges Mal in die Augen und reagierte auf keine meiner Antworten auf seine Fragen. Es schien, als wollte er nur zu mir sprechen, aber nicht mit mir. Ja, ich weiß, er hat mir riesige Komplimente über mein Aussehen gemacht, aber wir lagen einfach überhaupt nicht auf der gleichen Wellenlänge. Ich mochte ihn nicht, so lautete die einfache Wahrheit; ich fand ihn keine Spur sympathisch und konnte mir nicht vorstellen, dass es irgendjemanden gab, der das tat.

»Ich komme aus Guernsey«, warf ich ein, als mich sein anhaltendes Geschwafel nervte. Er blickte mich herablassend an und trank einen Schluck von seinem Kaffee.

»Ich habe eine Siamkatze namens Lilu, die mich sehr inspiriert.«

»Ich hasse Katzen«, erwiderte er und rührte in seiner Tasse, »und Siamkatzen sind ganz besonders schlimm. Sie bewirken, dass ich ständig niesen muss.«

Gütiger, diese Explosion dürfte man sich wohl nicht entgehen lassen.

»Ich bin auf die Schauspielakademie gegangen.«

Nun ging es wieder von vorne los.

»O Dahhhling, noch jemand aus der darstellenden Zunft, das ist ja zu schön, um wahr zu sein.«

»Bist du Schauspieler?«

»Ja, stehe schon seit Jahren auf der Bühne. Ich habe gerade ein Stück geschrieben, das ganz fantastisch ist. Ohne es werde ich mir verloren vorkommen.«

»Ich habe mit dem Spielen aufgehört, weil ich die Leute in der Branche für ziemlich aufgeblasene Arschlöcher halte.«

Wir nippten stumm an unseren Tassen.

Ich war kurz vorm Einschlafen. Er war einfach so grottenlangweilig und negativ eingestellt, dass ich regelrecht dagegen ankämpfen musste, meinen Kopf gerade zu halten und nicht einzuschlafen. Ich konnte ihm auch nicht zuhören. Zu schön, um wahr zu sein? War es das? Und inwiefern?

Er flirtete auf keinste Weise mit mir, sondern wirkte hingegen inquisitorisch, wobei er keinen Deut auf das gab, was ich ihm erzählte. Warum also, zur Hölle, war er so von mir begeistert?

»Iss ein Stück Kuchen.«

»Nein, danke, ich möchte nicht.«

»Oh, du bist doch wohl nicht gerade am Abnehmen, oder?«, erwiderte er und hatte seinen voreiligen Rückschluss schon längst im Hinterkopf gefasst. Wenn eine Dame eine kalorienhaltige Speise verschmäht, weil sie gerade keine Lust darauf hat, und Männer ihnen daraufhin an die Gurgel gehen und sie eitel oder fanatisch nennen, dann macht mich das regelmäßig stinkwütend. Es ist einfach gemein und hat die gleiche Wirkung auf mich wie ein »Ooo, da hat wohl jemand seine Tage«, wenn man einmal etwas überreagiert. Ich hätte am liebsten geantwortet: Weißt du, manchmal ist es einfach so, dass Frauen keinen Appetit auf Kuchen haben, verstanden?

Stattdessen erzählte ich ihm: »Ich bin gestern auf einem wunderbaren Spaziergang im Hyde Park gewesen. Ich finde, gerade morgens ist es sehr inspirierend dort.«

»Ja, und man bekommt Bewegung. Ganz anders als der Nazi, der mich einmal in der Woche aufsucht und mich und meine Freundin neunzig Minuten lang quält.«

Okay, ich fand diesen Typen so abstoßend, dass ich ihn nie mehr wiedersehen wollte. Doch die Art, wie er beiläufig seine Freundin erwähnte, machte mich stutzig. Ich hatte bislang keinen blassen Schimmer gehabt, weswegen er mich hatte treffen wollen, doch jetzt wurde mir alles klar. Er suchte eine Geliebte, wobei er nicht sehr wählerisch war und dies indirekt zugab. Jetzt kapierte ich allmählich. Sein völliges Desinteresse an meiner Person, die Bewunderung, in der er sich erging, noch bevor wir überhaupt ein einziges Wort miteinander gewechselt hatten, einfach nur, weil ich eine Frau war. Ich war eine Landestation für seinen Penis, wo und wie war nicht von Bedeutung.

Ich fragte mich, wie seine Beziehung wohl aussehen mochte. Er war so schrecklich oberflächlich, ohne Sensibilität, Gefühl oder Herzenswärme. Er bestand nur aus Worten. Ich stellte mir seinen Kopf wie die Kuppel aus der TV-Show *The Crystal Maze* vor. Dort wirbelt eine Windmaschine im Finale Tausende von Geldscheinen umher, aber in seinem Kopf wären es keine Banknoten, sondern Worte, die in zufälliger Reihenfolge dann seinem Mund entströmten. Sie kamen weder von Herzen, noch waren sie mit Bedacht ausgewählt, sie wurden einfach ausgestoßen und waren der letzte Müll.

Als ich meinen Tee ausgetrunken hatte, erklärte ich ihm, dass ich jetzt gehen müsse. Er zahlte und wir verließen das Café.

Dann drückte er mich an sich, als wären wir alte Freunde, und sagte: »Soll ich dich am Wochenende anrufen?«

Überrascht und perplex nickte ich und schüttelte gleichzeitig den Kopf, dann machte ich mich auf den Weg. Ich war völlig verwirrt und verstand nicht, was in ihm vorging. Dann drehte ich mich um und sah, wie er in die gegenüberliegende Richtung verschwand. Ein riesiges Nichts, das über den Erdball wandelt und Leute zu Tode erschreckt. Sehr seltsam!

Ein paar Tage später erhielt ich seine E-Mail.

01. 05. 2005, 09:49 Uhr
Von: VHR
An: Dawn

Schönen Maifeiertag, Genossin!
Ich fühle mich geschmeichelt, dass du mich wieder treffen möchtest. Vielleicht am späten Nachmittag oder frühen Abend?
Ich habe heute ein paar Dinge zu erledigen, aber es wäre bezaubernd, einem zweiten Treffen mit Dawn entgegensehen zu können.
Ich, x.

Ich schrieb keine Antwort.

02. 05. 2005, 05:37 Uhr
Von: VHR
An: Dawn

Hallo, meine liebe Dawn – hast du meine etwas kryptische Nachricht gestern bekommen? Heute ist viel los – wie wäre es, wenn wir uns für morgen verabredeten? Zu etwas Nettem? Vielleicht während der Mittagspause oder so? Könntest du mir eine E-Mail schicken, damit ich Bescheid weiß? (Heute wäre eine E-Mail besser, weil dein Anruf von einer bestimmten Person nicht unbedingt geschätzt würde!)

02. 05. 2005, 10:38 Uhr
Von: Dawn
An: VHR

Hey,
ich fühle mich nicht sehr wohl in dieser Situation, deswegen möchte es an dieser Stelle abbrechen.
Pass auf dich auf und viel Glück
Dawn, x.

Und tschüss!

FREITAG, 6. MAI

Der Gentleman, dritter Teil
Verziehen?

Das Date

Der Gentleman und ich blieben in Kontakt, obwohl er mich hatte wissen lassen, dass ihm nicht mehr viel daran lag. Und unsere E-Mail-Plaudereien waren inzwischen nicht mehr erfreulich. Nach den üblichen Höflichkeitsfloskeln zu Beginn gingen wir zwar zu erotischen Anspielungen über, aber kurz darauf kam immer eine seltsame Stimmung auf. Er konnte sich einfach nicht beherrschen und ließ fiese Anspielungen auf mein Tagebuch vom Stapel, woraufhin ich mich wieder einmal gezwungen sah, mich mit einer ewig langen E-Mail zu rechtfertigen. Wiederholt erklärte ich ihm, dass ich mich bei keinem der Dates verstellt hatte, dass ich tat, was jeder andere auch tat, und dass ich eben zufällig darüber schrieb, blablabla.

Als ich aus New York zurückkam, erzählte ich ihm, dass ich mit einem Mann dort gewesen war, den ich online kennengelernt hatte. Der Gentleman wollte einfach nicht verstehen, weshalb ich mich nicht vorher bei ihm gemeldet und meinen Besuch in der Stadt angekündigt hatte. Nun, das hatte ich getan und ihm eine SMS geschickt, nicht wahr? Ich hätte noch eine E-Mail hinterherjagen können, aber etwas hatte mich daran gehindert. Wahrscheinlich, weil ich schon ahnte, dass er mir blöd gekommen wäre, wenn ich mich aus dem Hotel zu ihm geschlichen und ihm erzählt hätte, dass ich eigentlich in Begleitung eines Dates nach New York gekommen war. Den Gentleman zu treffen, wäre mir Plato gegenüber äußerst respektlos und reichlich unpassend vorgekommen, obwohl es ursprünglich mein Plan gewesen war. Daher ließ ich es gut sein.

11. 04. 2005, 18:27 Uhr
Von: Dawn
An: Der Gentleman
Betreff: Ich war in New York

Ich hatte deine E-Mail-Adresse nicht in meiner Adressdatei abgespeichert, was mich ziemlich geärgert hat.
Aber New York war supercool ... ich liebe es!
Wie geht's dir?

12. 04. 2005, 00:38 Uhr
Von: Der Gentleman
An: Dawn
Betreff: Re: Ich war in New York

Hör schon auf. Du hast dich nicht bei mir melden wollen. Das ist unfair. Wenn ich also das nächste Mal in London bin, soll ich mich besser nicht mit dir verabreden?

12. 04. 2005, 08:49 Uhr
Von: Dawn
An: Der Gentleman
Betreff: Re: Ich war in New York

Stimmt, ich hatte nicht vor, mich bei dir zu melden, bevor ich gefahren bin. Aber dann dachte ich – oh, Mann, das hier ist doch lächerlich! Ich wollte dir wirklich eine E-Mail schicken, hatte deine Adresse aber nicht abgespeichert ... Und ... doch, ja, ich finde, dass du mich unbedingt treffen solltest, wenn du wieder einmal in der Stadt bist. Es wäre absolut wundervoll, dich wiederzusehen, xx.

PS: Ich hatte lediglich die Nummer deines Handys in England. Dorthin habe ich dir auch eine SMS geschickt, aber nicht damit gerechnet, dass du die Nachricht bekommst, obwohl mir das sehr gefallen hätte, xx.

12. 04. 2005, 11:55 Uhr
Von: Der Gentleman
An: Dawn
Betreff: Re: Ich war in New York

Verstehe immer noch nicht, warum du mich nicht angerufen hast, bevor du gefahren bist. Du bist schließlich nicht nur für einen Tag in NY gewesen.

12. 04. 2005, 12:11 Uhr
Von: Dawn
An: Der Gentleman
Betreff: Re: Ich war in New York

Ich bin mit einem Freund dort gewesen, rein platonisch, aber trotzdem ein Mann, also wäre es vielleicht komisch geworden, und das wollte ich vermeiden.
Ich weiß ... außerdem dachte ich, du würdest mich nicht sehen wollen.
Es war blöd von mir, ich hätte es einfach darauf ankommen lassen sollen!

12. 04. 2005, 12:16 Uhr
Von: Der Gentleman
An: Dawn
Betreff: Re: Ich war in New York

Du bist merkwürdig drauf.

12. 04. 2005, 12:27 Uhr
Von: Dawn
An: Der Gentleman
Betreff: Re: Ich war in New York

Du bist noch viel merkwürdiger.
Du tust seltsame Dinge und ich weiß nie, woran ich bei dir bin.
Komischer Kauz!

12. 04. 2005, 12:29 Uhr
Von: Der Gentleman
An: Dawn
Betreff: Re: Ich war in New York

Nun, wenigstens weiß ich jetzt, woran ich bei dir bin.
Immerhin bist du wahrscheinlich nur ein paar Blocks von mir entfernt gewesen.
Das kommt mir seltsam vor, wenn die Freundschaft zu diesem Mann angeblich rein platonisch ist.

12. 04. 2005, 12:35 Uhr
Von: Dawn
An: Der Gentleman
Betreff: Re: Ich war in New York

Aber so ist es gewesen!
New York hat mich einfach umgehauen, so eine tolle Stadt!
Wo wohnst du ungefähr?
Wir sind im Avalon an der 32. Straße abgestiegen, gleich neben dem Empire State, aber das dürfte dir ja hinreichend bekannt sein.
Ich wusste einfach nicht, wie ich es ihm hätte erklären sollen, wenn ich mich mit dir getroffen hätte …
Ich habe mich jeden Nachmittag aufs Ohr gelegt, da mir

der Jetlag etwas zu schaffen machte – und mich gleichzeitig darüber geärgert, dass ich diese Zeit nicht mit dir verbrachte, aber es war zu spät, und ich hatte mich nicht bei dir gemeldet. Deine helfende Hand wäre mir bei ein paar delikaten Dingen sehr willkommen gewesen ;)

12. 04. 2005, 12:45 Uhr
Von: Der Gentleman
An: Dawn
Betreff: Re: Ich war in New York

Wow, dann waren wir in Gehweite voneinander entfernt. Das ist schon sehr sonderbar.
Wir scheinen uns großartig zu verstehen, aber alles, was zwischen uns geschehen ist, wurde von seltsamen Dingen überschattet.

12. 04. 2005, 12:49 Uhr
Von: Dawn
An: Der Gentleman
Betreff: Re: Ich war in New York

Ich weiß und ich verstehe es auch nicht. Aber ich will dir offen sagen, wie ich die Dinge sehe: Ich habe ein paar Leute über das Internet kennengelernt – genau wie du. Ich führe zufällig Tagebuch über meine Erlebnisse. Ich habe mir nie in einer Million Jahren vorgestellt, dass ich jemandem wie dir begegnen würde. Ich wollte mich nur ein bisschen amüsieren und mich ganz bestimmt nicht verlieben! Wir haben uns ein zweites Mal getroffen, weil ich dir nicht widerstehen konnte. In dieser Nacht habe ich dir von dem Buch erzählt und du fandest mein Projekt abscheulich. Ich habe das verstanden. Und dann bist du einfach abgehauen, ohne dich zu verabschieden. Ich hatte zwei Dates ausstehen, also habe ich mich mit diesen Männern getroffen. Wenn du dich nicht so dämlich verhalten hättest, hätte ich mit den Online-Dates womöglich schon zu dem Zeitpunkt aufgehört. Ich meine, ich hatte erst zwei Wochen zuvor mit dem Tagebuch angefangen und keinen blassen Schimmer gehabt, ob es je veröffentlicht würde. Und nachdem ich dich kennengelernt hatte, war das Tagebuch sowieso unwichtig geworden.

Aber du bist mir trotzdem böse gewesen und hast mir gemeine SMSe geschickt, die mich ganz schön durcheinandergebracht haben. Und dann hast du dich immer noch abfällig über mein Buch geäußert und mir zu verstehen gegeben, dass ich Leine ziehen soll …

Du gehst einfach zurück nach NY und sagst mir, dass du nicht mehr mit mir sprechen willst …

Und als wir dann doch wieder E-Mails austauschen, ist es leider gleich wieder seltsam zwischen uns. Du bist so unglaublich sexy, aber ich habe keine Ahnung, ob du mir nun verziehen hast oder nicht. Sobald ich das Buch erwähne, kommst du mir wieder mit höhnischen Kommentaren, und ich fühle mich schuldig.

Das Seltsame an der Sache ist, dass ich jetzt noch nicht aufhören möchte. Ich meine, ich habe mich zwar eine Weile mit niemandem getroffen, aber dann habe ich den Vertrag bekommen, und da hätte ich vor Glück am liebsten laut aufgeschrien – und so sollte man sich eigentlich fühlen. Aber aus irgendeinem Grund fühle ich mich dir gegenüber immer noch schuldig, was bedeutet, dass ich mich ständig rechtfertige, und das sorgt für diese seltsame Stimmung.

Ich werde den Kontakt zu dir trotzdem nicht abreißen lassen und hoffe, dass irgendwann wieder bessere Zeiten zwischen uns anbrechen …

12. 04. 2005, 13:36 Uhr
Von: Der Gentleman
An: Dawn
Betreff: Re: Ich war in New York

Nun, ich bin froh, dass ich mir kürzlich einen Regenmantel gekauft habe, denn es sieht so aus, als könnte ich ihn demnächst gut gebrauchen.
Ich komme nächste Woche nach London.
Und frage mich, ob ich dich anrufen werde, x.

Aha, er würde also demnächst in der Stadt sein. Obwohl er mich allmählich gehörig nervte, wollte ich ihn trotzdem unbedingt sehen. Ich war eigentlich nicht so gut auf ihn zu sprechen, weil er so gemein zu mir war und mir dann E-Mails schickte, in denen er fragte: »Und was hat das mit Liebe zu tun?« – solche habe ich schon mindestens eine Million Mal bekommen – oder: »Wo steckt die Liebe in dem, was du gerade geschrieben hast?« Oder: »Ich habe das Gefühl, dass hier wenig Liebe im Spiel ist.« Ich hätte ihm am liebsten entgegengebrüllt: »Wie kann hier noch von verdammter Liebe die Rede sein, du Arschloch, wenn du mir sagst, dass ich mich verpissen soll!«

Aber natürlich tat ich es nicht, sondern akzeptierte seine Einladung, als er nach London kam, und ließ mich von ihm zum Essen ausführen. Ich befürchtete, dass es wieder zum Zank kommen würde oder sogar zu einem heftigen Streit. Schließlich war ich mächtig wütend auf ihn, weil er mir ständig diese Schuldgefühle einimpfte, doch gleichzeitig hatte mich die Neugier gepackt, ihn wiederzusehen. Okay, ich bin zu der Verabredung gegangen, weil ich nicht Nein sagen konnte, aber das war mir zu diesem Zeitpunkt nicht klar.

Wir haben uns im Sumosan getroffen, eines meiner japanischen Lieblingsrestaurants in der Albemarle Street. Er wartete in der Kellerbar auf mich. Ich kann nicht behaupten, dass ich nervös gewesen wäre, obwohl ich ihn erst zweimal in meinem Leben getroffen habe und diese beiden Treffen jedes Mal eine große Wirkung auf mich gehabt hatten. Und jetzt – nach drei Monaten – hatten wir immer noch Kontakt, sodass es mir eher vorkam, als würden wir eine Beziehung führen, statt dass wir uns wie zwei Personen benahmen, die ihr drittes Date hatten. Ich war also eher reichlich geladen als nervös. Außerdem war ich davon überzeugt, dass ich mich in den nächsten Stunden wieder einmal über alle Maßen würde verteidigen müssen.

Aber ich hatte mir meine Waffen schon zurechtgelegt. Was der Gentleman nämlich nicht wusste, war die Tatsache, dass er auf einige meiner Anzeigen geantwortet hatte, ohne zu wissen, dass ich dahintersteckte. Sollte er es also wagen, mir zu sagen, dass er schon lange nicht mehr online auf Datingtour gewesen war, würde ich ihm sein Nigiri-Sushi ins Gesicht schleudern und auf der Stelle das Restaurant verlassen. Ehrlicherweise sollte ich hinzufügen, dass jedes Mal, wenn ich ihm von einem anderen E-Mail-Account aus geantwortet habe und dabei recht anzüglich wurde, er sofort einen Rückzieher gemacht hat … aber darum geht es hier nicht.

Als ich ihn dann sah, war mir ganz merkwürdig zumute. Ich strich ihm mehrfach über das Gesicht, bevor ich ihm links und rechts ein Wangenküsschen gab und anfing zu stottern. Er sah hinreißend aus und war so gelassen und selbstbewusst wie immer. Das überraschte mich ein wenig. Die Stimmung zwischen uns war lange nicht so unbehaglich, wie ich es mir ausgemalt hatte, und so nippte ich zufrieden an meinem Jack Daniels mit Cola light, den er schon für mich bestellt hatte.

»Ich habe heute meinen Vertrag unterschrieben«, sagte ich provozierend, um das Thema gleich auf den Tisch zu bringen.

»Na, dann meinen herzlichen Glückwunsch«, prostete er

mir zu. »Wir werden nachher noch mit Champagner darauf anstoßen.«

»Gern«, erwiderte ich und blickte ihn verwirrt an. Wir tranken und unterhielten uns über seine Reise. Dann sagte er mir, wie gut ich aussehen würde.

»Hast du mit Fitnesstraining begonnen?«

»Aber nein«, antwortete ich beschämt. Wie reizend von ihm!

Wir gingen die Treppe zum Restaurant hinauf und dort fragte ich ihn, ob ich mit dem Rücken zur Wand sitzen dürfe.

»Selbstverständlich, die Dame sollte immer den Raum im Blick haben«, antwortete er mir – ganz der Gentleman, wie ich insgeheim amüsiert dachte.

Er bestellte eine Flasche »Frog's Leap« – unsere Lieblingssorte, die wir auch an dem Abend im Ivy getrunken hatten, bevor ich ihm die böse Wahrheit über mein Buch offenbart hatte. Wir stießen wieder an und er beglückwünschte mich noch einmal.

»Okay, jetzt bringst du mich völlig durcheinander«, platzte es aus mir heraus.

»Durcheinander? Weshalb?«

»Weil du die letzten drei Monate nichts anderes getan hast, als ständig über das zu meckern, womit ich mich beschäftige, und jetzt tust du so, als sei es völlig in Ordnung. Wirst du mich nicht gleich wieder zur Schnecke machen oder gemein und fies sein?«

Er blickte mich unverwandt an.

»Nein, natürlich nicht. Ich war wirklich sauer auf dich im Januar, wir hatten uns so gut verstanden, und dann hast du die Bombe platzen lassen und mir erzählt, dass ich nur einer von vielen Typen auf deiner langen Liste bin. Ich fühlte mich ziemlich verarscht, um ehrlich zu sein, nur einer von den Kerlen, über die du schreibst. Das ist nicht gerade gut fürs männliche Ego.«

»Aber so ist es doch überhaupt nicht. Und das habe ich dir schon bei unserem zweiten Date gesagt, ich hätte es nicht fortführen müssen.«

Ich bereitete mich innerlich auf einen Verbalangriff vor.

»Ich weiß, aber das spielt keine Rolle mehr. Ich habe noch einmal über alles nachgedacht und glaube, begriffen zu haben, warum du das tust. Der Vertrag ist eine fantastische Neuigkeit. Ich freue mich für dich. Nach all der Zeit bin ich davon überzeugt, dass du heute Abend hergekommen bist, weil du mich wirklich gern sehen willst.«

»Das tue ich.«

Wow, damit hatte ich nicht gerechnet. Er hörte nicht auf, mich anzulächeln, und ich wäre fast auf meinem Stuhl dahingeschmolzen. Dann bedankte ich mich, woraufhin er mir noch freundlicher zulächelte. Das Ende der verbitterten Ära! Wir verstanden uns wieder prächtig und begehrten einander höllisch.

Irgendwann während unseres Gesprächs bestellte er ein paar Austern.

»Hmmm, wie sexy«, sagte ich, als mir das erste Tierchen die Kehle hinabglitt.

Er blinzelte mir zu und kitzelte meine Knöchel mit seinem linken Fuß. Ich brauchte keinen weiteren Blick auf die Speisekarte zu werfen und überließ ihm voll und ganz die Bestellung.

»Du magst alles, was darauf steht, nicht wahr? In doppelten Portionen!« Er lachte, als ihm einfiel, dass ich förmlich in der Lage war, ein ganzes Rhinozeros zu verspeisen.

»Ich verschwinde kurz mal zur Toilette«, sagte ich.

»Wunderbar, diesen Teil des Abends finde ich ausgezeichnet«, entgegnete er und drehte seinen Stuhl so, dass er meinen Hintern betrachten konnte, während ich aufstand und zur Damentoilette ging. Ich genoss jede Sekunde.

Das Essen war ausgezeichnet, das zarteste Sashimi, das ich

je bekommen habe. Auch er mochte Sushi und erzählte mir von den besten Restaurants in New York, damit ich ein paar Tipps für meine nächste Reise dorthin parat hatte.

»Ich hätte dich natürlich bei deinem letzten Aufenthalt gern persönlich begleitet, aber ...«

»Gnade!«

Wir lachten.

Wir hatten nur eine Flasche Wein getrunken und auf das Dessert verzichtet, um es woanders einnehmen zu können. Ich schlug das Windows of the World vor. Nein, ich hatte es nicht auf eine Einladung nach New York abgesehen, sondern es handelte sich zufällig um meine Lieblingsbar, wenn man ein paar gemütliche Drinks nach dem Essen einnehmen wollte ... wirklich! Wir zahlten und stiegen in ein Taxi, das uns zum Hilton brachte.

Während uns der Fahrstuhl in den 28. Stock katapultierte, redete ich mir plötzlich ein, dass sich die Bar im 18. Stock befand. Dafür gibt es keinen vernünftigen Grund außer der Tatsache, dass ich komplett durchgedreht bin.

»Wie kann die Bar in der obersten Etage des Park Lane Hilton Hotels im 18. Stock sein, wenn das gesamte Gebäude aus achtundzwanzig Stockwerken besteht?«, fragte er mich.

»Weiß ich doch nicht, aber ich bin mir trotzdem sicher.«

In diesem Augenblick öffneten sich die Türen des Fahrstuhls und wir wurden eines geradezu beleidigend wirkenden Teppichs ansichtig, der sich über einen Korridor mit nummerierten Türen erstreckte.

Der Gentleman lächelte mich spöttisch an, woraufhin ich errötete.

Ein Hotelgast, der den Fahrstuhl mit uns betreten hatte, fragte, ob wir vorhätten, auszusteigen, woraufhin der Gentleman erwiderte: »Nein, wir mögen einfach nur die Türen auf diesem Stockwerk und wollten mal wieder anhalten und einen Blick auf sie werfen.«

Ich schmiss mich vor Lachen fast in die Ecke, während auch er in ein hysterisches Kichern ausbrach, als der Fahrstuhl in die höchste Etage emporschoss, in der sich die Bar tatsächlich befand.

Wir setzten uns an einen Tisch, der uns einen perfekten Ausblick auf den westlichen Teil Londons bot, und der Gentleman warf einen Blick auf die Weinkarte.

»Nun, eigentlich habe ich dir doch Champagner versprochen, oder?«

»Ja, ich glaube, das hast du, aber ich bin mit Wein völlig einverstanden.«

»Sei still, natürlich werden wir Champagner trinken!«

Ganz, wie der Herr befahl.

Nein, es hätte mir nichts ausgemacht, auf Champagner zu verzichten, denn ich war in der Nacht zuvor auf einer Party gewesen, wo er in Strömen geflossen war. Am Schluss war mir übel von dem süßen Zeug geworden und ich hatte den Eindruck gehabt, Sirup zu schlürfen. Also erzählte ich dem Gentleman davon, woraufhin ihm prompt eine Lösung einfiel und er eine Flasche trockenen Champagner bestellte. Das Zeug war köstlich.

»Ooo, diese Marke muss ich mir merken. Was ist es?«

Ich nahm die Getränkekarte zur Hand und warf einen Blick darauf. Kein Wunder, dass der Schampus so verdammt köstlich war – eine Flasche davon kostete dreihundert Pfund!

»Du verdammter Gauner!«

Er grinste mich an, doch dann verzog sich seine Miene unvermittelt, als ich versehentlich mein Glas umstieß. Ups …

»Du trägst wieder dieses Armband«, sagte er mit einem Blick auf mein Handgelenk. Ich folgte seinem Blick und sah ihn dann an. Er lächelte mich schief an wie ein kleiner Schuljunge, der einen Blick auf den Busen der Schwester seines Freunds erhaschen konnte.

Das Armband war das Weihnachtsgeschenk einer Freundin gewesen. Kleine Perlenschnüre hingen von ihm herab und gaben bei jeder Bewegung meines Handgelenks einen sanften Ton von sich. Wie ihr euch vorstellen könnt, kann das zu ganz schönem Lärm führen, wenn ich mein Handgelenk gleichmäßig auf und ab bewege. Das Grinsen des Gentlemans formte sich zu einem breiten Lächeln, als er sich an unseren letzten gemeinsamen Morgen erinnerte. Ich hatte das Armband während der Nacht nicht abgenommen.

Wir tranken unseren Champagner und beschlossen dann, ins Trader Vic's im unteren Stockwerk zu gehen. Im Fahrstuhl knutschten wir heftig und linderten ein wenig die sexuelle Spannung, die sich über den Brut-Champagner zwischen uns aufgebaut hatte. Aber schließlich war es erst 23 Uhr und da sollten wir uns wohl besser noch beherrschen und nicht einfach in sein Hotelzimmer gehen.

Wir bestellten uns einen Cocktail, der uns in einer riesigen Muschel mit zwei ebensolchen Strohhalmen serviert wurde, die es einem erlauben, sich bequem zurückzulehnen und gleichzeitig an dem Getränk zu schlürfen. Zugegebenermaßen waren wir etwas aufgekratzt, und statt uns auf elegante Weise dem Cocktailtrinken zu widmen, ließen wir dies zu einem Wettrennen und -saugen ausarten. Wir hatten den Behälter fast geleert, als ich meinen Strohhalm anhob, die Spitze meiner Zunge in das obere Ende geklemmt hielt und mit dem verbliebenen Rest Cocktail auf sein Gesicht zielte.

Er schüttelte den Kopf, tat es mir dann aber nach. So saßen wir uns reglos gegenüber und blickten uns unverwandt an, lauernd, wer von uns beiden zuerst nachgeben würde. Ich würde es bestimmt nicht sein. Und so blieb ich standhaft – er allerdings auch. Unsere Blicke bohrten sich förmlich ineinander, als wir uns anstrengten, den Blicken des anderen nicht auszuweichen und vor allem nicht in Gelächter auszubrechen. Die Minuten vergingen langsam, bis er buchstäblich platzte und mir den Inhalt seines Strohhalms über das ganze Gesicht spuckte. Vollkommen perplex ließ auch ich mit der Zunge das Ende des Strohhalms los, doch meine Ladung tröpfelte lediglich in den muschelförmigen Cocktailbehälter zurück. Der Gentleman brüllte vor Lachen und kriegte sich nicht mehr ein.

Ich blickte ihn an, als wollte ich ihn fragen, was so komisch sei, woraufhin er seinen Kopf zurückwarf, die Augen schloss und seine Arme vor der Brust kreuzte. Damit war mein Moment der Rache gekommen. Ich griff rasch nach meinem Strohhalm, füllte ihn und bespritzte den Gentleman mit einer verdammten Cocktailladung.

Genial!

Nun konnten wir uns beide vor Lachen nicht mehr halten. Erst als die Leute vom Nachbartisch uns böse Blicke zuwarfen, fühlten wir uns gezwungen, uns zusammenzureißen und aufrecht hinzusetzen. Der Gentleman räusperte sich ein paar Mal und unterdrückte damit ein letztes Kichern, dann griff er nach der Liste mit der Zigarrenauswahl.

»Wünscht die Dame lieber dick oder schmal?«

»Einerlei, sie ist da nicht kleinlich.«

»Wenn ich der Dame etwas Dickes gäbe, würde sie anfangs damit einverstanden sein, dessen aber rasch überdrüssig werden und sich wünschen, dass ich sie mit einer schmaleren Version beglückt hätte?«

»Das wäre durchaus möglich. Die Lady hat allerdings schon länger nichts Umfangreiches mehr gehabt, sodass etwas Schmaleres vielleicht besser wäre, um sie in Stimmung zu bringen?«

»Okay, dann nimm doch jetzt einfach etwas Dünnes und Schmales, und später werde ich dann mit etwas deutlich Längerem und Umfangreichem aufwarten.«

»Ja, das wäre wunderbar, danke.« Dann bestellte er uns mit formvollendeter Höflichkeit zwei Zigarren und einen weiteren Muschelbecher voll Cocktail.

Mein Blick war unterdessen an der Speisekarte hängen geblieben, die er flugs zur Hand nahm und uns fünf Kleinigkeiten davon als Snack bestellte. Es war wirklich, als könnte er meine Gedanken lesen. Ich finde Männer, die mich ein zweites Abendessen haben lassen, einfach toll.

Neben uns saß eine Gruppe von Leuten, die bereits recht angetrunken waren. Nicht, dass sie randaliert hätten, aber einer von ihnen schlief, zwei weinten und ein weiterer hielt mit eingeschnappter Miene die Arme vor der Brust verschränkt, weil sich niemand um ihn kümmerte.

Der Gentleman und ich nippten gerade an unserem Cocktail, als ich neben mir jemanden würgen hörte und der Typ, der neben mir auf der Bank geschlafen hatte, sich plötzlich von oben bis unten bekotzte. Es stank bestialisch. Der Gentleman sprang auf und nahm mich beiseite, damit nichts von dem ekelhaften Zeug auf mich spritzte.

Ich war ziemlich überrascht, dass der Gentleman nicht komplett ausrastete, sondern kurz auflachte und dafür sorgte, dass ich in Sicherheit war. Er benahm sich keineswegs überheblich und ich vermute seitdem, dass es in seiner Vergangenheit von Storys über ähnliche Abgründe nur so wimmelt. Schließlich hatte ich mitbekommen, dass er eine rebellische Ader besaß, und so dürfte ihm der Anblick besoffener Männer, die sich im Verlauf des Abends übergeben, nicht unbekannt sein.

Ich wollte mehr über den Gentleman herausfinden, wollte mich tiefgehender mit ihm unterhalten. Aber es war mittlerweile spät geworden und wir hatten schon mit dem Knutschen angefangen, sodass eine ernsthafte Unterhaltung nicht mehr infrage kam. Nun ging es nur noch darum, den letzten Cocktail zu leeren, den Snack aufzuessen, die Zigarre auszudrücken und dann so rasch wie möglich aus diesem Laden und ins Hotel zu kommen.

Sobald wir in seinem Zimmer waren, ging er zum Fernseher und spielte mit der Fernbedienung herum. »Was, zum Teufel, tust du da?«, fragte ich.

Er kicherte und ich beschloss, ins Bad zu gehen, wo ich mich meiner Klamotten entledigte. Dann warf ich mir einen Morgenmantel über und kehrte ins Zimmer zurück. Der Gentleman lag auf dem Bett und schaute einen Softporno. In der Hand hielt er ein Glas Rotwein. Ich ließ den Morgenmantel zu Boden fallen. Daraufhin stellte er sein Rotweinglas auf dem Nachtschränkchen ab.

Dann schob ich mich auf ihn.

»Ein Porno? Wie unartig!«

»Unartig! Ich liebe deinen britischen Akzent, er ist so sexy!«

Ich küsste ihn und er umfasste mein Hinterteil und zog mich näher zu sich heran. Ich konnte nicht aufhören zu lächeln. Dann bahnte ich mir einen Weg über seinen Körper, öffnete seine Hose und streifte sie ihm ab.

»Ich denke, ich werde mir jetzt das Umfangreiche holen«, erklärte ich.

Er legte mir sanft die Hand auf den Hinterkopf und keuchte ein paar Sekunden später: »Ich habe noch nie jemanden mit solch einer Hingabe schlingen sehen.«

Ich hätte fast seinen Schwanz verschluckt!

Am nächsten Morgen war ich in sehr geiler Stimmung. Etwas an Hoteldoppelbetten bewirkt, dass sich mein Kater und die dazugehörige Lüsternheit darin verdoppeln.

Er war bereits aufgestanden und saß vor seinem Laptop.

»Hör auf, mit anderen Frauen online zu flirten, und komm zurück ins Bett«, befahl ich. Er kam. Und mein Armband klimperte im Takt dazu.

Das Paar: Sieben

07. 05. 2005, 00.00 Uhr
Von: Gillian
An: Dawn

Hey,
ich bin gerade auf dem Weg ins Bett. Wollte dir aber vorher noch etwas sagen ...
Ich habe letzthin viel an dich gedacht und kann es nicht erwarten, eine Nacht mit dir zu verbringen. Ich finde dich total scharf und möchte deinen Körper mit meinen Händen, Lippen und meiner Zunge liebkosen.
Gute Nacht und süße Träume ...
xxxx

09. 05. 2005, 21.25 Uhr
Von: Dawn
An: Gillian

Hey, Süße,
tolle E-Mail – kann es auch kaum erwarten, meine Hüften mit dir zu schwingen!!!
Du hast mich vor einer Weile mal gefragt, »was mir gefällt«, und ich habe dir noch nicht geantwortet. Tut mir leid, ich wollte nicht den Anschein erwecken, deiner Frage auszuweichen ...
Trotz meiner verdorbenen Fantasie habe ich bislang weder Handschellen noch Hundehalsbänder oder Peitschen und dergleichen benutzt ... ich weiß zwar nicht, ob das mein Ding ist, aber hey, du musst so was ja nicht gleich verbannen. Normalerweise bin ich recht experimentierfreudig und in Situationen wie dieser bin ich ein besonders unartiges Mädchen, lass uns also einfach sehen, was passiert, wenn wir uns treffen ...

Weißt du was? Ich bin überhaupt nicht nervös, weil ich einfach weiß, dass es sehr schön werden wird. Mir kommt es vor, als würden wir uns schon seit Ewigkeiten kennen ... lustig!
Es wird wahrscheinlich auf die erste Woche im Juni hinauslaufen, aber lass uns das erst festmachen, wenn es so weit ist.
Wie willst du unser Treffen aufziehen? ... Ich meine, wo und so weiter?
Wir müssen uns nicht unter Druck setzen und jetzt entscheiden, aber es könnte nicht schaden, ein paar Ideen auszutauschen.
Ich hoffe, Gavin geht es gut ... ich freue mich auch, ihn kennenzulernen.
Aufgeregte Grüße, x.

MONTAG, 9. MAI

Der Gentleman, vierter Teil
Die kleine, schwarze Tasche

Das Date

Als mich am Montag jemand, den ich nicht über das Internet kennengelernt hatte, versetzte und der Gentleman eine SMS schickte, ob ich ihn um neun treffen wolle, sagte ich freudig zu. Er saß wieder einmal in dieser grauenvollen Bar namens Cheers in der Regent Street. Zuvor hatte er mit einem Kunden zu Abend gegessen, was bedeutete, dass er bereits einiges intus hatte. Ich beschloss, zu Fuß zu gehen, was von meiner Wohnung aus eine halbe Stunde dauert, und kam dementsprechend erhitzt und leicht verschwitzt in der Bar an.

»Du siehst heiß aus«, sagte er, als ich in die Bar stürmte.

»Danke«, erwiderte ich, obwohl ich fand, dass ich schrecklich aussah.

»Nein, du siehst aus, als sei dir heiß. Bist du gerannt?«

Aha, ich sah also wirklich schrecklich aus.

Der Gentleman bestellt mir im Handumdrehen ein großes Glas eisgekühltes Mineralwasser und einen Jack Daniels mit Cola light, was ich in weniger als drei Minuten in mich hineinschüttete.

Der Gentleman sah sehr sexy in seinem Anzug aus. Ich sagte ihm, dass er einen guten Geschmack besäße, aber er winkte ab und erklärte, er würde immer bei Hugo Boss einkaufen und einfach nur das nehmen, was die Schaufensterpuppe trage.

»Ach so, dann liegt es also nicht an deinem Talent, das richtige Outfit zusammenzustellen?«

»Nein, ich bin nämlich hundertprozentig farbenblind und habe keine Ahnung, was zueinander passt. Ich gehe einfach davon aus, dass die Verkäufer keine grässlichen Farbkombinationen zusammenstellen, daher nehme ich immer das, was im Schaufenster ist. Das erleichtert das Einkaufen ungemein.«

Einhundert Prozent farbenblind, o verdammt. Ich wünschte mir auf der Stelle, mir nicht so viel Mühe mit dem Auftragen meines extravaganten grünen Lidschattens gegeben zu haben. Er konnte sowieso nicht feststellen, ob ich etwas Derartiges im Gesicht trug oder nicht.

»Lass uns woanders hingehen, hier gefällt es mir nicht«, sagte ich und zog ihn von der Bar weg.

»Kein Wunder, ist ja auch amerikanisch.«

»Sei kein Spielverderber, hier sind nur Schwachköpfe und Tussis.«

»Ich mag Tussis.«

»Klar, und ich stehe auf Schwachköpfe, jetzt komm schon!«

Er folgte mir, was der Türsteher zum Anlass nahm, einen Kommentar darüber abzugeben, dass ich wohl hier die Chefin sei. Der Gentleman antwortete: »Du solltest sie erst mal im Bett erleben!«

Ich wandte mich entsetzt um und sah, wie die beiden über mich lachten. Dann schnappte ich nach der Hand des Gentleman und zog ihn über die Straße ins Destino.

»Hm, Swallow Street, wie passend.«

»Was ist los mit dir? Du benimmst dich heute wie ein Schuljunge. Unartig und pubertär.«

»Oh, sag noch mal unartig, ich liebe es!«

Ich musste wider Willen lachen, gab ihm einen Kuss und sagte ihm, wie sexy ich ihn fand. Er machte einen sehr zufriedenen Eindruck, und als ich weitergehen wollte, hielt er mich zurück und wir fingen an, uns ziemlich schamlos auf offener Straße abzuknutschen.

Im Destino war nicht viel los, was mir wie gerufen kam, da ich mich gern mit dem Gentleman unterhalten wollte. Ich wollte mehr von ihm erfahren, kein betrunkenes Geschwätz, sondern echte Geschichten aus seinem Leben. Wir bestellten unsere Getränke, und da er mir in Sachen Alkoholpegel um einiges voraus war, orderte er gleich zwei Tequila für mich, damit ich aufholen konnte. Dies tat ich dann auch, war aber immer noch fest entschlossen, mit ihm zu reden.

»Sag mal, bist du eigentlich bei der Mafia?«, war meine erste Frage.

»Klar, und wenn du mich nicht auf der Stelle küsst, dann werde ich dich umbringen müssen.«

»Ach, hör sofort auf damit!«

»Womit?«

»Dich wie ein Schuljunge aufzuführen. Ich möchte mich ernsthaft mit dir unterhalten.«

Er entschuldigte sich daraufhin, straffte die Schultern und ließ sich ein paar Minuten Zeit, das dümmliche Grinsen loszuwerden. Sein Anblick war ziemlich witzig.

»Nein, aber in meiner Familiengeschichte gibt es Fälle davon.«

»Im Ernst? Also wenn du wirklich bei der Mafia bist, dann kannst du mir das ruhig sagen. Ich wollte schon immer eine Gangsterbraut sein.«

»Nein, ich verkehre absolut nicht in diesen Kreisen, daher wird es nichts damit, dass du meine Gangsterbraut bist. Aber du bist mir als Betthäschen sehr willkommen.«

Einfach unersättlich!

Wir bestellten Krabbenbrot, das wir innerhalb von Sekunden verschlangen, woraufhin wir sofort eine weitere Portion orderten, die ebenso rasch in unseren Mägen verschwand. Nun hatten wir etwas gegen den Alkoholgehalt in unserem Blut getan und konnten uns ein wenig ernster miteinander unterhalten.

»Obwohl ich noch nie etwas mit der Mafia zu tun hatte, glauben die Leute immer das Gegenteil, wegen meines Nachnamens. Wenn ich in New York bei einem Restaurant anrufe, um einen Tisch zu bestellen, und es heißt, dass alles reserviert sei, brauche ich nur meinen Nachnamen zu erwähnen und bekomme den besten Tisch, egal zu welcher Uhrzeit.«

»Cool, ich wette, du nutzt das weidlich aus?«

»Klar, ich finde es grandios, dass jedermann glaubt, ich hätte einen Revolver in der Tasche, und mich wie einen Prinz behandelt.«

»Wann ist eigentlich dein Vater gestorben?«

»Vor fünfzehn Jahren.«

»Und wie geht es deiner Mutter?«

Nun wurde es interessant und er offenbarte mir eine Seite seines Wesens, die ich schon lange hatte sehen wollen. Seine Mutter hatte Alzheimer. Der Gentleman kümmerte sich viel um sie und litt unter der Tatsache, dass sie ihn, ihren eigenen Sohn, nicht mehr erkannte. Ich konnte ihn gut verstehen, da meine Großmutter die gleiche Krankheit gehabt hatte, und ich wusste, wie es war, wenn jemand, den man sehr liebte, im wahrsten Sinne des Wortes den Verstand verlor. Der Gentleman erzählte mir von seinem Bruder, der, nachdem er vor zwei Jahren von der Diagnose erfahren hatte, den Kontakt zur Familie abgebrochen hatte. Er war drogenabhängig und in irgendeinem Junkieversteck in Manhattan untergetaucht. Schwer zu glauben, dass die beiden Brüder derselben Familie angehörten. Der Gentleman hatte ein Herz aus Gold, doch als er mir ein wenig mehr aus seinem Leben erzählte, stellte sich heraus, dass dem nicht immer so gewesen war.

In ihrer Kindheit war sein Bruder der Liebling und er, der Gentleman, das schwarze Schaf der Familie gewesen. Er hatte lieber rebelliert, als sich um gute Noten zu kümmern.

Unser Gespräch nahm eine mir sehr willkommene Richtung an, als der Gentleman ein paar Geschichten aus seiner Kindheit preisgab.

Dazu gehörten natürlich auch die üblichen Storys von durchzechten Nächten, in denen er und seine Freunde im Suff Ärger anzettelten und der Gentleman die Leute nach Leibeskräften verprügelte, weil er so groß war. Dann die Anekdoten über Schulverweise und häufiges Nachsitzen. Aber es war die Geschichte mit dem Schulbus, die mir bewies, dass dieser Mann tatsächlich eine rebellische Ader besaß.

Der Gentleman war wie immer morgens in den Schulbus gestiegen, hatte allerdings an besagtem Tag eine recht wichtige Klassenarbeit zu bestehen und nicht dafür gelernt. Daher fand er es zwecklos, in der Schule zu erscheinen, denn wenn er erst einmal aus dem Bus gestiegen und von Lehrern gesehen worden wäre, hätte man ihn gezwungen, den Test mitzuschreiben.

Als der Bus vor dem Schultor anhielt, beschloss er, den Fahrer rauszuschubsen, statt selbst auszusteigen, und entführte das Fahrzeug. Das Ganze weitete sich zu einer Vergnügungsfahrt durch Manhattan aus, bis ihn die Polizei schließlich erwischte und zum Anhalten zwang.

Ich meine, das ist doch ein ziemliches Abenteuer für einen Mann, den ich seit unserem Treffen für nichts anderes als kultiviert hielt. Aber so wurde er in meinen Augen noch attraktiver. Brave Jungs sind langweilig, unartige aber einfach fantastisch!

Wir fuhren zu seinem Hotel am Piccadilly Circus, setzten uns an die Bar und ließen uns wieder Zigarren kommen. Ich scheine in letzter Zeit eine echte Vorliebe dafür zu entwickeln, und das nicht nur, weil ich finde, dass ich beim Rauchen extrem cool wirke, sondern auch, weil mir der Geschmack gefällt. Wir pafften gemütlich vor uns hin, bis die

Bar schloss und wir mit unseren Drinks zu einer Sitzgruppe wechselten.

Als wir uns setzten, entdeckte ich einen Typen, der eine Menge Tattoos besaß.

»Gütiger, und ich dachte schon, meine Tätowierung wäre ein klares Bekenntnis.«

»Du bist tätowiert?«

»Das weißt du ganz genau … du musst es doch gesehen haben.«

»Es muss mir entgangen sein, wo trägst du sie?«

»Auf meinem Hintern.«

Er bestand darauf, dass er meine Tätowierung noch nie gesehen habe, aber es fiel mir schwer, ihm zu glauben. Er hatte meinen Hintern schließlich schon mehrere Male aus der Nähe betrachtet, dachte ich überrascht.

»Wie sieht sie denn aus?«

Gütiger, auch das noch. Ich zog heftig an meiner Zigarre, nahm einen großen Schluck von meinem Drink und erzählte ihm schließlich die Geschichte meiner Arschtätowierung.

Mit achtzehn hatte ich einen Freund, der Bauarbeiter war. Ich hatte es mir damals zur Gewohnheit gemacht, ihn bei der Arbeit anzurufen und ihm zu sagen, dass ich ihn liebte. Er konnte mir darauf nie entsprechend antworten, weil sich seine Kumpel sonst über ihn lustig gemacht hätten.

Also sagte er: »Das erste Wort hat drei Buchstaben, das zweite fünf und das dritte Wort hat vier Buchstaben.« Das war unser Code für »Ich liebe dich«, die 354. Wir machten uns gern einen Spaß daraus, ihn bei Gesprächen einfließen zu lassen, wie etwa, »Verdammt, ich habe heute mindestens 354 davon gegessen« oder »Das habe ich diese Woche bestimmt schon zum 354. Mal gemacht.«

Dann kam sein Geburtstag und wir gingen mit ein paar Leuten in einen Pub, um zu feiern. Wenn ich mich recht entsinne, war es an einem Donnerstag, und wir waren schon um elf Uhr vormittags damit beschäftigt, Tequila in uns hineinzuschütten. Gegen Mittag fing ich an zu lallen und gestand meinem damaligen Freund meine unsterbliche Liebe.

»Mir ist gerade eingefallen, was ich tun kann, um dir zu beweisen, wie sehr ich dich liebe«, schwafelte ich und taumelte aus der Kneipe und direkt in den Tätowiersalon nebenan.

»Was kostet es, sich eine 354 auf den Hintern tätowieren zu lassen?«

Aus dem hinteren Raum tauchte ein riesiger, behaarter Bikertyp auf, dessen Gesicht völlig unter Tätowierungen verschwand und der mehr Piercings trug, als es Stäbchen bei einem Mikadospiel gab.

»Vier Mäuse, aber ich mache es nicht, wenn du besoffen bist.«

»Ich bin nicht besoffen, es ist doch erst zwölf!«

Wie konnte er es wagen!

Erschüttert rannte ich in den Pub zurück und verkündete, dass ich mir eine Tätowierung hatte stechen lassen. Eigentlich hatte ich gedacht, dass mir jeder erzählen würde, wie bescheuert ich sei, und ich mich dann gezwungen sah zuzugeben, dass ich es nicht hatte machen lassen. Doch stattdessen erscholl mir ein: »Hey super!« entgegen, und alle forderten mich auf, die Tätowierung zu zeigen. Ich kam mir so dämlich vor, dass ich mich nicht traute, die Wahrheit zu sagen. Stattdessen behauptete ich, noch einmal in den Salon zurückzumüssen, um mir eine Heilsalbe zu besorgen.

Dort erklärte ich dem behaarten Typen: »Ich bin nicht besoffen und finde es eine Frechheit, wie Sie so etwas auch nur behaupten können. Heute hat mein Freund Geburtstag und ich möchte, dass Sie mir als Beweis meiner Liebe eine 354 auf den Hintern stechen. Sofort!«

Dem riesigen Bikertypen war mein Verhalten offensichtlich unangenehm, also stimmte er zu, mir eine verdammte Tätowierung zu verpassen, die man nicht mehr rückgängig machen konnte und deren Anblick mir früher oder später Kopfschmerzen bereiten würde. Ich schwebte zu dem kolossalen Zahnarztstuhl des Typen hinüber, zog mir die Jeans und spontan auch mein Unterhöschen bis zu den Knien herunter und bot diesem bedrohlich aussehenden Unbekannten meine nackte rechte Pobacke dar. Er tat wie ihm geheißen und brandmarkte mich. Nachdem ich gezahlt hatte, humpelte ich zum Pub zurück, wo man mich mit großem Applaus und frenetischem Jubel empfing, da ich doch bewiesen hatte, was ich für eine hingebungsvolle Freundin war. Wir hatten jede Menge Spaß an dem Tag, doch als ich am nächsten Tag erwachte, liefen mir Tränen über die Wangen.

»Nein, es ist mir nicht aufgefallen«, sagte der Gentleman, nachdem ich meine Geschichte beendet hatte. »Aber das werde ich sobald ich kann nachholen. Lass uns nach oben gehen.«

In seinem Hotelzimmer angekommen, ließ ich mir ein Bad ein. Ich liebe es, mit Männern zu baden. Das ist so sexy. Aber er weigerte sich, zu mir in die Wanne zu steigen. Ihm war wohl bewusst, dass der Platz nicht für uns beide reichte – scheinbar hatte er diesen Fehler bereits begangen –, und so unterhielten wir uns über den tollen Sex, den wir miteinander erlebt hatten, während ich in den Schaumbergen schwelgte und er auf dem Badewannenrand hockte. Wir gaben ziemlich an und bestätigten uns immerzu, wie toll wir doch im Bett waren. Das war ziemlich lustig. Ein paar Mal konnte ich nicht anders, als ganz ins Wasser einzutauchen, um mein Erröten zu verstecken. Das wiederum ließ ihn wagemutiger werden und streichelte sein Ego.

Immer wenn ich vollständig untergetaucht war, kam ich anschließend auf allen vieren wieder hoch und präsentierte ihm mein Hinterteil. Er ließ einen Daumen über meine Tätowierung gleiten und lachte. »Sieht aus wie ein Gefängnisstempel. Aber hat was Erotisches.«

Dann tat er etwas, das ich nie für möglich gehalten hätte, indem er seine Hände unter meinen Hüften verschränkte, mich einfach aus der Badewanne hob und ins Schlafzimmer trug, wo er mich auf dem Bett absetzte. Nach einem kurzen Moment der Unterbrechung für gewisse Vorsichtsmaßnahmen, zog er meine Hüften zu sich heran und verwöhnte mich, wie ich noch nie zuvor verwöhnt worden war. Es war unglaublich!

Am nächsten Morgen erwachte ich und war so geil wie immer, streckte mich ihm entgegen und bestand darauf, dass er mich noch einmal nahm, bevor ich gehen musste.

Das schiere Vergnügen!

Von diesem morgendlichen Orgasmus noch leicht benebelt, ging ich ins Bad, um meine Kleider zu holen.

»Ähm, bitte sag, dass du dir meine Handtasche ausgeliehen hast«, bat ich, als ich in das Zimmer zurückkehrte. Ich hatte das gute Stück nirgendwo finden können.

Wir durchsuchten das gesamte Hotelzimmer, aber sie blieb spurlos verschwunden. Ich schäumte vor Wut. In der Tasche waren meine Schlüssel, mein Handy (allerdings mit leerem Akku) und mein Tagebuch. Ich rief am Empfang an und fragte, ob eine kleine, schwarze Handtasche an der Bar oder sonst wo gefunden worden sei. Man bestand darauf, dass dies nicht der Fall sei.

»Aber sie muss hier irgendwo sein«, erklärte der Gentleman. »Du hast sie doch bestimmt noch im Hotel gehabt?«

»Nun, aber sie haben sie nicht gefunden, also wird sie sich irgendein Arschloch unter den Nagel gerissen haben.«

Ich war so aufgebracht, dass ich das Zimmer verließ, ohne mich richtig von ihm zu verabschieden. Wütend rauschte ich durch die Korridore des Hotels und versuchte verzweifelt, die Sitzgruppe wiederzufinden, in der wir in der Nacht zuvor noch gesessen hatten. Dabei wurde ich von den Blicken der Gäste verfolgt, die mich über ihre erste Tasse Kaffee hinweg ansahen, als sei ich eine Drogenabhängige, als ich mit wirrem Haar und dem Geruch nach Sex an ihnen vorbeistürmte.

Aber die Tasche blieb unauffindbar.

Dann ging ich zum Empfang und sprach den Herrn hinter dem Tresen an. »Hallo, ich habe letzte Nacht in Ihrer Bar eine kleine, schwarze Handtasche liegen lassen. Dürfte ich sie wohl jetzt abholen?«

»Es tut mir sehr leid, Madam, aber letzte Nacht wurde keine kleine, schwarze Handtasche in der Bar vergessen.«

»Äh, ich denke aber schon. Ich weiß es sogar genau, denn ich habe sie versehentlich dort gelassen.«

Er ging noch einmal los, um nachzusehen, und ließ mich wie eine Nutte an seinem Tresen stehen. Als er zurückkam, bestätigte er lediglich, dass die Tasche nicht in der Bar lag. Dann trat der Hoteldirektor auf uns zu.

»Hören Sie, ich habe meine kleine, schwarze Handtasche letzte Nacht in der Bar liegen lassen und nun ist sie nicht mehr dort. Jemand muss sie mitgenommen haben. Können Sie bitte nach der Tasche suchen und sie mir wiederbringen? Sie enthält alles, was ich besitze!«

Ich benahm mich nicht mehr wie ich selbst, schließlich gehöre ich zu der Sorte Mensch, die ein Haar in ihrem Gericht lieber mitessen, anstatt sich beim Kellner zu beschweren. Ich hasse es herumzunörgeln, aber an diesem Morgen konnte ich gar nicht laut genug meiner Verzweiflung Luft machen.

Die Herren gingen noch einmal los, um nach der Handtasche zu suchen, kehrten allerdings mit leeren Händen zurück.

»Nun, ich werde sicherlich niemals wieder hier zu Gast sein und ich werde auch meinen Kunden davon abraten, hierher zu kommen.«

Ich weiß, dass sich meine Worte seltsam anhörten, und ich habe keine Ahnung, warum ich sie sagte. Ich wollte wohl wie eine einflussreiche Geschäftsfrau klingen, die mit ebensolchen Kunden tagein, tagaus zu tun hat. Aber das gelang mir nicht so recht und so klang ich eher wie eine Vorstadtnutte, während mich Hunderte von Augenpaaren anstarrten. Ich sah auch aus wie eine Verrückte. Mein Haar türmte sich verfilzt auf meinem Schädel, ich trug meine Schuhe in der Hand und sah zwangsläufig aus wie eine Professionelle.

»Aber so haben Sie es ja gewollt!«, kam es schrill aus meinem Mund, als ich mich auf dem Absatz umdrehte und das Gebäude in einer Fahne aus Alkohol, Sex und kaltem Zigarrenrauch verließ.

Ich stürmte aufgebracht den Piccadilly entlang und zischte jeden unfreundlich an, der es wagte, sich mir in den Weg zu stellen. Bis ich zu einem abrupten Halt kam, als sich nämlich mein Gedächtnis einschaltete und mich in den Hintern zwickte. Ich hatte meine kleine, schwarze Handtasche in dieser Nacht überhaupt nicht mitgenommen, sondern die violette. Langsam drehte ich mich um und kehrte gesenkten Hauptes zum Hotel zurück.

Als ich mich der Rezeption näherte, blieben die Gäste auf der Stelle stehen und blickten sich nach dem Direktor um.

»Es tut mir sehr leid, ich habe einen Fehler gemacht. Die Tasche, die ich letzte Nacht liegen ließ, ist violett. Haben Sie sie zufällig gefunden?«

Der Empfangschef griff unter seinen Tresen und zog meine Tasche hervor. Ich riss sie ihm aus der Hand und verließ fluchtartig das Gebäude. In meinem Kopf schwirrte es. Warum hatte ich nicht meinen Verstand eingeschaltet? Warum war der Gentleman bloß farbenblind? Anderenfalls wäre ihm möglicherweise aufgefallen, dass meine Handtasche violett und nicht schwarz war. Aber die wichtigste Frage war und blieb: Warum hatte ich mich bloß so unsäglich dämlich angestellt?

Erst sehr viel später am Tag wurde mir klar, dass ich mich nicht von dem Gentleman verabschiedet hatte. Ich rief ihn auf seinem Handy an, aber es war zu spät. Er war bereits auf dem Weg zurück nach New York.

Das Paar: Acht

11.05.2005, 23:41 Uhr
Von: Gillian
An: Dawn

Hallo, du sexy Ding!
Keine Sorge wegen der Handschellen etc.
Wie du schon sagtest, sollten wir die Nacht einfach auf uns zukommen lassen. Wir werden nichts tun, bei dem du dich unwohl fühlst. Jeder hat ja bekanntermaßen andere Vorlieben, ich für meinen Teil lasse mich gern fesseln.
Gavin scheint es auch zu gefallen und mittlerweile, da sich unsere Beziehung vertieft hat, mögen wir beide gern neue Dinge ausprobieren. Er steht auf Uniformen und ich habe nichts dagegen, sie für ihn anzuziehen. Es bereitet mir sehr viel Freude, ihm anzusehen, wie es ihn scharfmacht.
Statt der Handschellen nehmen wir nun verstärkt Hundehalsbänder und Tücher, mit denen wir uns die Augen verbinden. Ich denke, es gefällt ihm, den dominanten Part zu spielen. Manchmal bin ich zwar auch streng mit ihm, aber er ordnet sich schlecht unter, weil er häufig viel zu erregt ist und dann wieder die Kontrolle übernehmen will.
Ja, ich glaube auch, dass ich eher aufgeregt als nervös bin. Ich werde mich wohl in deiner Gesellschaft fühlen, jetzt, wo ich den Eindruck habe, dich ein bisschen besser zu kennen.
Wäre es nicht eine gute Idee, erst auf ein paar Drinks und ein Abendessen auszugehen? Und danach ins Hotel, damit wir uns miteinander amüsieren können! Gav und ich kennen da ein recht hübsches Hotel in London, wo wir schon ein paar Mal gewesen sind. Es liegt im Osten der Stadt, in der Nähe vom Excel Center.

In den Zimmern hängen große Spiegel am Kopfende der Betten, er möchte uns beim Sex beobachten. So können wir auch Augenkontakt halten, wenn er mich von hinten nimmt, eine Position, in der man sich sonst leicht vom Partner distanziert fühlt.
Wir können zu dritt entscheiden, wonach uns die Sinne stehen, schließlich wollen wir alle nur, was uns Spaß macht. Hast du da bestimmte Ideen?
Jetzt gehe ich rasch schlafen, süße Träume, meine Schöne!
xxxx

16. 05. 2005, 17:02 Uhr
Von: Dawn
An: Gillian

Hey Baby,
die Idee mit dem Hotel hört sich toll an – es wird zwar eine kleine Odyssee für mich werden, weil ich im Westen der Stadt wohne, aber ich denke, dass es die Reise wert sein wird!
Ich bin im Begriff, nach Guernsey zu fahren, um meine Familie zu sehen und etwas auszuspannen – wenn ich zurückkomme, können wir gern etwas abmachen.
Ihr beiden seid einfach toll, echt! Ich finde es umwerfend, wie sehr ihr Sex genießt und euch aneinander erfreut. Viele Paare trauen sich nicht zu sagen, was ihnen gefällt, aber ihr seid so aufeinander eingestellt und lasst eure Fantasien zu … glücklicherweise sind es dann häufig noch die gleichen! Das ist wirklich absolut unglaublich!
Haha, ich hatte Freunde, die wie Gavin waren, man versucht immer wieder, die Kontrolle zu übernehmen, aber diese geilen Schlawiner können einfach nicht damit umgehen und peitschen dir den Rücken, bevor man ihnen überhaupt nur sagen kann, wie unartig sie sind!

Aber das ist allemal besser, als mit einer lahmen Ente die Zeit zu verbringen, nicht wahr?
Ja, du kannst Gavin gern auf unseren Verteiler setzen, das wäre mir ein Vergnügen ...
Einen saftigen Kuss für dich, meine Prinzessin, xxxx.

16. 05. 2005, 23:21 Uhr
Von: Gillian
An: Dawn
Cc: Gavin

Ja, zwischen ihm und mir hat vom ersten Tag an die Chemie gestimmt. Da habe ich wohl Glück gehabt, obwohl ich nicht so viel Zeit mit ihm verbringen kann, wie ich gern wollte. Das könnte aber ein Grund dafür sein, weshalb wir uns immer noch so gut verstehen. Wir lassen uns viel Freiraum und haben Zeit für uns, daher streiten wir kaum und sind nicht voneinander gelangweilt.
Als lahme Ente würde ich ihn wirklich nicht bezeichnen, das ist sicher. Er kann ganz schön gerissen und ein frecher Gauner sein, ich denke, wir sollten es uns zur Aufgabe machen, ihn seines Platzes zu verweisen, was meinst du? Nimmst du die Herausforderung an? Das würde dir gut gefallen, nicht wahr, Gav?!!!
Ich gehe jetzt schlafen, bis bald.
Gute Nacht, du sexy Ding.
Heiße Küsse zurück ...

18. 05. 2005, 17:59 Uhr
Von: Gavin
An: Gillian; Dawn

Okay, bevor ich anfange, möchte ich Folgendes loswerden: Ich bin KEIN frecher Gauner, sondern ein sehr frecher und unanständiger Gauner.

Man bemerke den Unterschied.
Also, ich habe euch letzte Nacht eine epische E-Mail geschrieben, die alle Wahrheiten bezüglich des Lebens, Sex und der Gauner enthält, aber dann ist mein verdammtes E-Mail-System zusammengebrochen, als ich sie abschicken wollte. Überflüssig zu erwähnen, dass ich das überhaupt nicht lustig fand, schließlich habe ich über eine Stunde gebraucht, um Worte zu finden, die euch gehörig beeindrucken sollten, und nun ist meine ganze Kreativität umsonst gewesen!
Ich weiß es natürlich nicht mehr im Einzelnen, aber es schien eine Menge mit Fingerfertigkeit zu tun zu haben (man nennt mich nicht ungestraft einen Gauner) ... und ich erinnere mich vage an den Aspekt des nicht ganz so strengen Fesselns und Bestrafens von unartigen Mädchen. Aber vielleicht habe ich mich auch nur zu vielen Tagträumen hingegeben, in denen Kylie in einem hautengen Overall auftaucht und ein ganz besonders böses Mädchen ist!
Nun, es ist fast sechs Uhr, und ich habe wie ein Wilder den ganzen Tag gearbeitet. Da werden mir wohl fünf Minuten mit Kylie-Träumen gegönnt sein. (Gill, bitte keine Eifersucht – Kylie hat einen großartigen Arsch, aber den hast du auch. Liz Hurley andererseits ... grrrr!!!)
Also, jetzt habe ich doch glatt den Faden verloren. Ach ja: Dawn ... hallo! Trotz E-Mail sollte ich mich wohl um eine anständige Vorstellung meiner Person bemühen. Aber ich denke, dass Gill mehr oder weniger genau dargestellt hat, wer wir sind, was wir mögen und so weiter, aber hat sie schon erwähnt, dass ich eine verdammt gute Imitation von Sean Connerys Akzent draufhabe?
Ich muss mich an dieser Stelle kurzfassen, da ich spät dran bin und noch nichts Süßes hatte, was bedeutet, dass mein Blutzuckerpegel bedrohlich sinkt und ich seltsame

Anwandlungen bekomme. Fußball wollte ich auch noch spielen, also bleibt mir abschließend nur zu sagen, dass alles, was Gill behauptet, hundertprozentig stimmt. Sie ist ein ganz gewieftes Luder, ein fantastisches, gar köstliches supersexy Weib, und ich bin ... nun ja, das solltest du besser selbst herausfinden, nicht wahr?
Okay, ich muss jetzt wirklich los: etwas essen, Gaunereien treiben, Leute anbrüllen, Fußbälle treten, hinterrücks meine Angriffe starten (manche Männer mögen es ja gern von hinten ...) Sorry, jetzt bin ich schon wieder abgeschweift.
Hoffe, es geht dir gut – ich freue mich, dich bald kennenzulernen.
Bis dann, Gavin.

MITTWOCH, 18. MAI

Plato, vierter Teil
Das Geständnis

Das Date

Da ich bereits eine Menge über meine Beziehung zu Plato geschrieben habe, werde ich mich an dieser Stelle kurzfassen, aber dies Date war so besonders, dass ich das Gefühl habe, wenigstens ein paar Worte darüber verlieren zu wollen.

Unser Trip nach New York lag schon eine ganze Weile zurück und wir hatten mehrere Male, leider erfolglos, versucht, uns zu treffen. Ich vermisste ihn ziemlich und war daher umso erregter, als es endlich mit einer Verabredung klappte. Allerdings wurde meine Vorfreude von der Sorge über die Gewissheit überschattet, dass ich ihm dieses Mal von dem Tagebuch würde erzählen müssen.

Wir trafen uns im Souk, einem kleinen, witzigen marokkanischen Restaurant in Covent Garden. Dort saßen wir in einer kleinen Nische, die uns von allen anderen Gästen abschirmte – der perfekte Ort für ihn, mir seinen gefüllten Teller über dem Kopf auszuschütten, wenn ich ihm von den Neuigkeiten berichtete.

Zur Begrüßung küssten und umarmten wir uns und stiegen sofort, wie damals auf der Reise nach New York, in eine Unterhaltung ein. Wir hatten uns so viel zu erzählen, aber da leider alles, was ich in der letzten Zeit erlebt hatte, mit dem Tagebuch zusammenhing, konnte ich nicht viel an persönlichen Informationen zu dem Gespräch beitragen. Ich hätte ihm so gern auf der Stelle alles erzählt, aber ich konnte nicht. Das war insofern besonders schlimm, als dass mich

Plato die meiste Zeit unglaublich reizend darin unterstützte und bestärkte, als Autorin tätig zu sein.

Höflich wie immer fragte er mich nach meinen Wünschen, bevor er Wein, Speisen und Wasser bestellte. Dann erkundigte er sich ungefähr fünfzehnmal, ob ich mit seiner Wahl des Restaurants einverstanden war, und entschuldigte sich, wenn er länger als fünf Minuten sprach. Ich sagte ihm, dass er aufhören solle, sich ständig zu entschuldigen, und schließlich hörte er auch damit auf.

Als unser Essen serviert wurde, nahm er mir das, was ich nicht so gern aß, vom Teller, und ich tat das Gleiche bei ihm. Und als ich zuerst aufgegessen hatte, tauschte er unaufgefordert mit mir den Teller und überließ mir den Rest seiner Speisen. Ich aß beide Desserts, weil ich wusste, dass er Süßes nicht so gern mochte. Als ich gefragt wurde, während er zur Toilette verschwunden war, ob wir noch etwas wünschten, bestellte ich mir einen Pfefferminztee und einen schwarzen Tee für ihn, weil ich wusste, dass er keinen Kaffee trank. All dies geschah, ohne dass wir großartig darüber nachdenken mussten. Wir kannten uns mittlerweile so gut, dass es wie selbstverständlich war … das gefiel mir sehr gut.

Nach dem Dinner gingen wir ins Player, eine Bar an der Broadwick Street, wo ich ihm nach zwei Cocktails die Wahrheit eröffnete.

»Ich muss dir etwas erzählen. Ich habe dich angelogen, aber weil du mir so unglaublich viel bedeutest, will ich dir endlich die Wahrheit berichten.«

Er antwortete nicht, doch seine schockierte Miene sprach Bände, und so nahm er einen großen Schluck von seinem Cocktail, nachdem er den Strohhalm aus seinem Nasenloch entfernt hatte.

»Du weißt, dass ich noch andere Männer über das Internet kennengelernt habe, nicht wahr?«

»Ja.«

»Und ich weiß, dass du dich mit anderen Frauen triffst. Wir haben uns deswegen nie Vorwürfe gemacht, richtig?«

»Genau.«

»Was würdest du sagen, wenn ich dir erzählte, dass ich insgesamt eine ganze Reihe Männer kennengelernt und über meine Erfahrungen geschrieben habe? Wenn ich einen Vertrag mit einem Verlag abgeschlossen hätte und das Buch im Februar erscheint?«

Ich drückte meine Wange an seine und wartete auf seine Antwort.

»Ach, verdammt Dawn, ich dachte, du würdest mir gestehen, dass du verheiratet bist, oder so etwas. Ich würde mich natürlich über alle Maßen für dich freuen und dir sagen, das du es auf jeden Fall verdient hast.«

Und so war sie auf dem Tisch, die Wahrheit, und er und ich waren Freunde geblieben. Keine dramatischen Abgänge, kein Türenschlagen, kein schlechtes Gewissen und keine Verbalattacken. Er hatte genauso reagiert, wie ich es erhofft hatte, und nun war ich mir endgültig sicher, dass wir ein Leben lang befreundet bleiben würden.

Um der guten alten Zeiten willen gingen wir ins Milk and Honey und setzten uns nach oben in den Red Room. Dort tranken wir Jack Daniels mit Cola light, rauchten dicke Zigarren und ahmten New Yorker Gangster nach, bis es schließlich ein Uhr war. Wir nahmen gemeinsam ein Taxi und umarmten uns ohne Unterlass, bis er mich vor meiner Wohnung absetzte. Als wir uns voneinander verabschiedeten, wurde unsere Umarmung so intensiv, dass ich am liebsten im Taxi sitzen geblieben wäre. Er küsste mich auf den Scheitel und wir sagten uns Millionen Male, wie sehr wir uns liebten.

In dieser Nacht trug ich beim Zubettgehen ein breites Grinsen im Gesicht und fühlte mich wunderbar geborgen bei dem Gedanken, dass es Menschen wie Plato in meinem Leben gab. Ich kuschelte mich an Lilu und fiel sofort in tiefen Schlaf.

19. 05. 2005, 09:06 Uhr
Von: Dawn
An: Plato

Noch einmal ... danke für diesen zauberhaften Abend. Danke, dass du nicht wegen des Buchs ausgeflippt bist, ich wusste zwar, dass du es nicht tun würdest, aber ich hatte wahnsinnig Angst, dich beleidigt zu haben ... aber du hattest recht, warum sollte das geschehen?
Du bist einfach wunderbar ... ich liebe dich.
GANZ viel Liebe.
Muss jetzt los in die Bibliothek.
Liebe dich immer noch, XX.

19. 05. 2005, 10:32 Uhr
Von: Plato
An: Dawn

Meine Süße, ich freue mich wirklich aufrichtig für dich – von unserer ersten Begegnung an wusste ich, dass es dir bestimmt ist, großartige Dinge zu leisten. Ich bin sicher, dass diesem Buch eine ganze Reihe folgen wird.
Wie ich bereits sagte, habe ich immer versucht, möglichst vorurteilsfrei an Bekanntschaften über das Internet heranzugehen. Ich bin nicht verzweifelt auf der Suche nach einer Partnerin, aber wenn es sich ergäbe, wäre es okay für mich. Wäre ich jedoch auf der Suche nach meiner Traumfrau, dann wärst du diejenige, daran hege ich nicht die geringsten Zweifel. Du bist alles, was sich ein Mann wünschen kann, und noch viel mehr.
Ich wünsche Ihnen einen schönen Tag, Miss P. – und ja, lass uns bald wieder ausgehen.
xxx

Das Paar: Neun

23. 05. 2005, 09:33 Uhr
Von: Dawn
An: Gillian; Gavin

Hallo, ihr Hübschen, es tut mir wahnsinnig leid, dass ich mich so lange nicht gemeldet habe. Hoffentlich denkt ihr jetzt nicht, dass Gavs Gauner-Geständnisse mich abgetörnt hätten ... dem ist nämlich überhaupt nicht so. Im Gegenteil, ich stehe auf schlimme Finger, sieht also so aus, als stünde uns ein interessanter Abend bevor! Als ich auf der Schauspielschule war, haben wir einmal einen Ausflug zum Chester Zoo gemacht, wo wir ein Tier unserer Wahl nachahmen sollten. Ich entschied mich für das Äffchen, ein besonders bewegliches Säugetier, und verbrachte die gesamte Woche damit, mit gebeugten Knien durch die Gegend zu laufen, die Zunge zwischen Oberlippe und obere Zahnreihe zu stecken und komische Geräusche von mir zu geben. Ich bin also ein sehr freches Äffchen und kann mich mit Gavin messen!
Okay, werde jetzt Schluss machen und meinen Sean-Connery-Akzent üben, denn es kommt ja überhaupt nicht infrage, dass du mich darin übertrumpfst, Gavin. Wo ich gerade dabei bin, könnte ich auch noch Donald Duck auf die Liste setzen ... niemand kommt an den heran!
DICKE Küsse an euch beide, moi, xxx.

24. 05. 2005, 16:25 Uhr
Von: Gavin
An: Gillian; Dawn

Alles klar, werte Ladys?
Danke für die E-Mail, Dawn, schön von dir zu hören.
Schön auch zu wissen, dass du auf Äffchen stehst, denn

glaube mir, nichts kann zwischen sie und mich kommen! Verdammt, ich bin zu neunundneunzig Prozent Schimpanse und zu einem Mann! Ich habe mal den Perth Zoo in Oz besucht, der angeblich das beste Affengehege der Welt hat. Mir es tatsächlich gelungen, einen Mini-Aufstand anzuzetteln, als ich die Jungs in den Käfigen lockte und nachahmte. Du hättest mal den Höllenlärm erleben sollen: eine wahre Kakophonie von Heulen, Schreien und Geschnatter und dazu das ganze Programm von Stockwerfen, Baumstämme umarmen, willenloses Herumurinieren, Brustschlagen und Fellpflegen! Und das alles nur, weil ich beim Anblick der über fünfzig Affen einen Freudentanz begann! Aber, wie es so schön heißt, das ist eine ganz andere Geschichte, die wir vielleicht bei einem Glas Wein genießen sollten?
Nun, ich frage mich unentwegt, wie du auch nur im Entferntesten glauben kannst, an meinen Sean-Akzent heranzukommen. Ich bin schon oft auf der Straße von jungen Damen angesprochen worden, ob ich der Sohn von Mr Connery sei, was mich zu der Überzeugung bringt, dass ich in der Abteilung »Yesch, Misch Moneypenny« ganz außergewöhnlich talentiert bin. Wenn ich es also noch einmal überdenke, dann bin ich zu neunzig Prozent Affe, zu einem Prozent Mann und zu neun Prozent Sean!! Gute Quote, was? Dann wiederum ...
Ich muss jetzt aufhören, weil ich etwas zwischen die Kiefer brauche: nach einem total beknackten Tag ist es jetzt Zeit für ein paar Leckereien.
Bis bald, Gav.

DIENSTAG, 24. MAI

Flash, zweiter Teil
Halt die Klappe und genieße!

Das Date

Ich mochte Flash wirklich gern und hatte nach unserem ersten Date ein schlechtes Gewissen wegen des Tagebuchs. Damals war die Sache mit meinem Vertrag noch zu frisch gewesen, doch jetzt, wo ich offiziell Autorin war, wurde mir klar, dass ich jedem, mit dem ich eine wie auch immer geartete Beziehung eingehen wollte, davon erzählen musste. Doch nach der Reaktion des Gentleman zögerte ich jedes Mal. So kam es, dass ich Flash vertröstete, als er mich anrief und zu einem Wochenendausflug einladen wollte. Und als er mir kurze Zeit später eine E-Mail schickte, um mich zum Abendessen einzuladen, eröffnete ich ihm, dass ich ihn nicht mehr wiedersehen wollte, obwohl mich das sehr traurig stimmte.

03. 05. 2005, 13:01 Uhr
Von: Flash
An: Dawn

Okay, ich bin etwas auf dem letzten Drücker, aber ich habe es beim Hakkasan und beim Zuma versucht. Der eine Laden war ausgebucht, der andere hatte einen Tisch um 23 : 45! Weil ich ja hoffe, dich bis dahin in meinem Bett zu haben, lehnte ich den Reservierungsvorschlag ab. Das Sketch ist geschlossen, also gehen wir ins Locanda Locattelli – es ist im Stil von Jean Christophe Novelli!

Sag mir bitte Bescheid, wenn das nicht dein Ding ist, und ich werde mich um etwas anderes bemühen. Alternativen wären das Boxwood Café oder der Cinnamon Club, eine Mischung aus französischer und indischer Küche, das Essen ist ausgezeichnet.
Also, was sagst du dazu?

03. 05. 2005, 13:36 Uhr
Von: Dawn
An: Flash

Mein Lieber, in meinem Leben hat sich eine Veränderung ergeben, was bedeutet, dass ich mich zurzeit nicht mit dir treffen kann. Bitte frage mich nicht nach dem Grund, sondern akzeptiere mein Bedauern, dass ich es so weit kommen ließ. Ich werde mich wieder melden. Es tut mir sehr leid, x.

03. 05. 2005, 13:45 Uhr
Von: Flash
An: Dawn

Hey, immer locker bleiben. Ich habe unseren gemeinsamen Abend sehr genossen und viel gelacht. Wie du bin ich nicht auf der Suche nach einer festen Partnerschaft und wie du bin ich sehr beschäftigt, also könnten wir uns ohnehin nur sporadisch sehen.
Lass dir alle Zeit, die du brauchst, und wenn du wieder einmal lachen willst oder einfach nur Lust hast, in ein teures Restaurant ausgeführt zu werden, dann weißt du, wo ich bin.

03. 05. 2005, 13:55 Uhr
Von: Dawn
An: Flash

Du bist ein wunderbarer Mann, ich werde mich ganz bestimmt wieder melden, x.

Ich war nicht glücklich über diese Situation und hätte ihn wirklich gern wiedergesehen, aber ich hatte überhaupt keine Lust auf weitere Schuldgefühle. Als er sich allerdings nach ein paar Wochen wieder bei mir meldete, dachte ich »verdammt, warum eigentlich nicht« und schlug vor, dass wir uns zum Abendessen trafen. Nach Platos gelassener Reaktion fühlte ich mich wieder sicherer und sah die Vorteile des offenen Umgangs. Ich freute mich darauf, Flash wiederzusehen, und hoffte, dass seine Reaktion ebenfalls positiv ausfiele.

Wir trafen uns im Home House, einer Bar am Portman Square, die nur Mitgliedern vorbehalten war. Anfänglich waren wir noch etwas beklommen, aber das war nicht weiter überraschend. Obwohl er mich nicht nach dem Grund fragte, weshalb ich ihn ursprünglich nicht mehr hatte sehen wollen, und das Thema wahrscheinlich auch nicht von sich aus anschneiden würde, war ihm deutlich anzusehen, dass es ihn beschäftigte. Mich übrigens auch. Ich war mir noch nicht im Klaren, wann der rechte Zeitpunkt war, um ihm von dem Tagebuch zu erzählen. Würde ich ihm gleich zu Beginn davon berichten, dann würde dies das Gespräch während des gesamten Abends beherrschen, davon war ich überzeugt. Also hielt ich mich vorerst zurück, damit wir uns erst mal auf den neuesten Stand der Dinge bringen konnten. Ich hatte an diesem Tag Selbstbräuner aufgetragen, sodass meine Haut entsprechend getönt war.

»Du siehst so braun aus, kommst du gerade aus dem Urlaub?«

»Nein, die Bräune kommt aus der Tube.«

»Sieht sehr natürlich aus. Du nimmst mich aber nicht gerade auf die Schippe?«

Er verhielt sich sehr misstrauisch und es war klar, dass er versuchte herauszufinden, was nun das Drama in meinem Leben war. Ich versicherte ihm, die Wahrheit zu sagen, und fragte mich, was er wohl gerade von mir dachte.

Bei unserem letzten Treffen hatte ich ihm davon erzählt, wie ich im Restaurant der TV-Show »Hell's Kitchen« gegessen hatte. Ich bin dort mit einem Freund gewesen, Richard Dunwoody, der zweimal das Grand National Turnier gewonnen hat. Seit kurzem schreibe ich eine Kolumne für den Newsletter eines Singleclubs, dem Racing Pulses. Dieser ist speziell für Leute konzipiert, die sich für Pferderennen und Sportveranstaltungen begeistern. Richard hatte mich in diese Szene gebracht. Während ich Flash noch davon erzählte, unterbrach er mich mitten im Satz und sagte: »Ach so ... dann bist du jetzt mit einem Jockey-Typen zusammen?«

»Nein, überhaupt nicht. Wir sind einfach nur gute Freunde.«

Wieder ein Versuch herauszufinden, weshalb ich diese dramatische E-Mail geschrieben hatte. Aber ich dachte nicht daran, ihn von seinem Elend zu erlösen.

Stattdessen unterhielten wir uns über Singleclubs und darüber, wie man vor nicht allzu langer Zeit alleinstehende Menschen bedauerte, die dort hingingen, während diese Clubs heutzutage absolut angesagt sind. Es gilt als clever, Leute darüber kennenzulernen. Flash erzählte, dass er einen Wochenendtrip nach Spanien für Singles organisierte, der Ende des Monats stattfinden würde, und lud mich spontan dazu ein.

»Das hört sich nach einer riesigen Orgie an«, meinte ich.

»Nein, ich garantiere dir, dass es nicht ausarten wird.«

»Nun, dann werde ich definitiv nicht mitkommen.« Sex unter der Sonne hatte sich schließlich nach einer Menge Spaß angehört!

»Wie läuft es mit deinem Roman? Hast du ihn schon an Agenten und Verlage geschickt? Ich kann es nicht erwarten, ihn zu lesen.«

»Ähm, blah, örks, tjaha«, stotterte ich wie geistig umnachtet, bevor mir schließlich ein »Ich stehe noch in Verhandlung und möchte jetzt nichts sagen, bevor es nicht fest ist« gelang.

»Völlig verständlich«, antwortete er.

Flash trug einen Leinenanzug in einem hellen Khaki. Er sah sehr lässig aus und ich machte ihm ein Kompliment dazu. Er kam mir bei diesem Treffen etwas kleiner vor und auch ein wenig fülliger, dafür glänzte aber seine Bräune umso mehr. Er sah wirklich gut aus, aber ich konnte mich nicht entschließen, ob ich nun auf ihn stand oder nicht, und suchte nach Entschuldigungen. Ich meine, wenn sich herausstellte, dass ich nichts von ihm wollte, dann würde ich ihm auch nicht von dem Buch erzählen müssen. Wir würden einen netten Abend miteinander verbringen und künftig würde ich seine Anrufe einfach ignorieren. Aber nein, das war keine Lösung, da ich ihn ganz bestimmt wiedersehen wollte. Also musste ich mir wohl besser Mut antrinken und ihm schließlich die Wahrheit ins Gesicht sagen.

Nach zwei Drinks in beklommener Stimmung nahmen wir ein Taxi und fuhren ins Sumosan. Als er mir verriet, wohin die Fahrt ging, konnte ich es kaum glauben, war ich doch erst eine Woche zuvor mit dem Gentleman dort gewesen. Aber ich war einverstanden.

Wir nahmen an einem Tisch Platz und ich tat alles in meiner Macht Stehende, um Blickkontakt mit dem Kellner zu vermeiden, der mich letzte Woche bedient hatte – nur der gütige Gott weiß, was dieser Mann gedacht hat. Doch glücklicherweise war unser Tisch einem anderen Kellner zugeteilt.

Wir entschieden uns für Wein, und da wir beide sehr hungrig waren, gaben wir rasch unsere Bestellung auf. Da ich die Speisekarte mittlerweile sehr gut kannte und eine ausgesprochene Sushi-Liebhaberin bin, machte ich meinem Begleiter ein paar Vorschläge. Er bestellte drei Vorspeisen, zwei Hauptgerichte und überließ mir dann die Auswahl von Sushi und Sashimi.

»Okay, so weit zu den Hauptgerichten, nun wird diese junge Dame die Sushibestellung aufgeben, da sie danach süchtig ist.«

Der Kellner lächelte mich an, ich atmete einmal tief ein und ratterte dann eine Liste unglaublicher Köstlichkeiten herunter. Als ich geendet hatte, sah ich Flash mit einem Blick an, der bedeutete: »Habe ich es übertrieben?«, aber Flash wandte sich an den Kellner und fügte hinzu: »Nehmen Sie ein paar davon doppelt, damit wir sicher sein können, dass die junge Dame genug zu essen bekommt.«

Ja!

Mittlerweile war die Stimmung zwischen uns entspannter. Das Gespräch floss locker dahin und ich sammelte immer mehr Mut zusammen, um ihm von dem Buch zu erzählen.

»Ich liebe Las Vegas, ich bin dort letztes Jahr auf Dienstreise gewesen. Nun möchte ich gern für ein paar Monate dorthin reisen und ein Tagebuch schreiben.«

»Hört sich toll an. Hast du bisher schon Tagebuch geschrieben?« Meine Chance war gekommen …

»Ja, eins oder zwei während unterschiedlicher Phasen meines Lebens« …, die ich offensichtlich nicht nutzte.

»Aha, interessant. Ich wette, dass sie eine spannende Lektüre sind«, erwiderte er und bot mir die zweite Chance …

»O ja, ich denke schon« …, die ich ebenfalls gehörig in den Sand setzte und die Gelegenheit nicht beim Schopfe packte. Verdammt!

Wir unterhielten uns weiter über Vegas und ich erzählte ihm

von dem Zwerghippie, der mir einmal im Casino des Pyramid Hotels über fünfhundert Dollar für Blackjack geschenkt hatte. Als ich sie für ihn verspielt hatte, gingen wir auf sein Hotelzimmer, wo ich für hundertfünfzig Dollar beim Zimmerservice bestellte, Schokoladenkekse mit Magic Mushrooms aß und das zweifellos stärkste Gras der Welt rauchte.

Flash lachte, aber ich fragte mich, ob es eine gute Idee gewesen war, ihm davon zu erzählen. Ich konnte mir nämlich nicht vorstellen, dass er jemals seinen Körper in dieser Form missbrauchen würde, denn trotz des einen oder anderen Glas Alkohols schien er sehr auf sich zu achten. Ich befürchtete, dass er mich für einen Junkie hielt statt für eine Frau, die sich keine Gelegenheit für ein bisschen Spaß entgehen lässt.

»Wow, ich habe noch nie in meinem Leben einen Joint oder eine Zigarette geraucht. Als ich noch auf das College ging, war ich so sportfanatisch, dass ich nie darüber nachgedacht hätte. Mein Körper war mein Tempel.«

»Das finde ich sehr beeindruckend. Als ich noch studierte, war mein Körper mein Tampon ... er hat sämtliche Giftstoffe absorbiert.«

Wir lachten und dann demonstrierte er mir seine Offenheit noch ein weiteres Mal, indem er die Frau neben uns, die mich ansah, als sei ich ein Stück Dreck, weil ich mir eine Zigarette anzündete, eine »Schlampe« nannte. Okay, wir saßen zwar im Nichtraucherbereich ... aber trotzdem!

Nachdem wir uns durch weitere Jack Daniels gekämpft und während des Essens ungefähr drei Flaschen Wein geleert hatten, fragte er mich, ob ich noch etwas wünschte. Ich verneinte, aber letzthin scheine ich stets zu nicken, wenn ich Nein sage, also bestand er darauf, dass ich noch etwas bestellte, und man brachte mir die Speisekarte.

Als ich im vergangenen Jahr einmal im Sumosan war, hatte mein Begleiter Seegurke bestellt. Ich meinte mich zu erinnern, dass ich dies nicht besonders gern mochte, aber als sich mir nun die Gelegenheit bot, dies zu überprüfen, bestellte ich gleich zwei Portionen für Flash und mich.

Der Kellner brachte uns die Speise mit einem kaum zu übersehenden Ausdruck von Spannung im Gesicht.

»Wollen Sie uns etwas sagen?«, fragte ich.

»Dies ist das teuerste Gericht auf der Speisekarte und ich durfte es noch nie probieren – darf ich dabei sein, wenn Sie davon kosten?«

Das war zwar ein etwas seltsames Anliegen, aber warum eigentlich nicht ...

Flash und ich nahmen gleichzeitig den ersten Bissen und unsere Vorfreude kam zu einem abrupten Ende, als sich der Geschmack in unseren Mündern breitmachte. Der Geschmack des Fischs war so widerlich, wie ich ihn in Erinnerung hatte.

»Wie schmeckt es?«, fragte der Kellner.

»Als wäre jemand in meinem Mund gekommen«, antwortete Flash. Ich hätte fast meinen Bissen ausgespuckt, als ich vor Lachen förmlich zusammenbrach. Der arme Kellner konnte kaum glauben, was er da gehört hatte, und wusste nicht, wie er reagieren sollte. Also entfernte er sich schleunigst von unserem Tisch. Dabei waren seine Wangen so hochrot, als hätte ihm jemand hineingekniffen. Flash saß bewegungslos vor mir und schaute mit einem Ausdruck maßlosen Ekels vor sich hin. Dann fügte er seinem Kommentar hinzu: »Nicht, dass ich den Geschmack kennen würde, natürlich nicht ...«

Wir aßen trotzdem alles auf, schließlich handelte es sich um eine Delikatesse, auch wenn sie wie frisch abgespritztes Sperma schmeckte. Irgendwie genoss ich diese Mahlzeit, mehr möchte ich dazu aber nicht sagen ...

Nachdem wir aufgegessen und ausgetrunken hatten, war nun der Zeitpunkt gekommen, an dem ich ihm von dem Buch erzählen musste. Ich griff nach seiner Hand.

»Ich muss dir etwas sagen.«

Er blickte ziemlich nervös drein, nur der liebe Gott wusste, was Flash an Worten befürchtete.

»Der Grund, weshalb ich dich nicht mehr sehen wollte und dir nichts über den ›Roman‹, an dem ich arbeite, verraten habe, ist der, dass ich einen Autorenvertrag habe und mein Buch ab Februar in den Regalen der Buchhändler ausliegen wird. Aber es handelt sich dabei keineswegs um einen Roman.«

Pause.

»Es ist ein Tagebuch, in dem ich über meine Erfahrungen mit Männern und Frauen, die ich über das Internet kennengelernt habe, berichte. Du kommst auch darin vor.« Ich schloss die Augen und biss die Zähne zusammen. Nun würde er jeden Moment seine Hand unter meiner hervorziehen.

»Nun, das hört sich doch fantastisch an, oder?«

Ich öffnete blinzelnd ein Auge.

»Du wolltest dich künftig dem Schreiben widmen und nun bist du Autorin. Ich finde, das sind ganz ausgezeichnete Neuigkeiten.«

Nun schlug ich auch das andere Auge auf. Er setzte sich ganz dicht neben mich und ergriff meine Hände.

»Aber wie, zur Hölle, willst du arbeiten, wenn dein Laptop kaputt ist?« Ich hatte ihm zuvor davon erzählt, wie mein Computer an diesem Tag seinen Geist aufgegeben und ich über zehntausend Wörter verloren hatte. »Ich denke, wir sollten gleich morgen früh losziehen und dir einen neuen besorgen.«

»Ach, sei nicht albern, ich finde schon eine Lösung.«

»Wie denn? Du verdienst doch nicht besonders viel, oder?«

»Aber …«

»Dawn, hör zu, ich habe letztes Jahr drei Millionen Pfund verdient und dieses Jahr wird es höchstwahrscheinlich dreimal so viel. Wenn ich dir einen Laptop kaufe, dann ist das eine wohltätige Spende, die sich nicht im Geringsten auf mein Bankkonto auswirken wird.«

An diesem Punkt des Gesprächs brachte uns der Kellner die Rechnung. Sie belief sich auf 302 Pfund.

»Siehst du? Betrachte es einfach als ein paar Male essen gehen.«

Ich dachte eine Weile darüber nach, dann stimmte ich zu. Obwohl ich nicht zu hundert Prozent glücklich darüber war, und ich … ach, es ist doch egal, was meine Vorbehalte waren, ich war am Ende dann doch einverstanden.

Wir blieben noch zirka zehn Minuten im Sumosan und knutschten wie die Teenager, bevor er mir ein Taxi rief, das mich nach Hause bringen sollte.

Am nächsten Morgen rief er mich um zehn Uhr an.

»Ich bin gerade in der Tottenham Court Road. Lass uns treffen, wir kaufen dir jetzt einen Laptop.«

Dazu konnte ich nicht Nein sagen.

Wir spazierten in einen der Computerläden und Flash sagte zu dem Verkäufer: »Wir nehmen diesen hier.« Fünfzehn Minuten später war ich die stolze Besitzerin eines neuen Sony VGN-B3VP.

Dann fuhren wir zu seiner Wohnung, wo er mir den Rechner installierte. Wenn er dafür eine Gegenleistung erwartet, so dachte ich, würde er mich darum bitten müssen. Aber das tat er nicht. Er richtete mir Word ein, zeigte mir, wie die drahtlose Verbindung funktionierte, und wünschte mir alles Glück der Welt für meine Projekte. Er war einfach hinreißend.

Abgesehen von unserer leidenschaftlichen Knutscherei, die ich letztlich herausgefordert hatte, wurde mir dieser Laptop als freundliche Geste überlassen, die ich mit vollem Herzen zu schätzen wusste.

Ich nahm das Gerät mit nach Hause und machte mich sofort an die Arbeit, indem ich von meinem Abend mit Flash berichtete und davon, wie glücklich ich war, einen weiteren Schatz über das Internet kennengelernt zu haben.

Das Paar: Zehn

26. 05. 2005, 23:11 Uhr
Von: Dawn
An: Gillian; Gavin

Hallo, ihr Lieben,
ich bin gerade von meinem mehrwöchigen Urlaub auf Guernsey zurückgekommen. Habe mich ausgezeichnet erholt. Ich bin einfach zu gern dort. Tolle Leute, tolle Pubs, es ist einfach alles toll, wirklich! Ich habe geschrieben und gefeiert ... perfekt!
Allerdings komme ich ohne Bräune zurück ... nein, das stimmt nicht, ich habe eine wundervolle Bräune, allerdings nicht von der Sonne!!!
Also ... wie wäre es mit Freitag, dem 24. Juni?
Lasst mich wissen, ob ihr dann Zeit habt. Kann es kaum erwarten, Dawn, x.

15. 06. 2005, 20:46 Uhr
Von: Gillian
An: Dawn

Hallo, du Schöne,
ich habe mit Gavin gesprochen und er ist mit Freitag einverstanden. Ich habe uns ein Zimmer in besagtem Hotel reserviert und plane, mir den Tag davor freizunehmen, damit ich nicht nach der Arbeit zu unserer Verabredung hetzen muss, sondern alles entspannt angehen lassen kann. Mein Chef muss den Urlaubsantrag nur noch morgen unterschreiben. Gavin sieht auch zu, dass er am nächsten Tag nicht früh aufstehen muss. Sieht also gut aus. Ich freue mich schon sehr auf unser Treffen und kann es nicht abwarten, dich kennenzulernen.
Ich melde mich in Kürze wieder mit weiteren Vorschlägen.

Außerdem ist mir wieder eingefallen, dass du gern sexy Musik hörst. Das wiederum kann für jeden etwas anderes bedeuten, es wäre nett, wenn du mir ein paar Tipps geben könntest, damit ich etwas Passendes aussuchen kann, das dich in Stimmung bringt ... ich mag im Prinzip alle Richtungen, da ich früher einmal zur Musikschule gegangen bin. Das hat mich für alles offen gemacht. Gavins Geschmack umfasst auch alles Mögliche, allerdings steht er weniger auf kommerzielle Popmusik. Ich bin mir sicher, dass wir etwas finden werden, das uns allen gefällt.
Wir sollten übrigens unsere Handynummern austauschen, bevor es losgeht. Meine lautet **********.
Schließlich wollen wir uns nicht verpassen.
Ich bin schon so aufgeregt!
Bis ganz bald, Gill, xxxx.

19. 06. 2005, 11:23 Uhr
Von: Dawn
An: Gillian

Fantastisch – o mein Gott, das ist alles so aufregend!
Ich freue mich, dass Gavin es auch für Freitag einrichten kann. Was die Musik anbelangt, überlasse ich alles euch. Ich mag auch vieles und werde sogar auch dann in Stimmung kommen, wenn die Pet Shop Boys im Radio singen, keine Sorge.
Heute tut mir mein Hintern allerdings ein bisschen weh, da ich gestern Polo gespielt habe. Es hat unglaublich viel Spaß gemacht. Ich bin seit ungefähr fünfzehn Jahren nicht mehr geritten und war am Anfang etwas nervös. Aber das änderte sich, sobald ich die halbe Tonne pulsierenden Muskelfleischs zwischen meinen Schenkeln spürte, und am Ende des Tages war ich richtig gut.
Ich habe euch so viel zu erzählen. Ich habe nämlich eine

Rolle in einer neuen Komödie auf Channel 4 übernommen und war diese Woche schon zu Dreharbeiten unterwegs. Es ist eine Art versteckte Kamera und ich halte als Köder für Männer in Bars her ... sehr, sehr komisch und ... sehr passend!
Herrje, jetzt muss ich mich beeilen, meine Katze fegt gerade alles von meinem Schreibtisch herunter, weil sie meine Aufmerksamkeit will ... das süße, kleine Mistvieh!
Ich freue mich unbändig auf Freitag und kann es noch gar nicht fassen, dass es wirklich passieren wird. Fühle mich überraschend wohl bei dem Gedanken an ein solches Abenteuer. Erzähl mir doch einmal, wie du dir den Abend vorstellst ...
Dicken Kuss, xxx.

22. 06. 2005, 23:03 Uhr
Von: Gillian
An: Dawn

Hallo Süße,
also, Gavin und ich haben schon recht viel über Freitag gesprochen und mittlerweile eine ganz gute Vorstellung davon, wie es ablaufen könnte. Da das Hotel in der Nähe der Docklands ist, könnten wir uns doch am Canary Wharf treffen? Wie wäre es um sieben vor der U-Bahn-Station? Sag einfach Bescheid, wenn dir eine andere Uhrzeit lieber ist. Falls du außerdem ein paar Sachen dabeihast, möchtest du sie eventuell schon im Hotel abgeben? Gavin und ich werden uns dort früher einfinden und das Zimmer vorbereiten.
Wir könnten uns auf ein paar Drinks treffen, alles ganz locker, und wenn uns danach ist, gehen wir auch noch etwas essen und danach zum Hotel. Gavin ist davon überzeugt, dass ich über dich herfalle, sobald wir dort ankommen.

Hey, ich denke, das wird er erst einmal abwarten müssen, oder?
Er bat mich, eine ganze Reihe von Sachen mitzunehmen, also werden wir ein paar Uniformen dabeihaben, Vibratoren, Handschellen, Augenbinden und ein Halsband. Ungefähr so sieht die Liste aus. Jetzt bitte ich dich, mir zu sagen, ob dir davon irgendetwas missfällt.
Wir möchten keinesfalls, dass du dich unwohl fühlst.
Ich denke, sobald wir zu dritt im Hotel sind, sollten wir der Leidenschaft freien Lauf lassen und sehen, wohin sie uns führt.
Gavin hat da ein paar konkrete Vorstellungen von uns beiden, allein und zu zweit, gefesselt und mit verbundenen Augen, sodass wir uns vortasten müssen. Er ist schon sehr aufgeregt und es erregt ihn, wenn wir nur von unserem Vorhaben sprechen! Ich bin gespannt, wie lange wir uns bei den Drinks aufhalten werden, bis er uns ins Hotel schleppen will!
Was schwebt dir denn so vor? Hast du spezielle Vorlieben, über die wir im Vorfeld Bescheid wissen sollten?
Vielen Dank übrigens für diese tolle letzte E-Mail. Polo hört sich nach einer passenden Vorbereitung für Freitag an, denn auch dann wirst du pulsierendes Muskelfleisch zwischen deinen Schenkeln spüren!
Außerdem musst du uns unbedingt sagen, wann die Folge im Fernsehen ausgestrahlt wird, damit wir dich nicht verpassen.
Hörte sich an, als hättest du dich köstlich bei den Dreharbeiten amüsiert.
Nun, ich muss jetzt zu Bett gehen, sonst denkt Gavin noch, ich würde ihn vernachlässigen.
Kann Freitag kaum noch abwarten.
Gute Nacht, du sexy Ding!

22. 06. 2005, 23:06 Uhr
Von: Dawn
An: Gillian

Hola, süße Lady!
Ja, der Treffpunkt Canary Wharf ist perfekt ...
Um sieben? Wunderbar!
Ich werde außer einer Tasche nichts dabeihaben, wir können also gleich ins Pub weiterziehen und etwas vorglühen, um das Eis zu brechen.
Ihr könnt gern alles an Accessoires mitbringen, ich benutze normalerweise nichts von dem Zeug, aber ich bin ein sehr sinnenfreudiger Mensch. Zwar finde ich, dass Körper und Sinne auch ohne leblose Objekte aufs Höchste entfacht werden können, ABER andererseits treffe ich mich nicht besonders oft mit fremden Paaren, die ich über das Internet kennengelernt habe, also heyho ... ich freue mich auf neue Erfahrungen!
Die einzige Ausnahme ist das Hundehalsband, ich glaube nicht, dass mich der Gebrauch sonderlich antörnen könnte ... aber alles andere ist Spaß und Spielerei! Bringt es mit und zeigt es mir!
Gavin ist wirklich ein schlimmer Finger, oder? Fesselspiele und solche Sachen. Dabei bin ich mir nicht sicher, ob wir wirklich diejenigen sein sollten. Was wäre wohl, wenn wir den dominanten Part einnehmen würden?
Du kannst am Freitag gern über mich herfallen, meine Süße, ich gehöre dir! Alle meine Fantasien hatten letzthin mit Frauen zu tun – ich frage mich, woran das wohl liegen könnte!
Klar, wir sehen einfach, wie weit wir mit Drinks und einem Happen zu essen kommen, aber wir sollten auch ein paar Flaschen Wein mit aufs Hotelzimmer nehmen, es geht doch nichts über einen kräftigenden Schluck zwischendurch ...

Der Gedanke des Vorglühens gefällt mir ebenfalls, ich fühle mich euch jetzt schon auf seltsame Weise verbunden und freue mich darauf, euch besser kennenzulernen. Irgendwie kann ich mir aber nicht vorstellen, dass wir uns im Schlafzimmer viel unterhalten werden.
Hoffe übrigens, dass ihr nichts gegen Kichern habt – denn ich kichere viel!
Oooo, ich kann es kaum erwarten, dir den kleinen, süßen Hintern zu versohlen, wirklich nicht!
Gib Gavin heute Nacht auch etwas Aufmerksamkeit in meinem Namen, aber verausgabe dich nicht für Freitagnacht!
Ich bin so aufgeregt, dass ich fast schon deinen Geschmack auf der Zunge habe.
Süße Träume, xx.

FREITAG, 24. JUNI

Das Paar
... Endlich!

Obwohl ich mir seit sechs Monaten darüber im Klaren war, dass dieser Moment eintreten würde, hatte ich doch nicht so recht daran geglaubt. Es waren immer noch Monate bis dahin gewesen und ich war mir sicher, dass irgendein nuklearer Super-GAU oder eine andere Art von nationaler Tragödie mich davor bewahren würde. Aber nein, der Tag unserer Verabredung war gekommen, und ich konnte nichts dagegen tun.

Ich erwachte und fühlte mich, als habe man mir einen Schlag mit dem Elektroschocker versetzt. Stromschläge jagten durch meine Lenden, den Magen hinauf und durch meinen Mund. Was sich in Ausrufen wie: »Warum, verdammte Scheiße, habe ich mich bloß darauf eingelassen?«, bemerkbar machte.

Ich brauchte moralischen Beistand und rief meine beste Freundin Louise an, die hervorragend darin war, mich zur Besinnung zu bringen, ohne mich zu maßregeln.

»Dawn, beruhige dich, es ist nur Sex, das hast du bereits Hunderte von Malen getan.«

»Ja, aber ich habe noch nie ein Paar über das Internet kennengelernt und mich mit ihnen zu einem solchen Date verabredet.«

»Stell dich nicht so an. Wie lange chattest du nun schon mit diesen Leuten?«

»Sechs Monate.«

»Hat dir ihr Foto gefallen?«

»Ja.«

»Vertraust du ihnen?«

»Absolut.«

»Dann leg los und lass es dir hollywoodreif besorgen. Keine Panik, es wird schon gut gehen.«

Sie hatte recht, schließlich vertraute ich Gillian bedingungslos. Als ich anfing, Männer über das Internet kennenzulernen, hätte ich nie gedacht, dass unter anderem ein Date mit einem Paar dabei herauskommen könnte. Aber nachdem Gillians erste E-Mail in meinem Postfach gelandet war, hatte sie meine Neugier erregt, und ich hatte einfach antworten müssen. Und während sich unser Kontakt entwickelte, fing ich an, sie für ihre höfliche, fast schon formelle Art zu bewundern, mit der sie unser Vorhaben behandelte. Es gab noch weitere Angebote von Leuten, die einen Dreier wollten, aber keins schien davon wirklich ernst gemeint zu sein. Ich hatte keine Lust auf dieses abgefuckte Großstadtpaar, das eine Affäre miteinander hatte und schmutzige Dinge mit meinem Arsch tun wollte, oder auf das Ehepaar, das verzweifelt versuchte, sein Liebesleben wieder in Schwung zu bringen, geschweige denn auf ein Paar, wo das Mädchen lediglich mitmachte, weil es ihrem Typen gefallen wollte. Mit Gillian und Gavin bestand die Lust auf Neues eindeutig auf beiden Seiten. Sie hatte mich auf eine Art angesprochen, die mir zeigte, dass sie beide zu gleichen Teilen von der Idee angetan waren, und durch ihre höflichen E-Mails konnte ich mir ein gemeinsames Szenario sehr gut vorstellen.

An diesem Morgen sah mein Frühstück anders aus als sonst. Normalerweise nehme ich eine große Schüssel mit Früchten aus biologischem Anbau zu mir, dazu glutenfreies Müsli und vielleicht ein paar Scheiben Roggenbrot mit einer halben zerquetschten Banane. Eine sehr ballaststoffreiche Nahrung also, die ich lieber vermied und mich mit einer

Tasse Pfefferminztee begnügte. Ich wollte nichts zu mir nehmen, das mich auch nur im Entferntesten aufblähen könnte.

Zwischen neun und zehn verbrachte ich eine geschlagene Stunde damit, in meiner Wohnung auf und ab zu laufen und darüber nachzugrübeln, was ich anziehen sollte. Sollte es besser tief ausgeschnitten und sexy sein? Oder eher lässig und verspielt? Ich hatte keinen blassen Schimmer.

»Louise, was, in Gottes Namen, zieht man an, wenn man sich mit Unbekannten zum Sex trifft?«

»Zieh deinen winzigen schwarzen Minirock an.«

»Ist das nicht ein bisschen zu gewollt?«

»Dawn, du triffst dich mit Unbekannten zum Sex, den ihr vorher ziemlich genau arrangiert habt … ich denke, du wirst ihnen mehr als deutlich gezeigt haben, dass du gewillt bist!«

Das war ein guter Punkt.

Also entschloss ich mich für den Minirock. Was allerdings Selbstbräuner bedeutete, weshalb ich rasch unter die Dusche hüpfte und mir ein Peeling gönnte, als hieße es, unter meiner Haut einen Schatz zu finden. Nachdem ich mir wie eine frisch geschälte Krabbe vorkam, nahm ich die nächste Herausforderung in Angriff – das Bikiniwaxing. Nachdem ich ein paar Berichte gelesen hatte, entschied ich mich, es selbst zu Hause zu probieren, statt Unsummen dafür auszugeben. Also legte ich die Tube mit dem Wachs in die Mikrowelle, wartete auf das *Ping!* und verbrühte mich in meiner Ungeduld an dem Zeug.

Nachdem ich zwanzig Minuten lang die delikaten Stellen mit Eis gekühlt hatte, unternahm ich einen weiteren Versuch und trug das Wachs auf, während ich ein Bein auf einen Stuhl stellte und mich mit dem anderen auf dem Fußboden abstützte. Es klappte. Dann legte ich die speziell für diesen Zweck gefertigten Stoffstreifen auf und brauchte mindestens eine weitere halbe Stunde, bis ich den Mut hatte, sie wieder herunterzureißen.

Aber es war nicht ganz so schlimm, wie ich befürchtet hatte, also wiederholte ich die Prozedur ein paar Mal, bis ein kleines, hübsch getrimmtes Dreieck übrigblieb. Eigentlich hatte ich ganz auf Hollywood-Style gehen wollen (alles ab!), aber es kam nicht in Frage, dass ich mich dazu hinreißen ließ. Ich hatte die dunkle Vorahnung, dass ich mir die gesamte Klitoris vom Leib reißen und niemals wieder Vergnügen empfinde würde. Also verteilte ich Enthaarungscreme auf die verbleibenden Bereiche, stutzte das Dreieck hübsch zurecht und betrachtete meine Aufgabe als erledigt.

Als Nächstes kam die falsche Bräune an die Reihe. Ich trug die Creme großzügig auf und achtete darauf, dass ich Streifen vermied, während ich sie auch dort auftrug, wo es nicht unbedingt notwendig gewesen wäre, die Sache aber wert war … nur für den Fall, dass es den beiden gefiele …

Enthaart, gezupft und frisch gebräunt musste ich nun nur noch warten. Ich wollte mich an den Schreibtisch setzen, aber meine Finger waren nicht in der Lage, den Befehlen meines Gehirns zu folgen, das sich, darum betete ich, auf die kommende Situation vorbereitete. Ich lag also den ganzen Nachmittag auf meinem Bett und schmuste mit Lilu. Es war das Einzige, für das ich Energie aufbringen konnte.

Nur der gütige Vater weiß, wie es dazu kommen konnte, aber plötzlich wurde es fünf Uhr nachmittags, und es war fast an der Zeit, das Haus zu verlassen. Ich entschied mich letztendlich für Jeans, die ich in kniehohe schwarze Stiefel steckte, dazu ein schwarzes geknöpftes Top und ein goldfarbenes Strickjäckchen. Ein schlichter Look, aber sexy – einfach perfekt! Ich trug French Knickers aus schwarzer Spitze, die zusammen mit dem Top ein sehr niedliches Outfit fürs Bett bildeten.

Bevor ich ging, betrachtete ich noch ein letztes Mal prüfend meinen Körper. Alles war in bester Ordnung, allerdings konnte ich der Versuchung nicht widerstehen, meinem kleinen Dreieck noch den allerletzten Schliff zu verpassen, damit es so klein wie möglich wurde. Was ich kurz darauf bitter bereute, denn ich schuf eine deutlich sichtbare kahle Stelle am linken Rand. Ich war so auf hundertachtzig, dass ich nach Tara rief, meiner Mitbewohnerin, die in solchen Fällen immer einen kühlen Kopf behält.

»Keine Panik, Baby, füll die Stelle einfach mit Kajalstift aus.«

»Gute Idee.« Ich hielt einen Moment inne, um weiter nachzudenken. »Warte mal, was wäre aber, wenn mir ganz heiß wird und ich schwitze und Gillian plötzlich mit einer schwarz gefärbten Nasenspitze von dort unten auftaucht?« Wir fingen hysterisch an zu kichern.

»Du hast recht, Baby, dann musst du es wohl so lassen. Ich habe das Gefühl, dass deine missratene Buschlinie wohl ziemlich das Letzte ist, was die beiden heute Nacht beschäftigen wird.«

Sie hatte recht, ich hatte völlig übertrieben. Ich blickte auf meine komisch aussehende Muschi herunter, lächelte über den missglückten Versuch und kleidete mich wieder an.

Dann stolzierte ich mit erhobenem Kopf die Edgware Road in Richtung U-Bahn-Station Marble Arch runter und redete mir ununterbrochen ein: Du spürst deine Energie, du bist sexy – die beiden werden verrückt nach dir sein. Aber egal, wie häufig ich mir diese Worte sagte, ich war innerlich nicht von ihnen überzeugt. Seltsam, die ganze Zeit über hatten mir meine Freunde Fragen gestellt wie: »Was zur Hölle wirst du tun, wenn du feststellst, dass du die beiden nicht sexy findest?«, und ich musste eingestehen, dass ich derartige Aussichten schrecklich fand. Aber in diesem Moment, als ich auf dem Weg zu unserem Treffpunkt war, konnte ich nur daran denken, was zur Hölle ich tun würde, wenn sie *mich* nicht sexy fanden?

Sie hatten sich als ziemlich vernünftiges Paar dargestellt, das über ein ausgefülltes Sexleben verfügte, dabei gern Sexspielzeuge benutzte und einfach Lust auf weitere Experimente hatte. Dieser Dreier bedeutete den beiden viel. Und ich hatte über sechs Monate hinweg ihre Vorfreude geschürt und war sogar Teil von ihren intimen Gesprächen geworden. Fast schien es, als hätten sie mich sogar zur Mutter ihrer künftigen Kinder erkoren, und ich befürchtete, dass ihre Erwartungen so immens hoch waren, dass ich sie fürchterlich enttäuschen würde, wenn ich mich nicht richtig verhielt oder nicht ihren Vorstellungen entsprach. Für sie war ich ein neues Spielzeug, das sie ausprobieren wollten. Wenn ich es nicht brachte, dann wäre das ungefähr so, als würde man aus dem Beate-Uhse-Laden nach Hause eilen und dort feststellen, dass die Batterien dem neuen Vibrator nicht beigelegt sind.

Ich habe noch nie so oft auf die Figuren anderer Frauen geachtet wie auf meinem Weg nach Canary Wharf. Jede schlanke Frau verursachte mir Herzrasen, und wann immer ich einer begegnete, die etwas üppiger gepolstert war, fühlte ich mich erleichtert und wohler in meiner Haut. Gleichzeitig fragte ich mich, weshalb ich scheinbar dachte, als perfekt gebaute Frau durch die Tür des Hotelzimmers spazieren zu müssen.

Ich weiß, dass ich sexy bin, aber meine strapazierten Nerven sagten mir ständig das Gegenteil. Also musste ich mich zusammenreißen, und das tat ich am besten, indem ich mich auf die Male in der Vergangenheit konzentrierte, als mir Männer zu Füßen gelegen und um mehr gebettelt hatten. Als ich ihnen fest in die Augen blickte, während sie kamen, weil sie das Vergnügen, das ich ihnen bereitete, nicht länger aushielten. Genau, ich musste meine Befangenheit verbannen und stattdessen die ungezügelte Wilde hervorholen. Keine Zeit, sich zu zieren; dies war der Ruf nach der lüsternen Dawn! Ich verbrachte die gesamte Zugfahrt damit, mir in Gedanken mein Superheldinnenkostüm auszumalen. So verging die Zeit wenigstens schneller.

An der Station Canary Wharf empfing ich eine SMS von Gillian, die mir mitteilte, dass sie sich zehn Minuten verspäten würde. Das ging für mich in Ordnung und gab mir etwas Zeit, abzukühlen. Während der Bahnfahrt hatte ich ziemlich viel geschwitzt. Ich erhaschte einen Blick auf meine Gestalt in einer verspiegelten Scheibe und bereute zutiefst, meine künstliche Bräune nicht doch wieder abgespült zu haben. Sieben Stunden waren seit meiner Bräunungsaktion vergangen und mittlerweile sah ich aus wie durch die Mangel genommen. Ich lief im Kreis umher, während ich auf die beiden wartete. Sie müssen auf mich zugekommen sein, als ich ihnen den Rücken zukehrte, denn nun standen sie plötzlich vor mir, mitten in diesem Bahnhof, und blickten mich an, als wollten sie sagen: »Bist du es wirklich?«

Ich wusste sofort, dass sie es waren, denn sie sahen exakt so aus wie auf den Fotos. Außerdem konnte man Gillian leicht an ihrem flammendroten Haar erkennen. Wir lächelten uns an und taten einen Schritt aufeinander zu.

»Bitte entschuldige, dass wir uns verspätet haben«, eröffnete sie das Gespräch.

»Kein Problem, das kann eben vorkommen«, erwiderte ich und zwang mich, im Anschluss keine blödsinnige Bemerkung über das Wetter abzulassen. Gillian und ich gaben uns zur Begrüßung Wangenküsschen, dann trat ich auf Gav zu und küsste ihn ebenfalls.

»Toll, dass wir uns kennenlernen. Wollen wir etwas trinken gehen?«, fragte er mit einem leichten schottischen Akzent, der mich wirklich sehr überraschte.

Ich weiß, dass ich mich schrecklich anhöre, aber seit Gillian erwähnte, dass sie und Gavin in Essex lebten, hatte ich mit dem breiten Dialekt der Gegend gerechnet. Doch ich hätte mich nicht mehr täuschen können. Seine Stimme klang sanft und sie sprach wortgewandt und sehr ausdrucksvoll. Ich wusste vom ersten Augenblick, dass die beiden sehr intelligente und ausgesprochen reizende Menschen waren.

Was Gillians Aussehen, besonders ihr Gesicht, anging, überraschte es mich insofern nicht, als dass sie exakt so aussah wie auf den Fotos. Ihre blasse Haut war mit niedlichen Sommersprossen gesprenkelt und der Blick aus ihren Augen war tiefgründig und sprach Bände, was ihre Sinnlichkeit anbelangte. Sie hatte eine Art, jemanden direkt anzusehen, die ich unglaublich verlockend fand. Als sie sich mit mir unterhielt, schien sie mir auf den Grund meiner Seele blicken zu können, und das tat sie mit einem Vertrauen, das ich zweifellos als echt und unverstellt empfand. Auf den ersten Blick könnte man den Charme dieser Frau leicht übersehen und sie lediglich für einen blassen Rotschopf halten. Aber ich blickte tiefer und spürte die Präsenz einer außergewöhnlich sinnlichen jungen Frau.

Gavin hingegen riss mich nicht gerade vom Hocker, wobei ich das nicht abfällig meine. Ich hatte einfach nicht damit gerechnet, dass ich ihn attraktiv finden würde. Auch wenn sein Foto nicht gerade das Gegenteil suggerierte, war ich doch in erster Linie Gills wegen erschienen. Umso mehr freute es mich, feststellen zu können, dass er ein hübscher Kerl war. Groß und schlank mit gebräunter Haut. Seine Nase war ziemlich lang, aber nicht unansehnlich, seine braunen Augen blickten sanft. Der schwindende Haaransatz verlieh ihm etwas Seriöses, das sehr gut zu seiner offenen Art passte, und sein lässiger Aufzug in Form eines Blazers, blauen Hemds und Jeans stand ihm sehr gut.

Wenn man sich den Hintergrund dieses Treffens in Erinnerung rief, war es kaum verwunderlich, dass wir dringend unsere Nerven beruhigen mussten und den nächsten Pub ansteuerten. Während Gavin zur Bar ging, nutzte ich die Gelegenheit für einen kleinen Plausch mit Gillian über das, was wir an diesem Abend vorhatten.

»Ich muss sagen, dass ich uns für ganz schön mutig halte. Und ich fühle mich in der Tat sehr mutig an diesem Abend.«

»Sehr gut. Gavin und ich haben seit vier Wochen über nichts anderes gesprochen. Wir konnten es kaum erwarten.«

O mein Gott, da war er wieder, der Leistungsdruck. Lüsterne Dawn, wo steckst du in diesem Moment?

Als Gavin mit den Getränken von der Bar zurückkehrte, kamen wir locker ins Gespräch über unsere Vergangenheit und was wir so machten. Gavin ist Kinderbuchautor mit einer äußerst blühenden Fantasie. Er brachte mich mehrere Male zum Lachen, als er davon erzählte, wie er den größten Teil seiner Kindheit damit verbrachte, so zu tun, als sei er ein Affe. Er besaß viel Humor, und als er mir die unterhaltsamen Anekdoten aus seinem Leben erzählte, lachte er auch über sich selbst. Ebenso Gillian, die ihn gleichzeitig mit bewundernden Blicken verfolgte und damit viel über die enge, vertraute Beziehung verriet, die die beiden miteinander verband.

Gillian erzählte mir, wie sie früher in der Schule wegen ihrer Haarfarbe gehänselt worden war. Sie wirkte so stark und selbstsicher, dass man sie sich kaum als Opfer solcher Gemeinheiten vorstellen konnte. Dafür bewunderte ich sie noch mehr. Ihre schmerzhaften Erfahrungen hatten sie einfach noch stärker gemacht.

Nach nur drei Drinks schlug ich vor, ins Hotel zu gehen. Es war halb zehn und die Dunkelheit hatte noch nicht eingesetzt, aber man musste die Dinge ja nicht unnatürlich verzögern. Ich hatte mich schließlich nicht für eine Kneipentour mit ihnen getroffen. Die Zeit, die wir bei unseren Drinks in der Bar verbrachten, war verschwendete Zeit für Sex. Also nahmen wir uns ein Taxi und fuhren zu dem Hotel in den Docklands. Ein ziemlich cooler Schuppen, es handelte sich nämlich um eine Riesenjacht, die man in ein Hotel verwandelt hatte. Ein außergewöhnlicher Ort, der hervorragend zu unserer außergewöhnlichen Situation passte.

Gillian ging zuerst allein aufs Zimmer, um nicht die Aufmerksamkeit der Empfangsdame zu erregen, dann folgten Gavin und ich.

Im Zimmer lagen zwei Krankenschwester-Outfits und ein Paar Handschellen auf dem Tisch bereit. Bei dem Anblick lächelte ich und Gillian sagte, dass kein Zwang bestünde, sie zu benutzen. Dann blinzelte sie mir zu und ich entgegnete, dass sie sich keinerlei Beschränkungen auferlegen sollte, meine Sinne für Neues zu öffnen.

Das Bett war groß, aber es handelte sich um zwei Einzelbetten, die man aneinandergeschoben hatte, also gab es einen schmalen Spalt in der Mitte. Ein großer Spiegel am Kopfende reichte aus, um auf erotische Gedanken zu kommen, wenn man das Zimmer nur betrat. Eine Flasche Wein und eine Schale mit Erdbeeren verliehen dem Ganzen eine entspannende, sinnliche Note, was gut war, da man sich in einem Hotelzimmer doch leicht verloren und unwohl fühlen könnte.

Gavin ging noch einmal zum Auto, um seinen Laptop zu holen, auf dem sich der Soundtrack für unseren gemeinsamen Abend befand. Gillian und ich blieben zurück.

Ich schaute sie an und entledigte mich dann meiner Jeans und der Stiefel. Sie tat es mir nach und enthüllte ein schwarzes Satinkorsett mit passenden Strumpfhaltern aus schwarzer Spitze. Man hätte wahrlich kein derartiges Outfit unter ihrer lässigen Jeans vermutet, dieses heiße, kleine Luder!

»Ich denke, am einfachsten wird es sein, wenn wir uns jetzt küssen«, schlug ich vor. Sie nickte und kam auf mich zu. Wir vertieften uns ohne Umschweife in einen leidenschaftlichen Kuss, der dazu führte, dass wir gemeinsam auf dem Bett landeten. Als Gavin zurückkam, waren wir schon voll im Gange, und irgendwie war es meinen Fingern gelungen, in ihr Höschen zu gelangen.

Ich war auf der Stelle zutiefst erregt, denn die Situation bewegte sich irgendwie am Rande der Lächerlichkeit, und genau das machte mich scharf. Lüsterne Dawn war unterwegs und konnte es kaum erwarten, jedem ihre übernatürlichen Sexkräfte zu zeigen.

Während Gillian und ich uns weiter küssten, streichelten und neckten, sorgte Gavin für Musik, bevor er sich zu uns auf das Bett gesellte. Ich küsste ihn und fand es bezaubernd, ebenso wie ich es genoss, in so kurzen Abständen einen Mann und eine Frau zu küssen und sich der Unterschiede in beidem bewusst zu werden. Eigentlich konnte man das Gefühl kaum vergleichen. Gillians geschmeidiger Körper war köstlich, doch auch Gavins männliche Stärke gefiel mir gut. Beide waren auf ihre Art einzigartig.

Wir küssten uns sanft. Gavin lag auf dem Rücken und Gill und ich schmiegten uns jeweils an seine Seite. Ich ließ meine Hand nach unten zu seiner Boxershorts gleiten und befühlte seinen perfekten, großen Schwanz. Er war steinhart.

Dann rückte Gillian ein Stück von mir ab und verschwand kurz, bevor sie nur Sekunden später mit den Handschellen und einer schwarzen Augenbinde zurückkehrte, auf der »Neck mich!« stand. Ich grinste stumm in mich hinein, beschloss aber, bei ihrem Spiel mitzumachen.

Sie legte Gavin die Handschellen an und befestigte sie anschließend an einem Bettpfosten über seinem Kopf. Dann verband sie ihm die Augen und führte mich seinen Körper hinab zu seinem Schwanz. Wir leckten und saugten beide an ihm und unterbrachen dies nur gelegentlich, um uns wieder zu küssen. Gavin fing an, sich unruhig hin und her zu bewegen. Ich genoss die Macht, die wir über ihn hatten. Er konnte uns weder kontrollieren noch sehen und war uns vollkommen ausgeliefert. Ich gab mich mehr und mehr der Situation hin. Gillian spürte meine große Erregung und überließ mir Gavins Schwanz ganz und gar. Dann rückte sie ein Stück hinter mich, stellte sich auf und barg ihr Gesicht zwischen meine Schenkel. Es war die pure Glückseligkeit und ich musste mich sehr anstrengen, mich nicht vorzeitig der Lust vollkommen hinzugeben. Ich strengte mich daher umso mehr an und schon nach kurzer Zeit wurde Gavins Brust von verschieden großen Tropfen seiner sahnigen Ladung benetzt. Wir gestatteten ihm einen Moment Ruhe.

»Ich denke, jetzt ist der Moment gekommen, ihr zu zeigen, was wir für sie tun können«, sagte Gillian, als sie schließlich wieder an Gavins Seite gerückt kam.

»Das denke ich auch«, stimmte er zu, während ihn Gillian von den Handschellen und der Augenbinde befreite und sich anschickte, sie mir anzulegen.

Ich war ihrer Gnade vollkommen ausgeliefert und das bescherte mir nichts als ein reines Wonnegefühl. Ich lag rücklings ausgestreckt auf dem Bett, als sie mir mein Top vom Körper streiften, meine Handgelenke festbanden und mir die Augenbinde umlegten. Ich sog scharf die Luft ein und wartete voller Vorfreude, was die beiden nun mit mir anstellen würden.

Gav nahm eine meiner Brüste in seinen Mund und umkreiste die Spitze mit seiner Zunge. Ich war sehr erregt und es überraschte mich, wie heftig meine Sinne auf die Berührung reagierten, wo ich mich weder bewegen noch sehen konnte. Ich bereute nun, dass ich mich in der Vergangenheit oft geweigert hatte, bei Unterwerfungsspielen mitzumachen. Denn nun strich Gillian mit ihrer Zunge über meine Klitoris und das ließ meine Beine vor kaum zu ertragender Lust erzittern. Ich musste mich konzentrieren, um nicht sofort zu explodieren, ich wünschte, es würde so lange wie möglich andauern, doch ich konnte es nicht zurückhalten. Innerhalb von wenigen Minuten war ich gekommen und mein Körper schmolz förmlich unter der Berührung der beiden dahin. Ich lag da, die Beine fest zusammengepresst und angezogen auf eine Seite gelegt, während die beiden sanft lachten und mich streichelten.

»Gütiger, das war unglaublich«, murmelte ich.

»Ich denke, es hat ihr gefallen, Gavin«, raunte Gillian mit ihrer sexy Stimme. Dann schob sie zwei Finger in mich hinein und ich wäre fast wie eine Rakete vom Bett geschossen, da ich immer noch das heftige Pulsieren meines letzten Orgasmus verspürte.

Sie nahmen mir die Augenbinde ab und gestatteten mir, mich zu bewegen. Aber ich fühlte mich völlig ermattet, als hätte ich kein Fünkchen Kraft mehr im Körper. Gillian streckte sich auf dem Rücken aus und da wusste ich, dass ich fair bleiben sollte. Jetzt war sie an der Reihe und sie hatte es sich hundertprozentig verdient.

Während sich Gavin um den oberen Teil ihres Körpers bemühte, bewegte ich mich an ihm herab. Ihre kleine, pralle Möse war mit einem roten Haarbüschelchen geschmückt, das große Ähnlichkeit mit meiner Intimfrisur aufwies. Ich war zunächst ein wenig nervös, als meine Lippen sie berührten, aber das war rasch verflogen. Mir war diese Position schließlich nicht unbekannt, wenn ich auch noch nie eine so hübsche, saftige Möse geleckt habe wie Gillians. Mein vorsichtiger Start steigerte sich bald zu einem stetigen Rhythmus, als ich ihr mit meinen Zungenschlägen einen fulminanten Orgasmus verschaffte.

Wir legten uns zu dritt nebeneinander, fassten uns an den Händen und lächelten voll tief empfundener Befriedigung vor uns hin.

Dann schlangen Gavin und ich Badehandtücher um uns und gingen für eine Zigarette und ein Glas Wein auf den Balkon. Gillian blieb liegen und wartete auf uns. Ihren kurvenreichen Alabasterkörper hatte sie seitlich auf dem Bett ausgestreckt und ihre beiden Handflächen schmiegte sie unter ihre rechte Wange. Einer ihrer sanft gerundeten, blassrosafarbenen Nippel lugte hervor und ihre weichen Oberschenkel lagen ein wenig gespreizt übereinander.

Als ich zurückkam, beobachtete sie, wie mein Blick immer wieder zu den Schwesternkostümen zurückkehrte.

»Zieh das an«, bat ich sie und sie lächelte mich mit kindlich anmutender Freude an.

»Gavin, ich glaube, wir haben es hier mit einem unanständigen Mädchen zu tun«, sagte sie.

Ich lächelte und reichte ihr die Uniform.

Sie zog es an und ich verstand sofort, worum es ihr bei dem Outfit ging. Es war offensichtlich, dass sie sich sehr sexy fühlte. Ihr ganzes Auftreten änderte sich schlagartig und sie bewegte sich wie eine Tänzerin, während sie gleichzeitig in die Rolle der Domina schlüpfte. Dann setzte sie sich rittlings auf Gavins Rücken und beugte sich vor, um ihn zu küssen. Ich hielt mich im Hintergrund und beäugte das Kleid aus Latex, nach dem ich schon ein paar Mal die Hand ausgestreckt hatte, um sie im letzten Moment wieder zurückzuziehen. Dann dachte ich schließlich, »was soll's, verdammt« und zog das Kleid an. Während ich noch die Druckknöpfe schloss, stellte ich fest, dass es mir hervorragend passte. Es drückte meinen Busen zu einem reizvollen Dekolleté zusammen und reichte mir gerade einmal knapp über den Hintern. Ich konnte gar nicht mehr aufhören, in dem Kleid vor dem Spiegel zu posieren. Die Wirkung war ziemlich verblüffend. Ich weiß, dass sich das arrogant anhört, aber ich sah wirklich toll darin aus. Weder dämlich noch irgendwie verkleidet, sondern wirklich heiß. Ein elektrischer Stromschlag fuhr mir die Beine empor und ich bewegte mich wieder auf das Bett zu für eine weitere Runde Spaß.

Gillian und ich lagen in unseren sexy Outfits nebeneinander auf dem Bett. Gavin verband uns die Augen, dann kniete er sich zwischen uns und schob jeweils einer von uns eine Hand unter den Rock. Gillian und ich küssten uns, während Gavin für eine kurze Weile verschwunden zu sein schien.

Dann erklang ein summendes Geräusch und ich dachte

zunächst, es handelte sich um ein Motorboot vor unserem Fenster, aber Gillians Aufschrei machte mir deutlich, dass der betreffende Motor deutlich näher an uns dran war.

»Ooooh, ich kriege den Hahn … und du bekommst das Kaninchen.«

Ich hatte keine Ahnung, wovon sie sprach, und küsste sie einfach weiter. Gav zog seine Hand zurück, woraufhin ich sie durch meine eigene ersetzte, aber er befahl mir, sie wieder wegzunehmen. Ein paar Sekunden später hörte ich ein weiteres Summen, das ein wenig höher war als der erste Ton. Ich war völlig perplex, als ich merkte, wie das Geräusch gedämpfter wurde, weil es in mich eindrang. Gill hatte recht, ich hatte, zum Teufel, das Kaninchen bekommen, und ich sage euch, dass das Ding mein Leben von Grund auf verändert hat. Es beschleunigte von null auf hundert in dreißig Sekunden, wow!

Ich hatte für diese gemeinsame Nacht nur eine Bedingung gestellt und die bestand darin, dass ich nicht wollte, dass Gavin in mich eindrang. Ich hielt es einfach nicht für notwendig und ich hätte kein gutes Gefühl dabei gehabt. Ich glaube zwar nicht, dass die Grenze zwischen heftigem Vorspiel und purem Sex sonderlich groß ist, aber ich war trotzdem nicht gewillt, sie zu überschreiten.

Als Gillian kurz nach mir kam, drehte Gavin sie auf den Bauch und fickte sie so heftig, wie er konnte. Und es gab keinen Zweifel, dass sie jede Sekunde davon genoss. Es bereitete mir großes Vergnügen, die beiden zu beobachten. Sie war recht laut (genau wie ich, so scheint es) und drückte meine Hand so kräftig, dass sie mich zu sich aufs Bett holte und mich neben ihr zum Liegen brachte. Dann rief sie: »Komm, besorg es mir«, immer und immer wieder, während Gavin seinen harten Schwanz unablässig in sie hineinstieß, bis er erschöpft über ihr zusammenbrach.

Mittlerweile war es halb zwei und wir waren allesamt befriedigt und schläfrig. Gavin und mir war es irgendwie gelungen, die beiden Flaschen Wein zu leeren, während sich Gillian drei Wodka Smirnoff auf Eis gegönnt hatte. Wir lagen zu dritt auf dem Bett, plauderten, küssten und streichelten uns und waren überglücklich, dass es zwischen uns auf Anhieb so toll geklappt hatte.

Während ich mich also mit den beiden unterhielt, streichelte ich sanft Gillians Möse. Sie war immer noch nass. Trotz des stundenlangen Liebesspiels waren wir immer noch ziemlich scharf. Gavins Hand gesellte sich zu meiner und dann fingen wir an, uns über ihren Körper hinweg zu küssen. Wir küssten uns langsam und unsere Zungen erforschten mutig einander. Es war einfach wundervoll. Sogar so wundervoll, dass wir die arme Gillian völlig vergaßen, die in den Spalt zwischen die beiden Betten gerutscht war und uns die Hand entgegenstreckte, damit wir sie wieder hochzogen. Ihre kaum mehr hörbare Stimme hatte irgendwann meine Aufmerksamkeit erregt und Gavin und ich lösten uns voneinander, um Gillian wieder zum Vorschein zu bringen. Wir hielten uns die Bäuche vor Lachen über dieses Missgeschick.

Und das war erst der Beginn einer verrückten Viertelstunde, in der uns alle drei plötzlich die Wirkung des Alkohols, den wir getrunken hatten, überkam. Ich stolzierte in meinem neuen Lieblingsoutfit umher, warf mich in sexy Posen und rief Obszönitäten in den Raum wie »Komm, spritz mir ins Gesicht, Baby!«. Gavin hingegen bastelte sich einen Kopfschmuck aus einem Badetuch und trug ein selbstgereimtes Gedicht auf Schottisch vor, bevor er auf dem Sofa einschlief. Ich ließ mich aufs Bett fallen, von wo aus Gillian aufs höchste amüsiert unsere Albernheiten verfolgt hatte, und kurz darauf waren wir beide eingeschlafen.

Gegen drei Uhr morgens vernahm ich ein Geräusch.

»Soll ich sie wecken, Gavin?«

»Ja.«

»Wie möchtest du, dass ich sie wecke?«

»Gib ihr einen Kuss.«

Dann spürte ich Gillians Mund auf meinem und mein leichter Schlaf wurde von der Lust unterbrochen, das Liebesspiel wieder aufzunehmen. Gavin legte sich zwischen meine Schenkel, während Gill mich küsste und über meine Brustspitzen leckte. Sein Gesicht drängte sich ganz nah an mich heran, während ihre Finger meine Klitoris umspielten und mich schnell und heftig zum Orgasmus brachten. Ich hätte es an dieser Stelle gut dabei bewenden lassen können, aber das wäre nicht fair gewesen. Als Gavin sich an Gillians Rücken schmiegte und sie von hinten in der Löffelchenstellung nahm, rutschte ich ein Stück das Bett hinunter und fing an, sie zu lecken. Damit war sie uns beiden gnadenlos ausgeliefert und unser Timing war so perfekt, dass Gavin und Gillian gleichzeitig kamen. Danach kuschelten wir uns zu dritt in der Löffelchenstellung aneinander und fielen in einen tiefen Schlaf.

Später wachte ich von den Geräuschen auf, die die beiden von sich gaben, als sie sich gegenseitig mit der Hand befriedigten. Ich wurde so geil davon, dass das feuchte Dreieck zwischen meinen Beinen im fahlen Licht der Dämmerung, das zum Fenster hereinfiel, glänzte. Aber mir war nach einer genüsslichen, sanften Ficknummer mit einem Mann zumute. Um diese Zeit konnte ich dem Dreier nicht mehr so viel abgewinnen, ich wollte Intimität gepaart mit Intensität. Einen kurzen Augenblick dachte ich daran, mir mit dem Kaninchen Lust zu verschaffen, aber das hätte unweigerlich bedeutet, dass die beiden mich in ihr Liebesspiel eingebunden hätten. Also lag ich einfach nur da und genoss Gillians Stöhnen, während meine Hand unbemerkt zwischen meine Beine schlüpfte.

Als sie kam, streckte ich mich und gähnte übertrieben laut. Dann tätschelte ich ihr den Oberschenkel und nannte sie ein braves Mädchen. In ihren Augen lag noch ein entrückter Ausdruck, doch sie lächelte mir zu. Unsere gemeinsame Nacht war vorbei und sie war perfekt gewesen. Wir standen gemeinsam auf, lachten und kicherten über unsere Albernheiten, zogen uns schließlich an und räumten das Zimmer auf.

Gillian und ich stellten uns vor einem Spiegel auf und schminkten uns, während Gavin das Sexspielzeug in einem kleinen Koffer verstaute. Kurz darauf waren wir zum Aufbruch bereit. Eine innige Umarmung zwischen uns dreien war genug, um uns gegenseitig zu zeigen, wie glücklich wir miteinander waren. Wir trafen zwar keine Folgeverabredung, aber das war okay so, weil wir wussten, dass wir in Kontakt bleiben würden. Gillian und Gavin tauschten einen zärtlichen Kuss, während ich im Auto auf Gillian wartete, die mich an der U-Bahn absetzen wollte. Ich beobachtete die beiden im Außenspiegel. Sie liebten einander wirklich sehr.

Während der Autofahrt unterhielten wir uns über die allgemeinen Dinge des Lebens. Unsere Familien, unsere Arbeit, so etwas in der Art. Wir waren Freundinnen geworden, und nachdem, was in der letzten Nacht zwischen uns vorgefallen war, hatten wir ein tiefes Verständnis füreinander entwickelt. Ich küsste Gillian auf die Wange und verabschiedete mich von ihr. Sie dankte mir, doch ich bestand darauf, dass ich diejenige war, die ihr zu Dank verpflichtet war.

Im Zug war das Lächeln auf meinem Gesicht die Art meines Körpers, der Welt mitzuteilen, wie es mir ging. Noch nie zuvor in meinem Leben hatte ich derart stark verspürt, eine Heldentat vollbracht zu haben. Diese Nacht war zweifellos die verrückteste, extremste Sache, die ich jemals getan habe. Aber ich habe sie durchgezogen und wurde mit so viel Dankbarkeit belohnt, dass es sich auch um das befreiendste Erlebnis handelt, nachdem ich mich jemals gesehnt habe.

Was mag wohl als Nächstes kommen?, fragte ich mich.

FREITAG, 1. JULI

Die scharfe Braut
Alles beim Alten: ein langer, gerader,
harter und enger ... Weg

18. 04. 2005, 22:08 Uhr
Von: Gigi
An: Dawn

Hallo,
ich bin eigentlich auch hetero. Aber wie dem auch sei, vor langer Zeit habe ich ein paar Mal mein Vergnügen mit Frauen gehabt. Seit ich mich kürzlich von meinem Freund getrennt habe, möchte ich das gern wieder ausprobieren, und schon seit einigen Tagen spuken mir Fantasien mit Frauen durch den Kopf. Ursprünglich stamme ich aus New York, lebe aber seit vier Jahren in London. Meine letzte Erfahrung mit einer Frau liegt mehr als fünf Jahre zurück – deshalb hoffe ich, dass ich mich noch daran erinnere, wie es geht, oder zumindest Genuss daran finde, es wieder zu lernen! Diese Erfahrung ist für mich noch immer das unglaublichste sexuelle Erlebnis, das ich jemals hatte ...
Anbei findest du mein Foto. Bitte schicke mir auch eins von dir, wenn du Interesse hast, mich kennenzulernen.
Falls nicht, wünsche ich dir für deine Suche viel Erfolg!
Gigi, x.

19. 04. 2005, 14:23 Uhr
Von: Dawn
An: Gigi

Hey,
wie schön zu hören, dass auch andere Mädels solche Fantasien haben. O ja, ich habe in letzter Zeit die eine oder andere Erfahrung machen dürfen und habe das auch sehr genossen, aber jetzt möchte ich es gern mit jemandem ausprobieren, der mir nicht so nah steht wie Freunde, eine Fremde eben ...
Ich lebe auch in London, drüben in der West-End-Gegend ...
Anbei mein Foto, ich hoffe, es gefällt dir ...
Bist du aufgeregt?
Ist das der Grund, warum du dich auf dieser Webseite herumtreibst, oder würdest du dich auch mit Männern treffen?
Dawn, x.

23. 04. 2005, 17:36 Uhr
Von: Gigi
An: Dawn

Hi Dawn,
vielen Dank für deine E-Mail! Sei mir bitte nicht böse, wenn ich erst jetzt darauf antworte, aber diese Woche war bei mir die Hölle los, und ich habe jeden Tag bis Mitternacht arbeiten müssen. Ich kann nicht glauben, dass jetzt schon wieder Samstag ist und ich leider im Büro sitze! In den kommenden Wochen sollte hoffentlich alles etwas ruhiger werden, aber im Moment stehe ich leider völlig Kopf.
O ja, was für ein hübsches Foto! Alle Bilder, die ich von mir besitze, sind irgendwelche doofen Urlaubs- oder Partyschnappschüsse und deswegen tue ich mich immer

ein wenig schwer, mich zu entscheiden, welches ich mailen möchte!
Ich wohne auch in der Innenstadt, allerdings in der Ecke von Kensington.
Ich muss sagen, dass ich nicht besonders aufgeregt bin und mich sogar darauf freue, neue Leute kennenzulernen. Nur wenn ich jemandem gegenübersitze und zwischen uns die Chemie nicht stimmt, dann werde ich leicht nervös – also nicht im Vorfeld, dafür aber genau mittendrin!
Ich habe bis jetzt noch auf keine Anzeige geantwortet, die von Männern geschaltet wurde. Ich sehne mich gerade mehr nach Frauenkontakten, weil ich mich eben erst von meinem Freund getrennt habe. Außerdem werde ich gegen Ende des Jahres zurück nach Amerika ziehen und ich hasse die Vorstellung, mich bis dahin über beide Ohren in einen Kerl zu verlieben, den ich dann verlassen müsste. Das habe ich schon einmal erlebt und möchte es nicht noch mal durchmachen müssen. Alles, was ich möchte, ist ein sinnliches Vergnügen ganz ohne Verpflichtungen. Klar wäre es schön, das gemeinsam mit ein paar netten Freundinnen zu erleben, aber der reine sexuelle Spaß ist für mich auch in Ordnung!
Sprechen bald,
Gigi

19. 06. 2005, 11:29 Uhr
Von: Dawn
An: Gigi

Hey Gigi,
mir schmerzt mein Hintern mächtig, ich war gestern Polo spielen und irgendwie habe ich mir dabei meine vier Buchstaben heftig geprellt! Es war das erste Mal seit

Jahren, dass ich wieder auf einem Pferd saß, und heute laufe ich wie John Wayne durch die Gegend.
Diese Woche sieht bei mir ganz prima aus und ich würde mich wahnsinnig freuen, wenn du Zeit hättest, mich zu treffen.
Ich kann an jedem Abend ... sag einfach Bescheid, denn du bist wahrscheinlich gerade im Ausland unterwegs, du Glückliche!
Ich küsse dich, x.

24. 06. 2005, 06:22 Uhr
Von: Gigi
An: Dawn

Hi Dawn,
ja, wirklich, in der letzten Zeit bin ich wie verrückt umhergereist. Ich bin erst am Montagabend aus Italien zurückgekommen und jetzt sitze ich am Flughafen in Heathrow und warte darauf, nach Deutschland zu fliegen – diesmal allerdings geschäftlich. Um ein Haar wäre ich am Wochenende in Berlin hängen geblieben, weil ich am Montag und Dienstag im Büro anwesend sein muss, also habe ich einen Freund in München angerufen und werde ihn nun am Wochenende besuchen!
Aber nächstes Wochenende habe ich mein erstes freies Wochenende in London seit dem 14. Mai! Wenn du Zeit hast, würde ich mich sehr gern mit dir treffen.
Polo, was? Und jetzt schmerzt der Allerwerteste? Zu diesem Thema hätte ich auch einiges zu erzählen, aber das hebe ich mir für unsere Verabredung auf.
Ich freue mich, von dir zu hören, und noch viel mehr darauf, dich endlich kennenzulernen!
Pass auf dich auf,
Gigi, xx.

24. 06. 2005, 10:32 Uhr
Von: Dawn
An: Gigi

Sieh mal einer an, du bist ja schlimmer als Gulliver!!
Ich kann es kaum erwarten, von deinen Globetrotter-Abenteuern zu hören und natürlich auch von der Geschichte mit dem schmerzenden Hinterteil ... das, wie ich annehme, natürlich auch vom Polo kam? Hmmm ... woher bloß sonst, frage ich mich!
Auch bei mir war so einiges los ... ich habe eine Rolle in der Comedy-Show auf Kanal 4 bekommen und die ganze letzte Woche gedreht. Hat sehr viel Spaß gemacht. Es ist die Show, bei der Tom Cruise Wasser ins Gesicht gespritzt wurde, daher haben wir im Moment mächtig viel Presse ... gut für uns, (vielleicht) nicht ganz so gut für den Produzenten, der gerade erst auf Kaution freigelassen wurde.
Wie dem auch sei.
Nächstes Wochenende wäre einfach FANTASTISCH!!!!!
Am Freitag spätabends hätte ich Zeit oder Samstagnachmittag oder den gesamten Sonntag – da habe ich noch gar keine Verabredung, also liegt es bei dir, wann wir uns treffen.
Ganz im Ernst, ich kann es kaum noch erwarten, dich zu sehen, Süße.
Ich küsse dich, x.

24. 06. 2005, 17:31 Uhr
Von: Gigi
An: Dawn

Also, wie wäre es mit Freitag, dem 1. Juli? Lass uns doch einfach einen Kaffee trinken gehen und ein wenig quatschen und dann sehen wir, ob sich unsere »Interessen« überschneiden.

29. 06. 2005, 13:14 Uhr
Von: Dawn
An: Gigi

Ach, pfeif doch auf den Kaffee und die Kekse, lass uns das Risiko eingehen und gemeinsam zu Abend essen.
Ist doch viel spannender ... oder?
Hätte ab 20:00 Uhr Zeit! Ist das okay?

29. 06. 2005, 20:14 Uhr
Von: Gigi
An: Dawn

Von mir aus gern! Ich arbeite mal wieder länger und treffe dich einfach gleich im Anschluss.
Wie wäre es mit dem brasilianischen Restaurant in Covent Garden, es heißt Guanabara. Dort könnten wir essen, trinken und tanzen.
Soll ich für uns reservieren?

30. 06. 2005, 08:33 Uhr
Von: Dawn
An: Gigi

Unbedingt! Treffen uns dort um 19:30 Uhr.
Kann es kaum erwarten, x.

Das Date

Ich hatte schon immer sexuelle Fantasien mit Frauen. Und es macht mir nichts aus, das zuzugeben, denn ich weiß, dass es meinen Freundinnen genauso geht. An irgendeinem Punkt in ihrem Leben geht es wohl allen Frauen so. Sie mögen ihre Fantasien haben und sie später vielleicht bereuen, aber auf jeden Fall geht es uns allen gleich. Also, warum fassen wir uns nicht einfach alle an den Händen und bekennen: »Es ist nichts Schlimmes daran, von einer Muschi zu träumen«, und gestatten uns, offen darüber zu sprechen?

Das heißt doch noch lange nicht, dass man deswegen bisexuell wäre; es heißt einfach nur, dass man seiner Vorstellung entsprechende Freiheiten lässt. Und wenn man seine Fantasien ab und zu in die Realität umsetzt, bedeutet das nur, dass man dazu bereit ist, seinen Sehnsüchten eben ab und zu nachzukommen. Und davon mal ganz abgesehen, ist der weibliche Körper einfach wundervoll. Also, warum, zum Teufel, sollte man sich zurückhalten? Aus diesem Grund verabredete ich mich mit Gigi.

Vor genau einer Woche hatte ich den Abend mit Gillian und Gavin verbracht. Und noch immer hatte ich mich nicht ganz beruhigen können. Gillian und ich haben uns seither ununterbrochen SMS und E-Mails geschrieben und tauschen uns darüber aus, wie absolut begeistert wir von unserem Treffen sind.

Um ehrlich zu sein, war mein Pensum an sexueller Begierde nach Frauen eigentlich erfüllt. Aber Gigi und ich versuchten bereits seit über zwei Monaten, einen gemeinsamen Abend für eine Verabredung zu finden, und deswegen gab es jetzt kein Zurück mehr. Dennoch muss ich zugeben, dass ich nicht einmal mit der Wimper gezuckt hätte, wenn Angelina Jolie mit ihrer Zunge auf der Innenseite meiner Oberschenkel wilde Spiele getrieben hätte.

Wie besprochen trafen wir uns um 19:30 Uhr vor dem Guanabara in Covent Garden. Ich erkannte sie sofort, da sie die einzige Japanerin im Foyer war. Sie war älter, als ich erwartet hatte, und das schockierte mich ein wenig. Sie hatte mir ihr Alter nicht gesagt und ich hatte auch nie danach gefragt, weshalb ich mich nicht hintergangen fühlte, sondern nur ein bisschen überrascht war. In meiner Vorstellung war sie eine zierliche Frau meines Alters. Aber Gigi war etwa einen Meter dreiundsechzig groß, kräftig gebaut und näherte sich stark der vierzig.

Sie trug eine schwarzes Spitzenoberteil, das die rote Satineinfassung ihres schwarzen Spitzen-BHs nicht sehr erfolgreich kaschierte. Dazu hatte sie einen schwarzen Minirock an, der ihre schön geformten Beine nur geringfügig bedeckte, sowie ein Paar schwarze, knielange Stiefel mit Absätzen, die ihr einige Zentimeter mehr gönnten, als Mutter Natur ihr ursprünglich zugedacht hatte. Sie sah großartig aus. Zwar nicht ganz genau so, wie ich sie mir vorgestellt hatte, aber sie gefiel mir sofort.

Auf eine gewisse Weise verlieh mir ihr Alter Selbstsicherheit. Es wäre sicher merkwürdig gewesen, sich mit einer anderen Frau meines Alters zu einem Rendezvous zu verabreden, vielleicht etwas mädchenhaft-albern. Doch Gigi strahlte eine gewisse Erfahrung und Zuversicht im Hinblick auf unser Arrangement aus. Und das färbte auf mich ab.

Sie ging vor mir, als wir zum Tisch geführt wurden. Irgendein Typ spielte seine Bongos derartig feurig, dass es fast unmöglich war, nicht zu tanzen, als wir auf dem Weg zu unserem Tisch waren. Ihre Schritte waren kurz und sie ging leicht schleppend, aber während sie lief, schnippte sie mit ihren Fingern zum Rhythmus der Musik. Sie hatte Taktgefühl und ihre zarten Arme gefielen mir.

Es war sehr laut und wir mussten uns über den Tisch hinweg anbrüllen, um uns zu verstehen. Das allein wäre ja in Ordnung gewesen, wenn die Bedienung nicht über eine Stunde gebraucht hätte, uns die Drinks zu bringen. Als sie endlich kam, waren wir halb verdurstet und schlecht gelaunt. Das war sehr schade, weil es unserem Abend einen mageren Anfang verlieh.

Gigi warnte mich, dass sie sehr schnell betrunken wurde, und bestellte im selben Atemzug einen Cocktail. Ich entschied mich wieder für einen Jack Daniels mit Cola light –

irgendwie mag ich Cocktails nicht, ich finde sie immer viel zu süß.

Sie hatte einen starken New Yorker Akzent. Ihre Aussprache klang sanft, aber sehr bestimmt. Man sah gleich, dass sie sich gut durchsetzen konnte, aber dabei hatte sie nichts Einschüchterndes an sich – zumindest nicht, was mich betraf, was allerdings auch daran liegen konnte, dass wir uns zu einem Rendezvous getroffen hatten.

Sie war Geschäftsführerin eines Unternehmens in der Innenstadt und ich bin mir sicher, dass sie beruflich längst nicht auf so sanften Pfoten unterwegs war wie mit mir. Um es anders auszudrücken: Wenn ich ihre Sekretärin wäre, würde ich selbst ihren Kaffeewunsch mit höchster Priorität erfüllen.

Aber davon mal abgesehen, war sie wirklich sehr niedlich. Ihre sommersprossigen Wangen passten sehr gut zu ihren Grübchen, die sich zeigten, wenn sie lächelte. Und die wenigen Haarsträhnen, die aus ihrem Pferdeschwanz geglitten waren, umspielten sanft ihr rundes Gesicht.

Außerdem hatte sie die Wahrheit gesagt; nachdem ihr der Cocktail serviert worden war, zeigte sie bereits erste Anzeigen von Trunkenheit, noch bevor sich der Pegel in ihrem Glas um einen Zentimeter verringert hatte. »Ich bin schon jetzt völlig betrunken«, ließ sie offenherzig verlauten, während wir unsere Platte mit gemischten Speisen aßen.

Ich hatte meinen ersten Drink schon fast geleert und fühlte noch immer nichts. Es war wieder einer dieser Abende, an denen ich die Bar leer trinken könnte und dabei nicht ansatzweise betrunken werden würde. Ich hätte lieber zu Hause bleiben sollen. Irgendwie kam ich einfach nicht in Fahrt. Zum Glück war Gigis Gesellschaft so angenehm, dass es mir nicht schwerfiel, in einem Restaurant, in dem die brasilianische Partymeute nur so tobte, nüchtern zu bleiben.

»Hast du die Webseite oft besucht, seit du in London

lebst?«, fragte ich und wollte dabei unbedingt herausfinden, ob ich die einzige Frau war, mit der sie sich über das Internet getroffen hatte.

»O ja, ich finde die Seite wunderbar. Ich habe sie erst kürzlich wieder besucht. Um etwas zu arrangieren.«

Sie hielt inne und biss von der Fischpastete ab.

»Ach, wirklich? Um was genau zu arrangieren?«

»Ich weiß nicht genau, ob ich dir davon erzählen sollte.« Sie blickte mich besorgt an, aber ich wusste genau, dass sie schier platzte, mir alle pikanten Details zu offenbaren.

»Wie prüde bist du?«, fragte sie.

»Oh, also ich verabrede mich mit Fremden über das Internet, um meine sexuellen Gelüste zu befriedigen. Ich würde sagen, dass ich überhaupt nicht prüde bin«, antwortete ich und sie lachte.

»Also gut, vor ein paar Monaten nutzte ich die Webseite, um mich zu einem flotten Dreier mit einem Pärchen zu verabreden!«

Ganz offensichtlich konnte sie nicht abschätzen, wie ich darauf reagieren würde. Die letzte Reaktion, die sie von mir erwartete, war wohl, dass ich erwidern würde: »Ach, du grüne Neune, ich kann es nicht fassen, genau das Gleiche habe ich letzte Woche auch getan!«

Wir grölten vor Lachen und prosteten uns zu. Was für ein unheimlicher Zufall. Und außerdem einer, der das Eis zwischen uns sofort zum Schmelzen brachte und uns über die unterschiedlichsten Dinge unterhalten ließ.

Ich hatte bereits meinen zweiten Drink hinter mir und spürte noch immer nichts. Sie hingegen nuckelte noch immer an ihrem ersten herum und war langsam, aber sicher sternhagelvoll. Sie konnte auf hinreißende Weise zugleich niedlich und kokett und dabei sehr direkt und offenherzig sein. Sie sagte Sachen wie: »Das befriedigendste Erlebnis hatte ich mit einer Freundin in New York, die ich endlich ins

Bett gekriegt hatte und zu der ich nun sagen konnte ›Setz dich auf mein Gesicht!‹, ohne dass dies länger meine Fantasie gewesen wäre!« Danach fuhr sie sich durchs Haar, kicherte sehr süß und biss sich leicht auf die Unterlippe.

Gigi war vielleicht keine Frau, die man landläufig als schön bezeichnen würde, aber sie war einfach wunderbar, und das ohne jeden Zweifel. Sie gibt Tausende von Pfund aus, um Pelzmäntel, Handtaschen und Schmuck zu kaufen. Die Hälfte ihrer Garderobe stammt von Gucci und ihre sehr geradlinige Haltung in sexuellen Dingen macht es einem fast unmöglich, sie nicht dafür zu bewundern.

Es war sehr erfrischend, mit jemandem den Abend zu verbringen, der sich nicht dafür schämte, sich auf Abenteuer einzulassen, und das auch offen zugeben konnte. Und genauso wie ich bestand sie darauf, nicht bisexuell zu sein. Keine von uns beiden hatte das Ziel oder das Bedürfnis oder das Interesse, mit Frauen dauerhafte, sexuelle Bindungen eingehen zu wollen. Wir beide liebten Männer, wollten mit Männern zusammen sein und brauchten sie sooooo sehr.

Obwohl wir eine ganze Weile über unsere Erfahrungen mit Frauen sprachen, verbrachten wir mindestens genauso lange damit, uns über unsere besten und schlimmsten Erlebnisse mit Männern auszutauschen. Da wir beide sehr auf Oralsex stehen, nutzten wir die Gelegenheit, unsere Techniken im Hinblick darauf zu vergleichen. Das Ganze war sehr lehrreich!

Gigi offenbarte mir ihre Fantasie: Sie träumte von einem Dreier mit zwei anderen Frauen. Hier konnte ich ein bisschen prahlen, denn genau das hatte ich letztes Jahr mit zwei meiner Freundinnen erlebt. Es war einfach wundervoll. Eine absolut unerwartete, ungeplante und völlig neuartige Erfahrung, von der keine von uns dreien genau sagen konnte, wie sie sich eigentlich zugetragen hat. Dieses Erlebnis wird sich niemals wiederholen, aber ich werde es auch niemals vergessen.

Gigi war so neidisch auf mich und es machte mir solchen Spaß, ihr alles genau zu erzählen. Ich war sehr stolz. Aber dafür noch immer kein bisschen spitz. Gillian und Gavin hatten mich am letzten Wochenende wirklich vollends befriedigt und ein Besuch des Soldaten (siehe Danksagung) unter der Woche hatte mir noch größere Lust verschafft. Im Moment hatte ich überhaupt keine Lust auf Sex und es war unmöglich, mich dazu zu überreden.

Mein ganzes Gerede von Frau-über-Frau-unter-Frau turnte Gigi offenbar an und sie begann, meine körperliche Nähe stärker zu suchen. Es war schon kurz vor halb drei morgens und ich war todmüde, nüchtern und noch immer genauso spitz wie Laugengebäck. Das Letzte, was ich wollte, war, sie zu verletzen, aber ich fühlte mich einfach nicht danach.

»Sollen wir noch etwas trinken?«

»Nein, Gigi, ich kann nicht mehr. Ich denke, wir sollten lieber gehen.«

Sie sprang sofort auf. Zweifellos hatte sie vor, die Nacht gemeinsam mit mir zu verbringen.

»Hör mal, Gigi, ich finde dich einfach wundervoll und würde mich wahnsinnig freuen, wenn du mit zu mir kämst, aber ich bin heute einfach nicht scharf, also wird zwischen uns beiden auch nichts Sexuelles laufen, okay? Es tut mir leid, wenn ich dir das so klar sagen muss, aber ich möchte nicht, dass du falsche Hoffnungen hegst.«

Sie sah mich erschüttert an. Nicht so sehr, weil ich sie zurückgewiesen hatte, sondern vielmehr, weil mein Verhalten sie aufdringlich erscheinen ließ. Meine dumme Ankündigung machte mich wütend auf mich selbst. Ich war so unhöflich. Ich hätte wenigstens abwarten können, bis wir zu Hause waren, um ihr dann zu sagen, dass ich zu müde sei. Und es war so arrogant von mir, anzunehmen, dass sie auf jeden Fall etwas von mir wollte. Ich hätte einfach meine Klappe halten sollen. Also legte ich meinen Arm um sie, drückte sie fest an mich und entschuldigte mich tausendfach für mein Vergehen. Sie nahm es mir nicht übel und so fragte ich sie, ob sie ungeachtet dessen mit zu mir nach Hause kommen wollte.

Als wir in meiner Wohnung ankamen, fühlte sich alles etwas merkwürdig an. Ja, ich hatte ihr gesagt, dass ich heute nicht geil war, aber auf der anderen Seite kannten wir beide uns kaum. Wir hatten uns lediglich zu einem Rendezvous getroffen und nun standen wir plötzlich beide nackt in meinem Schlafzimmer und machten uns fürs Bett fertig.

Zum Glück war Gigi deutlich betrunkener als ich und deshalb glaube ich, dass sie von der Situation in keinster Weise unangenehm berührt war. Sie fragte mich, ob ich etwas dagegen hätte, wenn sie ihren BH ablegte, und ich ermahnte sie, nicht so albern zu sein und sich endlich auszuziehen. Großer Gott, nur weil ich keinen Sex mit ihr haben wollte, bedeutete das noch lange nicht, dass sie in ihrer Abendgarderobe neben mir schlafen müsste. Außerdem wollte ich ihren Körper sehen.

Sie sah sehr niedlich aus. Sie war klein und kräftig, aber dabei sehr wohl proportioniert. Ihre Brüste waren groß und hatten sehr dunkle Brustwarzen und ihr Bauch war rund und weich.

Nachdem sie zu mir ins Bett gekrabbelt war, schlief sie innerhalb weniger Sekunden ein. Für eine Weile betrachtete ich sie. Sie war so hübsch und reizend und sie schlief zusammengerollt mit dem Kopf auf ihren Händen. Zärtlich küsste ich ihre Wange und legte mich dann selbst schlafen.

Am nächsten Morgen weckte uns der Wecker um sieben Uhr. Lilu hatte sich zwischen uns beide geschummelt und so streckten wir drei uns ein wenig und ließen uns Zeit, uns auf die frühe Morgenstunde einzustellen.

Gigi stand auf und wir knuddelten noch ein bisschen, bevor sie sich ein Taxi rief und ging. Alles lief sehr entspannt ab.

Ich legte mich zurück ins Bett und zog Lilu fest an mich. Das Schönste, was es für mich gibt, ist, mit meiner Katze im Bett zu schmusen. Selbst nach all den Verabredungen, die ich in den letzten Monaten hatte, freue ich mich immer noch am meisten auf diesen Moment. Wenn ein spaßiger Abend mit einer neuen Bekanntschaft zu Ende geht und ich wieder zu Hause bin, genieße ich es sehr, meine Dinge in meinem Tempo und in meiner Wohnung zu tun. Und, das alles mit Lilu zu teilen.

Mein Date mit Gigi hat mir etwas gezeigt: Mein sexueller Jagdtrieb erstreckt sich nicht annähernd so sehr auf Frauen wie auf Männer. Sämtliche meiner sexuellen Erfahrungen mit Frauen (vom Paar mal abgesehen) resultierten aus völlig ungeplanten sinnlichen Situationen. Ich lasse mich einfach von den Dingen treiben, wenn die richtige Zeit dafür ist, und ich kann es nicht aktiv heraufbeschwören. Es liegt mir nicht so im Blut, mit Frauen zu flirten. Ich denke zwar sehr oft an Frauen, aber das sind eben nur Gedanken, denn nichts ersetzt für mich die Berührung eines Mannes. Und nach den Erfahrungen, die ich machen durfte, zu urteilen, stimme ich der allgemeinen Ansicht nicht zu, dass Frauen besser wüssten, was sie im Bett zu tun hätten, und dass deshalb der Sex mit Frauen eindeutig besser ist. Ich kann nur meine Hände in die Höhe strecken und voller Stolz sagen, dass die Mehrheit der Männer ganz genau weiß, was sie tun muss, um eine Frau zu befriedigen, und dass sie außerdem verdammt gut darin ist.

Sollte mich ab jetzt noch einmal jemand fragen, ob ich bisexuell sei, werde ich einfach mit großem Selbstvertrauen antworten: »Nein, ich bin nicht bisexuell. Ich bin einfach sexuell.«

AUSLOGGEN

Sechs Monate nach dem Beginn meines Abenteuers habe ich jetzt den Eindruck, dass es auf natürliche Art zu Ende gegangen ist. Meine Gefühle waren nicht selten im Spiel, ich habe mir die Augen aus dem Kopf gelacht und sexuell gesehen ... nun, sexuell gesehen, könntet ihr euch fast denken, was ich denke, erfüllt zu haben.

Ich bin davon überzeugt, dass ich über meine persönlichen Grenzen gegangen bin, und das erfüllt mich mit einer echten Zufriedenheit. Ich mag es, wenn mein Leben aufregend ist, daher hängt es ganz von mir ab, ob ich es dementsprechend führe oder nicht. Um es aufregend zu halten, begebe ich mich in Situationen, die mich herausfordern. Das funktioniert – und die letzten Monate sind das beste Beispiel dafür.

Jede Verabredung war eine Herausforderung, ich wäre eine Lügnerin, wenn ich bestritt, dass ich nicht nervös war. Aber selbst wenn das Treffen in einem Desaster endete, so fühlte ich mich nie überbeansprucht, okay, schlechte Wortwahl, lasst es mich anders ausdrücken: So hatte ich stets das Gefühl, etwas über mich gelernt zu haben. Meine Geduld war auf die Probe gestellt worden, meine Integrität, mein Mut und meine sozialen Fähigkeiten dazu. Daher kann ich frohen Herzens sagen, dass ich heute sehr froh und zufrieden darüber bin, wer ich bin. Ich weiß jetzt, was auszuhalten ich imstande bin, was mir gefällt und was nicht. Und ich kann mich in Situationen entspannen, die mir liegen. Das mag sich offensichtlich anhören, ist es aber nicht.

Wenn man innerhalb einer so kurzen Zeit so viele Dates hat, dann begreift man erst, was man erlebt hat, wenn man wieder nur noch sporadisch neue Leute trifft. Was ich meine, ist, dass wenn beispielsweise Herr Fingers der einzige Mann gewesen wäre, den ich seit Monaten getroffen hätte, dann hätte ich dem Ganzen vielleicht eine zweite Chance gegeben, auch wenn mir klar war, dass er mich nie interessieren würde. Aber da ich mir wirklich die Möglichkeit gegeben hatte, auszuwählen, musste ich mich nicht mit etwas begnügen, das mich nicht glücklich machte. Stattdessen haben sich auf lange Sicht sogar Freundschaften entwickelt. Ich hoffe, dass meine Geschichten allen, die glauben, nicht viel Auswahl zu haben, den Anstoß geben, aus sich herauszukommen. Mit dem Internet ist das möglich, man muss die Gelegenheit nur beim Schopfe packen.

Was die Freundschaften anbelangt, hätte ich es nicht besser treffen können. Plato und ich sehen uns immer noch so oft wie möglich und ich bestätige ihm genauso oft und gern, dass er zu den Menschen gehört, die mir auf diesem Planeten am liebsten sind. Er ist der ehrlichste, liebenswürdigste und natürlichste Mann, der mir je begegnet ist. Außerdem ist er selbstlos, großzügig und enorm aufrichtig und er bringt mich so sehr zum Lachen, dass es sich anfühlt, als würde mich jemand gleichzeitig kitzeln. Er erzählt mir übrigens immer noch schreikomische Geschichten von seiner Unfähigkeit, den Alltag zu bewältigen, und ich habe nach jedem Treffen weitere Lachfalten und ein schmerzendes Zwerchfell. Mein Experiment hat mir zu der Freundschaft mit ihm verholfen.

Flash und ich gehen häufig zum Dinner aus und waren kürzlich für ein Luxuswochenende in Dubai. Der Mann ist so lustig und eine großartige Gesellschaft. Nichts kann ihn schockieren und das gefällt mir sehr. Ich habe ihm alles von meinem Treffen mit Gillian und Gavin erzählt und er hat fantastisch reagiert. Ich dachte, dass es ihn vielleicht beleidigen würde, aber nein … der aufgeweckte Bursche hat mir einfach eine Anekdote erzählt, die meine übertraf. Er ist unglaublich sexy und wir gehen sehr gern gemeinsam aus. Diese Beziehung wird so lange dauern, wie sie eben dauert, aber wenn es nach mir ginge, dann dürfte das gern eine Weile sein.

Gillian und ich haben regelmäßig Kontakt, wir senden uns ständig SMSe. Sie freut sich immer sehr, wenn sie mich im Fernsehen sieht, und ich weiß, dass sie sich schon sehr auf mein Buch freut. Unsere Freundschaft ist im Gang und wird hoffentlich immer besser werden, aber eine Fortsetzung unserer erotischen Liaison wird es nicht geben. Es liegt nicht daran, dass ich es nicht genossen hätte, sondern daran, dass es nur einen Teil von mir befriedigt hat. Ich habe sie aber nicht nur aus erotischem Verlangen getroffen, ich wollte mich auch testen, wollte wissen, wie mutig ich bin, und das Ergebnis des Experiments stellt mich zufrieden. Ich habe im Moment nicht den Wunsch, mich ins Extreme zu begeben, diese Situationen werden wahrscheinlich so passieren, wie es immer schon war: zufällig und ungeplant. Ich will damit nicht sagen, dass es nie wieder geschehen könnte, du meine Güte, nein, das würde ich wirklich nie behaupten, aber ich brauche im Moment solche Gelegenheiten nicht bewusst heraufzubeschwören.

Gigi ist so wunderbar, wie ich es vermutet habe, wir haben immer noch Kontakt und ich würde gern noch mehr Zeit mit ihr verbringen. Rein platonisch, natürlich. Meine erotischen Erfahrungen mit Frauen sind immer aus spontanen Momenten mit Freundinnen entstanden … doch genug gesagt! Ich habe gelernt, dass ich mir keine Grenzen auferlegen und niemals nie sagen sollte.

Der schlaue Wolf und ich haben ein paar Monate noch unanständige Nachrichten ausgetauscht, aber wir haben uns nicht zu einem weiteren Date getroffen. Monsieur Cunni, den ich zu gern zwecks Wiederholung der Vorstellung wiedergesehen hätte, ist kurz nach unserem ersten Date zurück nach Frankreich gegangen, so blieb es leider bei dem einen Treffen.

Aber hey, ich habe die eine oder andere Nacht damit verbracht, unsere Begegnung im Geiste noch einmal zu erleben, denn sie war der Traum einer jeden Frau, wie ich vermute!

Der Big Bumbino hat mir noch ein paar romanartige E-Mails geschickt, in denen er mir ausführlich dankte, dass ich ihm geholfen hatte, seine Wunde zu versorgen, aber ich habe nur ein einziges Mal darauf geantwortet und gesagt, dass ich hoffte, die Stiche würden die Wunde noch zusammenhalten. Ich weiß, wie Babys sind, wenn du ihnen zu viel Liebe und Aufmerksamkeit schenkst, werden sie von dir abhängig.

Der Kobold, das Erdhörnchen, Herr Fingers und Del Boy haben allesamt die Zurückweisung gut aufgenommen, als ich ihnen schrieb, dass wir uns nicht mehr treffen würden, und VHR war so nett, mich mit keiner seiner dämlich langen Antworten zu langweilen, also respektiere ich alle für ihr Verhalten.

Ich habe nie mehr etwas von Master Pendant gehört, nachdem wir uns auf so seltsame Weise in der Baker Street verabschiedet hatten. Und Tash gab auch irgendwann seine nächtlichen Anrufe auf, bei denen er geräuschvoll in den Hörer atmete, seit dem Abend, als sein Bart meine obere Hautschicht zerstört hatte.

Tja, und was den Gentleman angeht ... nun, da gab es so viele wunderbare und so viele schreckliche Dinge, dass ich überhaupt nicht weiß, woran ich mit ihm bin. Ich will nicht abstreiten, dass unsere gemeinsame Zeit fantastisch war und ich noch oft an ihn denke. Aber gegen die Entfernung komme ich nicht an, daher bemühe ich mich redlich, nicht allzu viel Energie in etwas zu stecken, das möglicherweise von vornherein vergebene Liebesmüh ist. Wir hatten einen SMS-Dialog, nachdem er wieder in Amerika war, der mich ziemlich enttäuschte, aber ich gab es ungern zu. Mir gefällt der Gedanke viel besser, dass eines Tages …

Nachricht von: Der Gentleman
Hast du deine Tasche gefunden?

Nachricht von: Dawn
Ja, das habe ich. Wir haben uns nicht voneinander verabschiedet. Ich fand es toll mit dir. Werde ich dich wiedersehen?

Nachricht von: Der Gentleman
Ich werde eine ganze Zeit lang nicht in London sein können. Also vermute ich, dass wir uns nicht sehen können … es sei denn …

Nachricht von: Dawn
Wir installieren Webcams?

Nachricht von: Der Gentleman
Nein, Dummerchen. Es sei denn, du kommst hierher?

Nachricht von: Dawn
Ich habe zu viel zu tun, ich kann im Moment leider überhaupt nicht weg.

Nachricht von: Der Gentleman
Und genau darin liegt das Problem. Dein Leben ist dort

drüben, meines ist hier. Das wird sich wohl nicht ändern ... oder?

Nachricht von: Dawn
Nein, ich glaube fast nicht.

Nachricht von: Der Gentleman
Also, ist es das gewesen?

Nachricht von: Dawn
Das kann ich dir jetzt nicht ohne weiteres beantworten.

Er hat mir sofort eine E-Mail geschickt und mich gefragt, ob es mir gut ging und wir nicht wenigstens alle zwei Wochen voneinander hören könnten. Aber das fiele mir schwer, dazu kenne ich mich einfach gut genug. Ich flirte doch so gern, bin gern sexy drauf, aber mit ihm und mir ist es eben einfach anders. Etwas Ernstes, das es schwer macht, unsere Beziehung auf einem oberflächlichen Niveau fortzusetzen, weil wir beide wissen, dass es immer heftiger wird, je näher wir uns kommen. Ich habe so etwas seit Urzeiten nicht mehr für jemanden empfunden, trotzdem sehe ich nicht ein, weshalb ich alles aufgeben sollte, um mit ihm zusammen zu sein. Und genau darauf würde es hinauslaufen. Ich bin eine sechsundzwanzigjährige Singlefrau ohne Haus, ohne geregelte Arbeitszeiten und – von Lilu abgesehen – ohne Verpflichtungen. Er hingegen ist sechsunddreißig, hat eine eigene Firma mit Niederlassungen in New York und Atlanta und anderen fünf Standorten weltweit. Wer würde also sein bisheriges Leben aufgeben müssen, damit die Beziehung funktioniert? Ich kann den Kompromiss in dem Ganzen wirklich nicht erkennen und in dieser Phase meines Lebens möchte ich einfach noch nicht irgendetwas für irgendjemanden aufgeben.

Na, dann bin ich eben keine Hausbesitzerin, aber immerhin habe ich eine Menge Spaß in meinem Leben, und das zählt mehr für mich als ein kleiner Streifen Land. Gut, das gilt natürlich nur so lange, bis ich meinen Traum, nach New York zu ziehen, verwirklichen kann – und wer weiß schon, wie sich die Dinge dann entwickeln. Auch hier lautet die Devise: Sag niemals nie.

Doch im Moment fühle ich mich mit meinem Singledasein großartig, weil ich zum Beispiel Gelegenheiten wie die mit dem Paar wahrnehmen kann. Oder spontan übers Wochenende verreise, wie mit Plato und Flash. Das ist ein tolles Gefühl, auf das ich ungern verzichten möchte.

Während ich also die Klappe meines neuen, glänzenden Laptops schließe, sage ich fürs Erste dem Online-Dating auf Wiedersehen. Ich empfehle es wirklich jedem, der daran Interesse hat, aber man geht damit auch eine Verpflichtung den anderen gegenüber ein, und dies kann manchmal in eine ermüdende Mission ausarten. Ich habe momentan genug von Blind Dates und möchte mich lieber wieder mit meinen Freunden treffen.

Meine Freundschaft zu Lilu ist mir immer noch am liebsten und die rechte Seite meines Bettes ist für sie reserviert. Nun, von einem gelegentlichen Gast am Freitagabend abgesehen – aber das ist eine Geschichte, die ich euch ein anderes Mal erzählen werde …

DANKSAGUNG

Mein besonderer Dank gilt:

Adrian Sington – dem meine Idee gefiel und der alles möglich machte.

Stuart, Natalie, Kerri, Eleanor, Jamie, Stina und alle bei Virgin Books. Ganz besonderer Dank an Stuart, der definitiv der beste Lektor ist, den man haben kann, auch wenn er bisher mein einziger war.

Luigi Bonomi von LBA Associates – dafür, dass er ein so wunderbarer Agent ist.

Max Clifford – für die Gelegenheiten, ich bin dir sehr dankbar.

Aroon Maharajh, Teresa Quinlan (U1st Media) dafür, dass sie hundertprozentig an mich glauben.

Mummy – ich vermisse dich.

Daddy – ich liebe dich.

Tante Jane, Onkel Tony und alle vom Rix-Clan in Guernsey – insbesondere meine wunderbaren Cousins und Cousinen Kerry, Clem, Will, Louis und Elise – ich liebe euch alle sehr, x.

Meine Thister – der wahrlich wichtigsten Person in meinem Leben (sie ist übrigens meine Schwester!).

Graham Smith – ich bete dich an, weil du mir immer tolle Ratschläge gibst und man ganz wunderbar mit dir einen heben kann. Außerdem bist du ein sehr guter Freund.

Don Bursill – für unaufhörliche Unterstützung und albernes Geplänkel – Idiot!

Graham Joyce – für seine Ratschläge, die Hilfe und die tollen Kontakte.

Linda und Glen Kielty – für ihr Verständnis.

Kooga – geheime Küsse, x.

Mark Pontin vom *Ship and Crown, best pub in town*, in Guernsey, dafür, dass es euch gibt.

Wynnie und Charlie – Charlie, du bist mein größter Fan, so groß, dass ich mich manchmal ein wenig fürchte. Du bist die beste Freundin/Cousine, die ich mir wünschen kann, und ich liebe schlichtweg deine Arbeit!

Ed – der immer mein Bruder sein wird.

Laura Elliot – weil sie meine älteste Freundin ist.

Mel Stenhouse – weil du so lustig bist!

Jamie Hill (Bumble für mich) – danke für die Hilfe.

Ian – ich bete dich an.

David F. – du weißt, weswegen!

Angharad Alan – weil du einfach so süß bist.

Liz Thomas – eine Legende für sich.

Lucy Johnston – weil sie flexibel und toll ist.

Dylan Todd – dafür, dass du so bist, wie du bist, durchgeknallter Spinner.

Michael Livingstone – für seinen knallharten Mut.

Die Damen an der Rezeption von Independent – weil sie mich zum Brüllen gebracht haben, ihr seid großartig.

Guernsey in seiner vollen Pracht – ich liebe mein Zuhause.

Der Soldat – damit ich weiß, was guter Sex ist!

Dank an alle, die in diesem Buch vorkommen.

Der Skandal-Bestseller aus Spanien

Sex ist ihr Lebenselixier. Und Valérie Tasso läßt keine Gelegenheit aus, um ihren Trieben freien Lauf zu lassen – mit verschiedenen Männern, an verschiedenen Orten. Die erste Liebe ihres Lebens indes entpuppt sich als fataler Irrtum. Schließlich macht sie ihre Leidenschaft zum Beruf: Als Edelprostituierte erlebt sie alle Facetten der käuflichen Liebe. In mitreißender Offenheit schildert Valérie Tasso ein Leben im Zeichen purer Lust, vergeblicher Sehnsüchte – und voller Überraschungen.

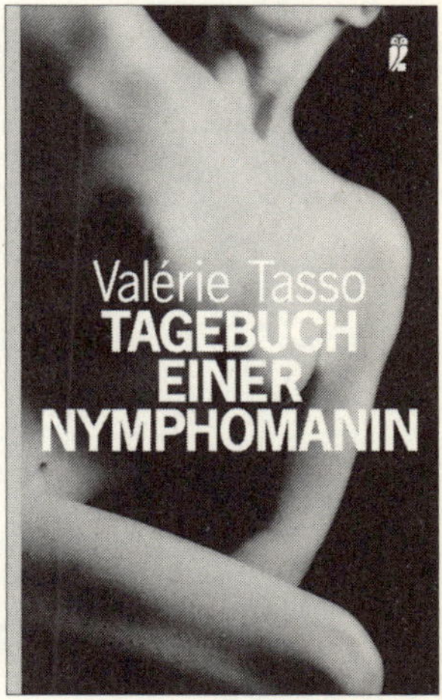

Tagebuch einer Nymphomanin
ISBN-13: 978-3-548-36780-4
ISBN-10: 3-548-36780-1

ULLSTEIN

Von der Autorin des Bestsellers *Tagebuch einer Nymphomanin*

Eigentlich ist Valérie Tasso zum Studium nach Paris gezogen. Aber schon bald gerät sie in den Sog der Leidenschaften und erotischen Spielarten, die diese Stadt zu bieten hat – vor allem nach Sonnenuntergang. In der Hitze der Nacht wird jeder Körper zum Lustobjekt, lauert die Verführung, wohin der Blick sich richtet. Und Valérie läßt sich nur zu gerne verführen …

Paris bei Nacht

ISBN-13: 978-3-548-36838-2
ISBN-10: 3-548-36838-7

ULLSTEIN

»Robin Schone weiß,
wie man prickelnde erotische
Liebesszenen schreibt.«
Romantic Times

Eines Morgens erwacht Elaine Metcliffe in einem anderen Jahrhundert, im Bett einer anderen Frau, in deren Körper und verheiratet mit deren Mann, dem attraktiven Baron Charles Mortimer. Ahnungslos weist dieser seine vermeintliche junge Braut in die Geheimnisse leidenschaftlicher körperlicher Liebe ein und läßt Elaine nie gekannte Freuden entdecken. Doch sie muß dem Geheimnis ihrer Zeitreise auf die Spur kommen – und dreht dabei am Rad ihres eigenen Schicksals …

»Indem sie Erotik mit Romantik kombiniert, testet Robin Schone die Grenzen des Liebesromans aus.«
The Literary Times

Wenn die Leidenschaft erwacht
Roman
ISBN-13: 978-3-548-26253-6
ISBN-10: 3-548-26253-8

ULLSTEIN